생활 프랑스어 듣기 중급

김선미 지음

신아사

머리말

최근 외국어의 각종 공식적인 언어인증시험에서 듣기기능의 비중이 강화되고 있는 추세이다. 이것은 언어학습의 4가지 기능 가운데 듣기가 가장 중요하고 기초적이며 듣기 기능의 계발이 곧 의사소통능력의 향상에 매우 긍정적인 효과가 있다는데 따른 것이다. 따라서 저자는 프랑스어 학습자의 듣기능력의 향상을 꾀하고자 『매일 프랑스어 듣기(초급)』편을 출간하였고, 이어서 『**생활 프랑스어 듣기(중급)**』편을 이번에 준비하게 되었다.

『매일 프랑스어 듣기』책은 실생활에서 많이 쓰이는 문장과 짧은 대화문을 쉽게 익힐 수 있도록 구성하여 기초적 문법을 마친 학습자들이 본격적으로 프랑스어 듣기를 자신감 있게 시작할 수 있도록 꾸민 반면에, 『생활 프랑스어 듣기』는 의도적으로 만들어진 틀에 박힌 문장이나 대화문을 피하고 **프랑스 현지인들이 실생활에서 극히 자연스럽게 사용하는 문장들을 중심으로 테마를 구성**하였다.

따라서 프랑스어 듣기뿐만 아니라 자연스러운 프랑스어 회화를 구사하는데도 도움이 되도록 하였다.

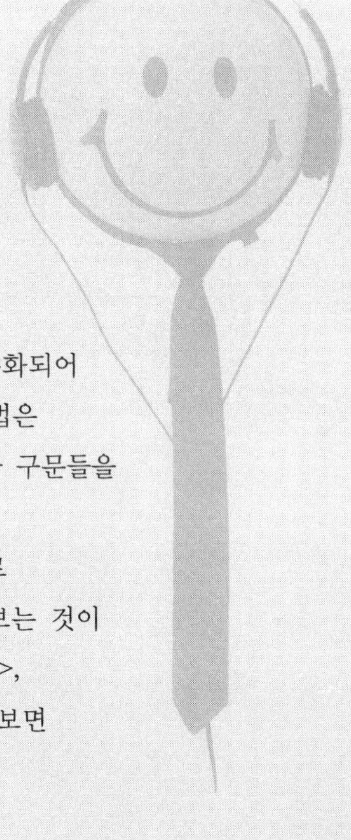

이 책은 **총 8개의 단락**(se rencontrer, acheter, réserver, se déplacer, se loger, vivre au quotidien, demander à quelqu'un de faire quelque chose, s'orienter)으로 꾸며져 있고, 각 단락은 2~4개의 과로 다시 세분화되어 있어 다양한 테마들을 접할 수 있다. 이 책의 학습방법은 먼저 각과마다 그 과의 듣기학습에 필요한 기본단어나 구문들을 **"Savoir"에서 미리 학습**을 하고, 그 다음에 **"Entraînez-vous"에서 듣기문제를 풀어**보고 마지막으로 **"Transcriptions"에서 다시 한 번 녹음내용을 청취**해보는 것이 효과적이다. 또한 듣기 본문을 <흘려듣기>, <집중듣기>, <보고듣기>와 같이 단계별로 나누어 꾸준히 연습하다보면 듣기능력이 크게 향상될 것이다.

이 책은 프랑스어 듣기능력을 키우고자 하는 학습자뿐만 아니라, 프랑스어 능력평가시험인 DELF를 준비하는 학습자들이 듣기 능력을 단계적으로 키워나가고자 할 때에도 도움을 줄 수 있는 책이라 생각한다. 모쪼록 프랑스어를 학습하는 모든 사람들에게 이 책이 유용하게 활용될 수 있기를 바라며, 이를 가능케 해주신 도서출판 신아사의 정현걸 사장님께 감사드린다.

지은이_김선미

생활 프랑스어 듣기 중급

Unité V : Se loger

Unité VI : Vivre au quotidien

Unité VII : Demander à quelqu'un de faire quelque chose

Unité VIII S'orienter

Traductions et Corrigés

Unité I

Se rencontrer

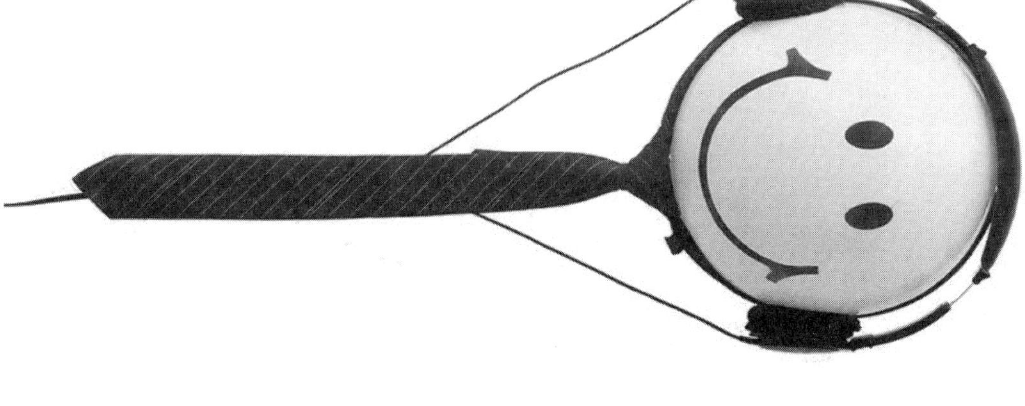

Leçon 1

Faire une rencontre

✓ Activité 1

SAVOIR 알아두기

DOCUMENT 1

다른 사람을 소개할 때

- C'est ma copine Sylvie. 내 여자 친구 실비야.
- Tu connais mon copain Eric. 너, 내 남자친구 에릭을 아니?
- Je te présente mon copain Eric. 내 남자친구 에릭을 소개할게.
- Vous vous connaissez? 서로들 알고 있니?
- Permettez-moi de vous présenter ma copine Sylvie. 제 여자친구 실비를 소개해 드릴께요.
- J'ai le plaisir de vous présenter Monsieur Dupon, notre président. 우리 회장님이신 뒤뽕씨를 여러분들에게 소개해드리겠습니다.

알아둘 직업명

① 남성과 여성의 형태가 다른 직업명

남성	여성		남성	여성	
chanteur	chanteuse	가수	infirmier	infirmière	간호원
pâtissier	pâtissière	과자제조업자	ouvrier	ouvrière	노동자
fermier	fermière	농부	agriculteur	agricultrice	농부
danseur	danseuse	무용수	coiffeur	coiffeuse	미용사
acteur	actrice	배우	boulanger	boulangère	빵 제조업자
traducteur	traductrice	번역가	avocat	avocate	변호사
réalisateur	réalisatrice	영화감독	cuisinier	cuisinière	요리사
facteur	factrice	우체부	musicien	musicienne	음악가
président	présidente	회장	hôtelier	hôtelière	호텔경영자

남성	여성		남성	여성	
chômeur	chômeuse	실직자	banquier	banquière	은행가
employé	employée	사무원	éditeur	éditrice	출판자
commerçant	commerçante	상인	vendeur	vendeuse	상인
hôte de l'air	hôtesse de l'air	스튜어디스	restaurateur	restauratrice	식당주인
instituteur	institutrice	초등교사	informaticien	informaticienne	컴퓨터엔지니어
serveur	serveueuse	웨이터 / 웨이트레스			

① 남성과 여성의 형태가 같은 직업명

femme de ménage	가정부	guide	안내원
architecte	건축가	agent de police/policier	경찰
fonctionnaire	공무원	fleuriste	꽃장수
ingénieur	기사	professeur	교수
militaire	군인	pasteur/prêtre	목사(신부)
journaliste	기자	docteur	박사
violoniste	바이올리니스트	agent immobilier	부동산 소개업자
chauffeur	운전수	photographe	사진작가
secrétaire	비서	douanier	세관원
médecin	의사	poète	시인
maire	시장	écrivain	작가
cinéaste	영화인	pilote	파이로트
pianiste	피아니스트	interprète	통역사
peintre	화가	stagiaire	연수생

DOCUMENT 2

나라명과 국적

나라	국적(남성)	국적(여성)	
Allemagne	Allemand	Allemand(e)	독일
Angleterre	Anglais	Anglais(e)	영국
Chine	Chinois	Chinois(e)	중국
Espagne	Espagnol	Espagnol(e)	스페인
Etats-unis	Américain	Américain(e)	미국
France	Français	Français(e)	프랑스
Japon	Japonais	Japonais(e)	일본
Mexique	Mexicain	Mexicain(e)	멕시코
Pays-Bas	Hollandais	Hollandais(e)	네델란드
Portugal	Portugais	Portugais(e)	포루투칼
Belgique	Belge	Belge	벨기에
Russie	Russe	Russe	러시아
Suisse	Suisse	Suisse	스위스
Algérie	Algérien	Algérien(ne)	알제리
Australie	Australien	Australien(ne)	호주
Brésil	Brésilien	Brésilien(ne)	브라질
Canada	Canadien	Canadien(ne)	캐나다
Corée	Coréen	Coréen(ne)	한국
Italie	Italien	Italien(ne)	이탈리아
Grèce	Grec	Grec(que)	그리스
Turquie	Turc	Tur(que)	터어키

처음 만났을 때 인사 (공식적/공무상)

- Bienvenue (à Séoul). 서울에 오신 것을 환영 (게시문)
- Soyez le/la bienvenu(e) (à Séoul). 서울에 오신 것을 환영합니다.

처음 만났을 때

- Bonjour! Enchanté(e)! 안녕하세요! 처음 뵙겠습니다!
- Enchanté(e) de vous rencontrer / connaître / voir. 당신을 만나서 / 알게 되어 / 보게 되어 기쁩니다.
- Ravi(e) de vous rencontrer. 당신을 만나게 되어서 기쁩니다.
- Je suis content(e) de vous rencontrer. 당신을 만나게 되어 기쁩니다.

DOCUMENT 3

날씨에 관한 다양한 표현

① '의문형용사 (quel / quelle / quels / quelles) + 명사'와 함께 감탄문

- Quelle chaleur! 너무 덥다! (어찌나 더운지!)
- Quelle pluie! 어찌나 비가 내리는지!
- Quel brouillard! 안개 낀 것 봐!
- Quel soleil! 날씨 정말 좋아!
- Quel vent! 바람이 많이 부네!
- Quel froid de canard! 날씨가 아주 춥구나!
- Quel temps de chien! 날씨 참 나쁘군!

② 'qu'est-ce que'와 함께 감탄문

- Qu'est-ce qu'il fait froid! 어쩜 이렇게 추울까!
- Qu'est-ce qu'il fait chaud! 어쩜 이렇게 더울까!

③ 기타

- J'ai (très) chaud / froid. 나 (너무)더워 / 추워.
- Je meurs de froid / de chaud. 추워서 / 더워서 죽을 것만 같아.
- Il fait un froid de canard. = Ça caille. 지독히 춥군.
- Il fait très mauvais temps. = Il fait un temps de chien. 고약한 날씨야(강조).
- Ça tape! 푹푹 찌는구나!
- J'ai la chair de poule! 추워서 닭살이 돋는구나!

시간 표현

① 현재 (요사이 / 요즘)

- Ces jours-ci, il fait froid. 요사이 들어 날씨가 추워졌어요.
- Il faisait chaud ces deux derniers jours. 최근 이틀간 더웠어요.
- On porte beaucoup ce jean en ce moment? 요사이(지금은) 이런 진이 유행이니?

② 현재 (지금으로선 / 당장엔)

- Je suis occupé(e) pour l'instant. 나는 지금 바쁘다.
- Ce n'est pas un problème pour le moment. 지금으로서는 문제될 것 없다.
- Ce n'est pas le problème en ce moment! 지금은 그런 것이 문제가 아니다.

DOCUMENT 4

동사 다음에 전치사 없이 또 다른 동사원형을 동반하는 동사 : 이동동사 + 동사원형 aller(가다), venir(오다), monter(오르다), descendre(내려가다) 등.

- Il est venu me voir. 그는 나를 보러 왔다.
- Je monte me coucher. 나는 자러 위층으로 간다.

시간의 표현 : depuis / il y a / ça fait (…전 [부터], ~전에)

- Il t'attends depuis longtemps. 그는 오래전부터 너를 기다리고 있다. *지금까지
- Je ne suis pas allé depuis 3 mois au cinéma. 난 3개월 전부터 영화관에 가지 못했다.
- Il a quitté Paris, il y a un an. 그는 1년 전에 빠리를 떠났다. *과거 한 시점에
- Il y a 3 mois que je ne suis pas allé au cinéma. 내가 영화관에 안간지 3개월이 된다.
- Ça fait 3 heures que j'attends mon mari. 나는 남편을 3시간이나 기다리고 있다. (il y a… 또는 ça fait… 가 문두에 오면, depuis의 내용도 함께 쓸 수 있다.)

시간의 규칙적 간격 표현

① Il vient toutes les heures/ tous les jours/ toutes les semaines/ tous les mois/ tous les ans/ tous les matins. 그는 시간마다 / 매일 / 매주 / 매달 / 매년 / 매일 아침마다 온다.

② Il vient deux fois par semaine/ trois fois tous les dix jours. 그는 일주에 2번 / 10일에 3번 온다.

③ Il vient tous les trois jours. 그는 3일에 한 번씩 온다.

시간의 빈도 표현 (가끔 / 자주)

① Il viens des fois / parfois / de temps en temps. 그는 가끔씩 / 때때로 / 종종 온다.

② Il vient souvent. / Il vient très souvent./ Il vient toujours. 그는 자주 온다. / 그는 아주 자주 온다. / 그는 항상 온다.

Entraînez-vous!

Écoutez bien et répondez aux questions en cochant (☒) la bonne réponse ou en écrivant l'information demandée.

DOCUMENT 1 CD ▸ UNITÉ1 ▸ LEÇON1 ▸ Unité1 Leçon1 Activité1 Document1.mp3

1. Qui est Yvan?

☐ Le propriétaire ☐ La concierge ☐ Le colocataire

2. S'il y a un problème concernant le logement à qui faut-il s'adresser?

☐ Le colocataire ☐ La concierge ☐ L'agent immobilier

3. Quelle profession exerce Yvan?

Il est ....

DOCUMENT 2 CD ▸ UNITÉ1 ▸ LEÇON1 ▸ Unité1 Leçon1 Activité1 Document2.mp3

Choisissez "vrai" ou "faux".

	Vrai	Faux
① Ce sont des collègues de bureau.	☐	☐
② Ils sont étudiants.	☐	☐
③ Elles vivent en colocation.	☐	☐
④ Elles vivent dans une résidence étudiante à Aix-en-provence.	☐	☐
⑤ Elles ont une chambre chez l'habitant.	☐	☐

DOCUMENT 3 CD ▸ UNITÉ1 ▸ LEÇON1 ▸ Unité1 Leçon1 Activité1 Document3.mp3

1. De quoi parlent-ils?

☐ Des études

☐ Des problèmes de santé

☐ Des vacances d'hiver

☐ De la pluie et du beau temps

2. Quel temps fait-il?

Il fait ....

DOCUMENT 4 CD ▸ UNITÉ1 ▸ LEÇON1 ▸ Unité1 Leçon1 Activité1 Document4.mp3

1. Marion et Pierre ne se sont pas vus depuis :

☐ cinq ans. ☐ sept ans. ☐ un ans.

2. Ils sont actuellement :

☐ à Paris. ☐ sur leur lieu de vacances. ☐ en Espagne.

3. Cochez la bonne réponse.

① ☐ Le frère de Marion est également là.

☐ Le frère de Marion est rentré à Paris

☐ Le frère de Marion va bientôt arriver.

② ☐ Au mois d'août, Marion n'a pas travaillé.

☐ Au mois d'août, Marion avait peu de travail.

☐ Au mois d'août, Marion avait beaucoup de travail.

③ ☐ Pierre a fini ses études.

☐ Pierre a presque fini ses études.

☐ Pierre a abandonné ses édudes.

TRANSCRIPTIONS 녹음 텍스트

Doc. 1 CD ▸ UNITÉ1 ▸ LEÇON1 ▸ Unité1 Leçon1 Activité1 Document1.mp3

A Bonjour, Monsieur Leroux. Je vous présente Yvan. C'est le nouveau colocataire. Il vient de Lyon et il est éducateur.

B Et bien, j'espère que vous vous plairez ici. Je suis la concierge alors si vous avez une question concernant le logement, c'est à moi qu'il faut en parler.

A 안녕하세요. 르후씨. 당신에게 이반을 소개할께요. 그는 새로운 공동세입자에요. 그는 리옹 출신이고, 교육자입니다.

B 아… 좋아요, 당신이 이곳을 마음에 들어 했으면 좋겠어요. 저는 건물 관리인이고 따라서 당신이 집에 관한 질문사항이 있으면 저한테 말씀하시면 됩니다.

vocabulaires

présenter qn à qn : …에게 …를 소개하다
le nouveau colocataire : 새로운 공동 세입자
venir de : …출신이다
éducateur(trice) : 교육자
j'espère que + ind : 나는…이기를 바란다, 희망한다
se plaire : 좋아하다, 즐기다
concierge : 건물 관리인, 수위
avoir une question : 질문이 있다
concernant : …에 관해서, 관련해서
le logement : 집, 숙소, 주택
c'est… que : 강조용법 ; …하는 것은 바로 …이다
il faut + inf : …해야만 한다
parler de : …에 대해서 말하다, 이야기하다
le propriétaire : 주인
la concierge : 건물 관리인, 수위
le colocataire : 공동 세입자
il y a un problème : 문제가 있다
s'adresser à qn : …에게 문의하다, 신청하다, 말하다
l'agent immobilier : 부동산 중개자
la profession : 직업
exercer : 행사하다, 실행하다, 종사하다

Doc. 2 CD ▸ UNITÉ1 ▸ LEÇON1 ▸ Unité1 Leçon1 Activité1 Document2.mp3

A Salut, Stéphane. Je te présente mes nouvelles copines. Nous habitons dans la même résidence universitaire. Elles sont venues étudier le français à Aix-en-Provence. Akiko est japonaise, Hee Jin est coréenne et Katerina est roumaine.

B Enchanté! Bienvenue en France et j'espère que vous vous amuserez bien ici

A Stéphane, tu viens boire un café avec nous?

B Oui, avec plaisir. Faisons plus ample connaissance.

A 안녕, 스테판. 너에게 내 새 친구들을 소개할게. 우리는 같은 대학 기숙사에서 살아. 그녀들은 엑성프로방스에 프랑스어를 공부하기 위해 왔어. 아키코는 일본인이야. 희진은 한국인이고, 카트리나는 루마니아인이야.

B 만나서 반가워! 프랑스에 온 것을 환영하고 나는 너희들이 여기서 즐겁게 지내기를 바래.

A 스테판, 우리와 함께 커피 마시러 갈래?

B 그래, 기꺼이. 서로 좀 더 알자.

vocabulaires

présenter qn à qn : …에게 …를 소개하다
copain(copine) : 친구
la même résidence universitaire : 같은 대학 기숙사
venir + inf : …하러 가다, 오다

le français : 프랑스어
japonais(e) : 일본인, 일본의
coréen(ne) : 한국인, 한국의
roumain(e) : 루마니아인, 루마니아의
enchanté(e) : 반가운
bienvenu(e) : 환영하는, 반가운
en France : 프랑스에(서)
j'espère que + ind : 나는 …하기를 희망한다, 바란다
s'amuser : 즐기다, 즐겁게 보내다
boire : 마시다
avec plaisir : 기꺼이, 즐겁게
collègue de bureau : 사무실 동료
vivre en colocation : 공동으로 세들어 살다
chez l'habitant : 민박집에

Doc. 3 CD ▸ UNITÉ1 ▸ LEÇON1 ▸ Unité1 Leçon1 Activité1 Document3.mp3

A Bonjour, Madame Decorzent!
B Bonjour Olivier. Tu vas bien?
A Très bien, merci. Et vous, la santé?
B En ce moment, c'est difficile. Il fait tellement froid que je n'ai vraiment pas envie de sortir. Avec un temps pareil, il faut bien se couvrir.
A Vous avez raison. Il fait un froid de canard. Rien de tel que de rester chez soi au coin de la cheminée.
B Oh oui! Vivement le printemps. Allez, bonne journée, Olivier.
A Vous aussi, Madame Decorzent.

A 안녕하세요, 데코르정 아줌마!
B 안녕, 올리비에! 잘 지내니?
A 아주 잘 지내요, 감사합니다. 당신의 건강은 어때요?
B 지금은, 괴로워. 날씨가 너무나 추워서 나는 정말로 외출하고 싶지가 않아. 이런 날씨에는 잘 껴입어야 해요.
A 당신 말이 맞아요. 정말 지독하게 추워요. 집에서 난로 옆에 있는 것만큼 좋은 게 없어요.
B 아 그래! 빨리 봄이 왔으면. 자, 좋은 하루 보내, 올리비에.
A 당신도요. 데코르젠 아줌마.

vocabulaires

la santé : 건강
en ce moment : 지금, 현재
c'est difficile : 힘들다, 괴롭다
Il fait froid : 날씨가 춥다
tellement : 매우, 많이, 그토록, 그처럼
vraiment : 정말로
avoir envie de + inf : …하고 싶다
un temps pareil : 이와 같은 날씨
il faut + inf : …해야 한다
se couvrir : 옷을 입다, 뒤덮이다, 몸을 지키다
avoir raison : 옳다, 맞다
Il fait un froid de canard. : 지독하게 춥다, 매우 춥다.
Rien de tel que de rester chez soi au coin de la cheminée.: 자신의 집에서 난로 옆에 있는 것만큼 좋은 게 없다.
vivement : 빨리, 활발히, 힘차게
le printemps : 봄
parler de : …에 대하여 말하다, 이야기하다
le problème de santé : 건강문제
des vacances d'hiver : 겨울 휴가
la pluie : 비
le beau temps : 맑은 날씨

Doc. 4 CD ▸ UNITÉ1 ▸ LEÇON1 ▸ Unité1 Leçon1 Activité1 Document4.mp3

A Mais c'est Pierre!… Oh là, là, on ne s'est pas revus depuis… depuis mon mariage! Hein! Pierre!

B Marion! Quelle surprise!… Il y a au moins… Il y a au moins cinq ans que tu n'es pas venue!

A Exactement. Tu as bonne mémoire. Et bien, tu vois, je reviens.

B Ah, ah! Eh bien moi, je viens tous les ans.

A Oui.

B Il y a longtemps que tu es ici?

A Non, non, nous venons d'arriver. La maison est libre, alors j'en profite. Tu sais, mon frère et sa femme sont rentrés à Paris.

B Eh oui, je l'aperçois de temps en temps. Et il dit que tu as tellement de travail!

A Oui, j'ai passé tout le mois d'août à préparer ma collection. Alors je viens me reposer un petit peu là. Et toi, tu as fini tes études?

B Oh, là, là. Oui et non, enfin je me spécialise.

A 피에르잖아! 세상에, 우리 못 본지 벌써… 내 결혼식 이후로 못 봤잖아! 안그래? 피에르!

B 마리옹! 이런 놀라운 일이! 적어도… 적어도 네가 안 온지 벌써 오년은 됐어!

A 맞아. 너 기억력 좋구나. 자 어쨌든, 보다시피, 나는 돌아왔어.

B 아, 아! 나는, 나는 매년 왔었어.

A 그래.

B 넌 여기 있은지 오래 됐어?

A 아니, 아니야. 우리는 이제 막 도착했어. 집이 비어서, 그래서 내가 이용하는 거야. 너도 알다시피, 우리 오빠와 새언니가 파리로 돌아갔잖아.

B 아 그렇구나, 네 오빠는 가끔 만났어. 그런데 네 오빠가 그러는데 너 일이 엄청 많다며!

A 응, 난 8월 한 달은 내내 콜렉션 준비에 시달렸어. 그래서 여기서 좀 쉬어볼까 하고 온거지, 너는 공부는 다 끝났니?

B 오, 아. 그렇기도 하고 아니기도 해, 전공을 시작했어.

vocabulaires

se revoir : 다시 만나다, 재회하다
depuis : …이래로, …부터
le mariage : 결혼, 결혼식
Quelle surprise! : 어찌나 놀라운지!
au moins : 최소한, 적어도
Il y a + 시간 que + ind : …한 지 (시간)만큼 되었다 (지났다)
exactement : 정확히
avoir bonne mémoire : 기억력이 좋다
tous les ans : 매해, 매년
venir de + inf : 지금 막 …하다
libre : 비어있는, 자유로운
profiter de + qch : …을 이용하다
apercevoir : 보다, 알아보다
de temps en temps : 종종
tellement : 매우, 아주
tout le mois d'août : 8월달 내내
passer + 시간 + à + inf : …하는 데에 시간을 보내다
la collection : 콜렉션, (디자이너의) 신작 콜렉션
se reposer : 쉬다, 휴식을 취하다
un petit peu : 조금
se spécialiser : 전공하다, 전문화하다

✓ Activité II

SAVOIR 알아두기

DOCUMENT 1

언어

l'allemand	독일어	le grec	그리스어
l'algérien	알제리어	l'hindi	인도어
l'arabe	아랍어	l'hollandais	네델란드어
l'anglais	영어	l'italien	이탈리아어
le chinois	중국어	le japonais	일본어
le coréen	한국어	le polonais	폴란드어
l'espagnol	스페인어	le portugais	포르투갈어
le français	프랑스어	le turc	터어키어
		le russe	러시아어

국가명 표현: ~에서

en + 여성국명 또는 모음으로 시작되는 남성국명	en Corée 한국에(서) en France 프랑스에(서) en Iran 이란에(서)
au (à + le) + 남성국명	au Japon 일본에(서) au Mexique 멕시코에(서)
aux + 복수형 국명	aux Etats-Unis 미국에(서)

단과 대학/학과 관련 단어

① 단과대학

la faculté des lettres 문과대	la faculté des sciences 이·공과대학
la faculté de philosophie 철학대학	la faculté de droit et de politique 법정대
la faculté de médecine et de pharmacie 의·약대	la faculté des sciences économiques 경제(경영대학)
la faculté des sciences humaines et sociales 인문·사회대학	

② 학과

l'architecture 건축학	les arts plastiques 조형미술	la biotechnologie 생명공학
la communication 커뮤니케이션	le design 디자인	le droit international 국제법
l'électronique (f.) 전자공학	le génie civil 토목과	la linguistique 언어학
les mathématiques 수학	la psychologie 심리학	le tourisme 관광학
l'art plastique 응용미술	l'économie 경제학	la chimie 화학
la physique 물리학	la comptabilité 회계학	le droit 법학
la géographie 지리학	l'histoire 역사학	l'informatique 정보처리 기술학
la gestion 경영학	la littérature 문학	la musique 음악
la médecine 의학	la sociologie 사회학	

DOCUMENT 2

강조 구문 : C'est… qui + 동사 / C'est… que + 주어 + 동사

주어를 강조할 때는 'C'est… qui…'라는 구문을 쓰고, 그 밖의 문장성분들을 강조할 경우에는 C'est뒤에 강조할 부분을 도입하고 나서 그 뒤에 que와 함께 나머지를 이어 놓는다.

- C'est mon ami qui a cassé le vase. 화병을 깬 건 바로 내 친구예요.
- C'est moi qui le ferai. ← Je le ferai. 그걸 할 사람은 바로 나다. *인칭대명사를 강조할 때는 강세형으로 바꾼다.
- C'est à 5 heures que je pars. 내가 떠난 것은 5시다.
- C'est pour nous que mon père travaille. 나의 아버지가 일을 하는 것은 바로 우리를 위해서이다.

근접 과거 : venir de + 부정법

- Je viens de lire votre lettre. 나는 방금 당신의 편지를 읽었다.
- Mme Carel est là? –Non, elle vient de sortir. 카렐부인이 있습니까? –아니요, 그녀는 방금 외출했습니다.

DOCUMENT 3

말을 걸기 위해 상대방의 주의를 끌고자 할 때

- Dis donc! Marie, tu sais qu'il est malade? 이봐! 마리, 그가 아픈 거 알아?
- Dites(donc!), vous n'auriez pas vu Marie? 있잖아요, 마리 못보셨는지요?
- Alors, tu ne m'as pas téléphoné? 이봐, 나에게 전화안했지?

대화 중 화제를 바꿀 때

- Dis (donc,) : 자, 그건 그렇고,
- Dites (donc,) : 자, 그건 그렇고,
- Alors, : 자, 그건 그렇고,
- A propos··· : 자, 그건 그렇고,

시간을 끌 때 : 대답을 시작하면서

- Voilà··· : 저기···
- Eh bien··· : 어···
- Euh··· : 어···
- Ben··· : 어···
- Alors··· : 그래서···
- Bon alors··· : 그래서···
- Au fait··· : 있잖아···

Entraînez-vous!

Écoutez bien et répondez aux questions en cochant (☒) la bonne réponse ou en écrivant l'information demandée.
CD ▸ UNITÉ1 ▸ LEçON1 ▸ Lecon1 Activité1 Document1.mp3

DOCUMENT 1 CD ▸ UNITÉ1 ▸ LEÇON1 ▸ Unité1 Leçon1 Activité2 Document1.mp3

1. Combien de langues peut parler la candidate?

☐ 4 ☐ 5 ☐ 6

2. Quelles sont les langues qu'elle parle couramment?

Elle parle ....

3. Elle a un master en :

☐ biologie.

☐ sciences politiques.

☐ sociologie.

☐ sciences économiques.

4. Avant de travailler à la chambre de commerce de Grenoble, qu'a-t-elle fait?

....

DOCUMENT 2 CD ▸ UNITÉ1 ▸ LEÇON1 ▸ Unité1 Leçon1 Activité2 Document2.mp3

1. A quelle heure ferme le bar?

	• 1H
① Le week-end •	• 2H
	• 11H
② En semaine •	• 12H
	• 23H

2. Le serveur aime travailler dans ce bar parce que : (plusieurs réponses possibles)

☐ la musique est bonne.

☐ le cadre est agréable.

☐ les clients sont sympathiques.

☐ la patronne est généreuse.

☐ Il y a une bonne ambiance.

☐ Il y a beaucoup de touristes et d'étudiants étrangers.

3. Est-ce que le serveur travaille le lendemain?

....

DOCUMENT 3 CD ▸ UNITÉ1 ▸ LEÇON1 ▸ Unité1 Leçon1 Activité2 Document3.mp3

1. Le frère de Julien lui a donné sa voiture.

☐ Vrai ☐ Faux ☐ On ne sait pas.

2. Le frère de Julien :

☐ a changé de voiture.

☐ a eu un accident de ski.

☐ a eu un accident de voiture.

3. Pourquoi est-ce que sa femme n'est pas à la maison?

☐ Elle est partie définitivement.

☐ Elle est partie quelques semaines en vacances.

☐ Elle est partie quelques semaines pour son travail.

4. Qu'est-ce que Julien doit faire pour aider son frère? (plusieurs réponses possibles)

☐ Acheter à manger.

☐ Faire la cuisine.

☐ Conduire les enfants à l'école.

☐ Faire travailler les enfants à la maison.

TRANSCRIPTIONS 녹음 텍스트

Doc. 1 CD ▸ UNITÉ1 ▸ LEÇON1 ▸ Unité1 Leçon1 Activité2 Document1.mp3

A Bonjour. Asseyez-vous. Votre candidature nous intéresse. Reprenons votre curriculum vitae. Vous avez 24 ans, vous êtes né à Stockholm mais vous avez habité au Portugal, en Belgique, en Suisse, en France…

B Oui, mon père travaille pour la communauté européenne. Nous avons beaucoup voyagé.

A Donc, vous parlez plusieurs langues?

B Oui, je parle français, anglais, portugais, un peu espagnol. Et suédois, bien sûr.

A Vous avez étudié à l'université de Lyon 2?

B Oui, j'ai un master de sciences économiques.

A Vous maîtrisez l'outil informatique, naturellement?

B Oui, Excel, Access…

A Après votre stage chez Samsung, vous avez travaillé?

B J'ai travaillé en CDD ici à Grenoble, à la chambre de commerce. J'ai fini la semaine dernière.

A Très bien, si vous avez des questions sur notre entreprise ou le poste, je vous écoute.

A 안녕하세요. 자리에 앉으세요. 당신의 지원서가 흥미롭습니다. 당신의 이력서를 다시 보죠. 당신은 24세이고, 스톡홀롬에서 태어났지만 포르투칼, 벨기에, 스위스, 프랑스… 에서 살았네요.

B 네, 저희 아버지가 유럽공동체에서 일하십니다. 우리는 많이 옮겨 다녔죠.

A 따라서, 당신은 여러 언어를 말할 수 있겠네요?

B 네, 저는 프랑스어, 영어, 포르투칼어와 스페인어를 조금 합니다. 그리고 스웨덴어도 물론이구요.

A 당신은 리옹2대학에서 공부를 했나요?.

B 네, 저는 경제학 석사과정을 마쳤습니다.

A 정보처리 기술을 물론 다루시죠?

B 네, 엑셀과, 엑서스…

A 삼성에서의 연수 후에, 당신은 일을 했나요?

B 이곳 그르노블의 CDD의 무역부서에서 일했습니다. 지난주에 끝이 났습니다.

A 좋습니다. 저희 회사나 부서에 대하여 질문이 있으면, 말씀하세요.

vocabulaires

s'asseoir : 앉다
la candidature : 지원서
intéresser : 관심을 끌다, 관심을 불러일으키다
reprenre : 다시 잡다, 말을 잇다, 계속하다
le curriculum vitae : 이력서
être né à : …에서 태어나다
communauté européenne : 유럽 공동체
plusieur : 여러 가지의
l'anglais : 영어
le portugais : 포르투칼어
l'espagnol : 스페인어
le suédois : 스웨덴어
un master de sciences économiques : 경제학 석사
maîtriser : 이용하다, 제어하다
l'outil informatique : 정보처리 기술
naturellement : 물론, 당연히, 자연히
le stage : 연수, 실습(기간)
la chambre de commerce : 무역부서
la semaine dernière : 지난주
avoir des questions : 질문이 있다
l'entreprise : 회사, 기업
le poste : 부서, 자리
la langue : 언어
candidat(e) : 지원자, 후보
couramment : 유창하게
la biologie : 생물학
la science politique : 정치학
la sociologie : 사회학
avant de + inf : …하기 전에

Doc. 2 CD ▸ UNITÉ1 ▸ LEÇON1 ▸ Unité1 Leçon1 Activité2 Document2.mp3

A Qu'est-ce que je vous sers, mademoiselle?

B Un pastis, s'il vous plaît, avec beaucoup de glaçons. Le bar est ouvert jusqu'à quelle heure?

A Le week-end jusqu'à 2 heures et en semaine minuit ou 1 heure. Voilà votre Pastis.

B Merci. Ça fait longtemps que vous travaillez ici? C'est la première fois que je vous vois.

A J'ai commencé la semaine dernière. Je viens de finir mes examens alors je cherchais un boulot pour cet été et j'ai trouvé rapidement. C'est sympa de bosser ici. Il y a une bonne ambiance. Les clients sont sympa et le cadre est agréable.

B Oui, moi j'aime beaucoup cet endroit. D'ailleurs, j'y viens très souvent. La musique est bonne, la patronne est très sympa et je discute souvent avec des touristes ou des étudiants étrangers.

A Revenez demain. Il y aura un petit concert de guitares et en plus c'est mon jour de congé. On pourra faire plus ample connaissance.

A 무엇을 드릴까요?

B 파스티스 한 잔 주세요, 얼음조각을 많이 넣어주세요. 바는 몇 시까지 열어요?

A 주말에는 새벽 2시까지고, 주중에는 자정이나 1시까지요. 자 여기 파스티스입니다.

B 감사합니다. 당신은 여기서 일한지 오래되었나요? 당신을 본 것이 처음이네요.

A 저는 지난주에 시작했습니다. 얼마 전에 시험이 끝나서, 이번 여름 동안에 할 일을 찾았어요. 그리고 금방 찾았죠. 이곳에서 일하는 게 참 좋아요. 분위기가 좋죠. 손님들도 호의적이고 주변 환경도 좋아요.

B 네, 저도 이곳을 많이 좋아해요. 게다가, 저는 여기에 자주 와요. 음악도 좋고, 사장님도 너무 호의적이시고, 저는 여행객이나 외국학생들과 자주 토론을 해요.

A 내일 다시 오세요. 작은 기타연주회가 있을거예요. 그리고 게다가 제가 쉬는 날이에요. 우리 좀 더 잘 알 수 있을 거 같네요.

vocabulaires

Qu'est-ce que je vous sers? : 무엇을 드릴까요?
le pastis : 파스티스(아니스 향료를 넣은 술)
le glaçon : 얼음조각
jusqu'à : …까지
en semaine : 주중에
minuit : 자정
Ça fait longtemps que + ind : …한지 오랜만이다
C'est la première fois que + ind : …하는 것이 처음이다
la semaine dernière : 지난주
venir de + inf : (근접과거) 막 …하다
un boulot : 직업
cet été : 이번여름,올 여름
rapidement : 빨리
C'est sympa de + inf : …해서 호감적이다, 마음에 들다, 기분이 좋다
bosser : 일을 하다
une ambiance : 분위기, 환경
client(e) : 손님, 고객
le cadre : 주변 환경, 배경
agréable : 마음에 드는, 기쁘게 하는, 기분 좋은
l'endroit : 장소, 곳
d'ailleurs : 게다가, 더구나
patron(ne) : 사장, 경영자, 주인
discuter : 논의하다, 토론하다
touriste : 관광객, 여행객
en plus : 게다가
le jour de congé : 휴일
faire plus ample connaissance : …와 더 많이 알게 되다
le serveur : 종업원
aimer + inf : …하는 것을 좋아하다
généreux(se) : 관대한, 너그러운
le lendemain : 다음날

Doc. 3 CD ▸ UNITÉ1 ▸ LEÇON1 ▸ Unité1 Leçon1 Activité2 Document3.mp3

A Salut, Julien. Dis donc, tu as une voiture maintenant? Elle est superbe!
B Non, c'est la voiture de mon frère. Il me l'a prétée pour un mois.
A Un mois? Il ne l'utilise pas beaucoup alors…
B Pas en ce moment. Il est revenu du ski avec une jambe cassée, et il ne peut pas sortir de chez lui.
A Oh, le pauvre, je suis désolée. Mais c'est quand même sympa de te laisser sa voiture. Et pour toi, c'est bien pratique.
B Oui, enfin, pour lui aussi c'est pratique.
A Comment ça?
B Tu comprends, mon frère ne peut pas bouger, et sa femme n'est pas à la maison : elle est partie cinq semaines à l'étranger pour son travail. Alors avec la voiture, c'est moi qui fais les courses, et qui emmène les enfants à l'école.

A 안녕, 줄리앙. 이봐, 너 지금 자동차 가지고 있는 거야? 자동차 멋있는데!
B 아니야, 이건 우리 형 거야. 형이 한 달 동안 나한테 빌려준거야.
A 한 달? 그럼 형은 별로 자동차를 안 쓰는 모양이구나.
B 지금은 안 써. 형은 스키타러 가서 다리를 다쳐왔거든. 그리고 형은 집에서 나올 수도 없어.
A 오, 안됐다, 유감이야. 그렇지만 그렇다고 해도 너한테 형 자동차가 넘겨진 건 괜찮은 일인데. 그리고 너를 위해서도, 자동차는 편리하잖아.
B 응, 결론적으로 형한테도 편한 일이야.
A 어째서?
B 너도 이해하겠지만, 형은 움직일 수가 없어. 그리고 형수는 집에 안 계시고 : 형수님은 일 때문에 5주 동안 외국에 가 계셔. 그래서 자동차로 내가 장을 봐다 주고, 조카들도 학교에 데려다 주고 있어.

vocabulaires

dis donc : 이봐, 아참
préter qch à qn : …에게 …을 빌려주다
en ce moment : 현재, 지금
revenir de : …에서 돌아오다
une jambe : 다리
cassé(e) : 파손된, 깨어진
le pauvre : 가난한 사람, 불쌍한 사람
quand même : 그렇지만, 그래도
sympa de + inf : …하는 것이 친절하다, 상냥하다
laisser qch à qn : …에게 …를 남기다(넘겨주다, 맡기다)
pratique : 편리한, 실용적인
bouger : 움직이다, 이동하다
l'étranger : 외국
c'est … qui : qui 이하 하는 것은 …이다./ …가 qui 이하를 한다.
faire les courses : 장을 보다
emmener les enfants à l'école : 아이들을 학교에 데려다주다

Leçon 2
Faire connaissance

✓Activité

SAVOIR 알아두기

DOCUMENT 1

① 형용사와 부사의 비교급

우등비교	plus + 형용사 / 부사 + que
열등비교	moins + 형용사 / 부사 + que
동등비교	aussi + 형용사 / 부사 + que (부정문일 때는 si… que 사용)

- Elle semble plus préoccupée que d'habitude. 그녀는 평상시보다 더 몰두해 있는 듯하다.
- Ta maison se trouve plus loin que la mienne. 너희 집이 우리 집보다 더 멀리 있다.
- Ce café est moins chaud que le thé. 이 커피는 이 차보다 덜 뜨겁다.
- Elle est aussi grande que son petit ami. 그녀는 남자 친구만큼 키가 크다.
- Il n'est pas si grand que Jean. 그는 쟝만큼 크지 않다.

② 명사의 비교급

우등비교	plus de + 명사 + que
열등비교	moins de + 명사 + que
동등비교	autant de + 명사 + que

- Il a plus de livres que moi. 그는 나보다 많은 책을 가지고 있다.
- Tu as moins d'argent que lui. 너는 그보다 돈이 적다.

프랑스 학제

la crèche 탁아소	
l'école maternelle 유치원	유치원(3년)은 하 · 중 · 상급반(la classe petite / moyenne / grande)으로 분류한다.
l'école primaire 초등학교	초등학교(5년)는 1학년을 CP(cours préparatoire), CE1(cours élementaire), CE2, CM1, CM2 등으로 구분한다.
le collège 중학교	중학교(4년)는 1학년을 6ème, 2학년을 5ème, 3학년을 4ème, 4학년을 3ème이라 한다.
le lycée 고등학교	고등학교는 3년으로 구성되어 있으며 1학년을 la seconde, 2학년을 la première, 3학년을 la terminale이라 한다.
l'université 대학	대학과정은 DEUG Ⅰ, DEUG Ⅱ, Licence, Master Ⅰ, Master Ⅱ, Doctorat로 구분한다.

DOCUMENT 2

신체묘사

① 키

- Elle est grande / petite. 그녀는 키가 크다 / 작다.

② 외모

· Elle est laide/ belle. 그녀는 못생겼다/ 예쁘다.

· Il est obèse / gros / fort / mince/ maigre. 그는 뚱뚱이다 / 살이 많이 쪘다 / 건강하게 살이 붙었다 / 야위었다 / 말랐다.

· Il est fragile/ solide. 그는 허약하다/ 탄탄하다.

③ 몸무게 · 키

· Il fait/ pèse 70 kilos. 그는 70킬로 나간다.

· Il fait/ mesure 1 mètre 70. 그는 키가 170이다.

④ 수염

· Il a une petite / grande moustache. 그는 콧수염이 짧다 / 길다.

· Il a une petite / longue barbe. 그는 수염이 짧다 / 길다.

⑤ 머리 모양

- Il est chauve/ barbu. 그는 대머리이다 / 머리숱이 많다.
- Il a les cheveux blonds / bruns / noirs / châtains / roux / gris / blancs / raides / bouclés / frisés / longs / mi-lomgs / courts. 그는 금발 / 갈색 / 검은 / 밤색 / 다갈색 / 회색 / 흰색 / 직모 / 컬이 있는 / 곱슬머리 / 긴 / 중간 길이의 / 짧은 머리이다.

⑥ 눈 색깔

- Elle a les yeux bleus/ noirs/ marron/ noisettes/ verts. 그녀는 푸른 / 검은 / 갈색 / 담갈색 / 녹색 눈을 가지고 있다.

DOCUMENT 3

plus de + 수량표현 / moins de + 수량표현

① plus de + 수량표현 : … 이상의

- plus de la moitié : 절반이상 / plus d'une fois : 여러 번
- enfant plus de 10 ans : 열 살 이상의 아이

② moins de + 수량표현 : 이하의

- Il a moins de trente ans. 그는 30세 미만이다.
- J'ai acheté une robe pour moins de 20 euros. 나는 원피스 하나를 20유로도 안주고 샀다.

국가명 + 전치사 de

시발지를 나타내는 경우 de를 쓰며, 여성국가 및 모음으로 시작하는 국가는 관사를 쓰지 않는다. (프랑스어에서 e로 끝나는 대부분의 지명은 여성이고 그 외는 대개 남성이다. 단, Mexique는 남성이다.)

남성	여성
Ils partent du Portugal. 그들은 포루투칼을 떠난다.	Je viens de Belgique. 나는 벨기에에서 온다.
Elle vient du Japon. 그녀는 일본에서 온다.	Elles partent d'Italie. 그녀들은 이탈리아에서 떠난다.
Elles sont revenues des Etats-Unis. 그녀들은 미국에서 다시 돌아왔다.	Ils viennent d'Israël. 그들은 이스라엘에서 온다.

DOCUMENT 4

의문형용사 quel(s) / quelle(s)의 사용

① 속사로 사용 : quel(s) / quelle(s) + 동사 + 주어?

- Quel est ton numéro de téléphone? 네 전화번호는 몇 번이니?

② 직접보어로 사용 : quel(s) / quelle(s) + 명사 + 동사 + 주어?

- Quel jour est-ce aujourd'hui? 오늘 무슨 요일이니?
- Quel temps fait-il aujourd'hui? 오늘 날씨가 어때?

③ 간접 · 상황보어로 사용 : 전치사(à, de, sur, pour…) + quel(s) / quelle(s) + 명사 + 동사 + 주어?

- En quel jour sommes-nous? 오늘 무슨 요일이니?
- De quel examen parles-tu? 너는 어떤 시험에 대해 말하는 거니?
- À quel film penses-tu? 너는 어떤 영화를 생각하니?

복합과거의 의문문과 부정문

① 의문문 : 주어와 조동사를 도치하거나 의문형태소를 사용하여 만든다.

- As-tu commencé ce travail? 너는 이 일을 시작했니?
- Est-ce que tu n'es pas allé à l'école hier? 너는 어제 학교에 가지 않았니? * 부정의문문은 조동사의 부정의문형 뒤에 과거분사를 놓는다.
- N'avez-vous pas fini? 당신은 끝내지 않았습니까?

② 부정문 : 조동사의 앞에 ne 조동사의 뒤에 pas를 놓아 만든다.

- Je n'ai pas fini mes devoirs. 나는 숙제를 아직 마치지 못했다.

DOCUMENT 5

형용사 위치

① 형용사 + 명사

- 짧고 흔히 쓰이는 형용사 bon, mauvais, grand, gros, petit, gentil, jeune, vieux, joli, 등 un bel appartement 아름다운 아파트, les petits enfants 어린 아이들

② 명사 + 형용사

- 국적, 종교를 가리키거나 과학, 예술 따위의 분류를 나타내는 형용사
  la langue française 프랑스어, les sciences naturelles 자연 과학
- 색깔, 형태, 맛, 온도 따위를 나타내는 형용사
  le drapeau blanc 흰 깃발, la table ronde 둥근 테이블, l'eau chande 더운물
- 여러 개의 형용사가 하나의 명사에 부가될 때
  un homme gros et méchant 뚱뚱하고 마음씨 고약한 남자, un travail long et difficile 시간이 걸리고 어려운 일

③ 기타

- 소유형용사 + 품질형용사 + 명사 : mes chers compatriotes 친애하는 국민 여러분
- 소유형용사 + 서수형용사 + 명사 : ma première voiture 내 첫 번째 자동차
- 형용사 + 명사 + 형용사 : un joli appartement assez grand *assez는 grand을 수식하는 부사
- 관사 + 부사 + 형용사 + 명사 : un aussi beau film 그 만큼 아름다운 영화
- 명사 + 국적 형용사 + de + 명사 :
  le ministre français des Affaires étrangères 프랑스 외무부 장관
  le championnat français de football 프랑스 프로축구
- 두 개의 국적형용사 : la guerre israelo-libanaise 이스라엘과 레바논의 전쟁

Entraînez-vous!

Écoutez bien et répondez aux questions en cochant (☒) la bonne réponse ou en écrivant l'information demandée.

DOCUMENT 1 CD ▸ UNITÉ1 ▸ LEÇON2 ▸ Unité1 Leçon2 Activité Document1.mp3

1. Complétez le CV de la jeune étudiante.

① Nom	
② Prénom	
③ Nationalité	
④ Étude	
⑤ Langues parlées	

2. Pourquoi le Directeur s'intéresse-t-il à Mlle Park?

☐ Parce qu'elle est étudiante en droit.

☐ Parce qu'elle parle plusieurs langues.

☐ Parce qu'elle habite à Aix.

DOCUMENT 2 CD ▸ UNITÉ1 ▸ LEÇON2 ▸ Unité1 Leçon2 Activité Document2.mp3

1. Qui est Henri?

☐ Celui qui porte une moustache.

☐ Celui qui est plus gros avec une barbe.

☐ Le plus mince qui porte les cheveux longs.

2. Choisissez "vrai" ou "faux".

	Vrai	Faux
① Pierre et Henri sont frères.	☐	☐
② Henri est beaucoup plus gros que Pierre.	☐	☐
③ Ils travaillent tous les deux dans la même entreprise.	☐	☐

DOCUMENT 3 CD ▸ UNITÉ1 ▸ LEÇON2 ▸ Unité1 Leçon2 Activité Document3.mp3

1. Où vivent Vladimir et Martha?

☐ En Italie ☐ En Russie ☐ En Suisse.

2. Choisissez "vrai" ou "faux".

	Vrai	Faux
① Martha est violoncelliste.	☐	☐
② Vladimir est Russe.	☐	☐
③ Vladimir a joué la semaine dernière.	☐	☐
④ Ça fait moins de 10 ans qu'ils vivent en Suisse.	☐	☐

DOCUMENT 4 CD ▸ UNITÉ1 ▸ LEÇON2 ▸ Unité1 Leçon2 Activité Document4.mp3

1. La cliente voudrait épouser :

☐ un paysan. ☐ un journaliste. ☐ un militaire.

2. Elle voudrait vivre :

☐ à la campagne. ☐ à la montagne. ☐ en ville.

3. Cochez la réponse correcte.

① ☐ La cliente est divorcée.
☐ Elle cherche un mari.
☐ Son mari travaille à télévision.

② ☐ Elle est journaliste à la radio.
☐ Elle travaille dans une ferme.
☐ Elle est femme de ménage.

③ ☐ La cliente ne connaît pas la campagne.
☐ Elle a déjà vécu dans une ferme.
☐ Ses parents étaient fermiers.

④ ☐ Elle déteste les animaux, surtout les chats.
☐ Elle ne possède pas d'animaux.
☐ Elle aime les chats.

DOCUMENT 5

CD ▸ UNITÉ1 ▸ LEÇON2 ▸ Unité1 Leçon2 Activité Document5.mp3

1. Comment s'appelle le jeune garçon?

Il s'appelle ....

2. Quel âge a-t-il?

☐ 12 ☐ 14 ☐ 15

3. Choisissez "Vrai" ou "Faux".

	Vrai	Faux
① Il va chanter une chanson de Renaud.	☐	☐
② Le père du jeune garçon est un monsieur avec une barbe.	☐	☐
③ Le père du jeune garçon est chorégraphe.	☐	☐
④ La mére du jeune garçon est brune.	☐	☐
⑤ Plus tard, le jeune garçon veut être informaticien.	☐	☐

TRANSCRIPTIONS 녹음 텍스트

Doc. 1 CD ▸ UNITÉ1 ▸ LEÇON2 ▸ Unité1 Leçon2 Activité Document1.mp3

A M. le Directeur, avez-vous regardé les CV des candidats?

B Oui, je m'intéresse à une fille. Elle s'appelle Mi-Jin Park. c'est une étudiante coréenne. Elle a 25 ans. Elle a obtenu le diplôme du DALF. Elle est à Aix pour faire un Master de droit. Elle parle couramment l'anglais et le coréen.

A Ah, elle parle l'espagnol aussi bien que le français.

B Oui, je crois que ses capacités en langue sont convenables à un poste d'accueil pour les étrangers.

A Je vais la convoquer pour passer un entretien.

B D'accord.

A 부장님, 지원자들의 이력서를 보셨습니까?

B 네, 한 여학생이 괜찮은 것 같은데. 이름이 박미진이죠. 한국 학생이구요. 나이는 25살이고 달프 자격증도 취득했더군요. 엑스에 거주하며 법대 석사과정에 있습니다. 영어와 프랑스어에 능통하군요.

A 어, 프랑스어만큼이나 스페인어도 잘하는데요.

B 그래요, 내 생각에는 이 학생의 외국어 실력이 외국인 학생을 맞는 일에 적격일 것 같습니다.

A 그 여학생에게 연락해서 면접을 보도록 하겠습니다.

B 알겠습니다.

vocabulaires

le CV : 이력서
candidat(e) : 지원자
s'intéresser à : …에 관심이 있다
obtenir : 얻다, 획득하다
le diplôme : 자격증, 학위 졸업장
faire un Master de droit : 법학 석사과정이다
couramment : 유창하게
l'espagnol : 스페인어
aussi … que : …만큼…도
Je crois que + ind : 나는…라고 생각하다, 믿다
la capacité : 능력
convenable à : …에 적합한, 적절한
un poste d'accueil : 안내직, 부서
étranger(ère) : 외국의, 외국인의
convoquer : 소집하다, 소환하다, 호출하다
passer un entretien : 면접을 보다
le directeur : 통솔자, 중역
plusieur : 여럿의, 여러 개의

Doc. 2 CD ▸ UNITÉ1 ▸ LEÇON2 ▸ Unité1 Leçon2 Activité Document2.mp3

A Décris-moi un peu ton ami Henri.

B Oui, il est brun, il a les cheveux courts et une petite moustache. Son frère Pierre est brun aussi mais il est beaucoup plus gros et il a les cheveux longs et une barbe. Ils travaillent tous les deux dans la même entreprise de bâtiment.

A 내 남자친구 앙리에 대해 말해줄래.

B 그래, 그는 거무스름한 피부에 짧은 머리 그리고 콧수염이 조금 있어. 그의 형 삐에르 역시 거무스름한데 그는 훨씬 뚱뚱하고, 머리가 길고 턱수염이 있어. 그들은 둘 다 같은 건설 회사에서 일을 해.

vocabulaires

brun(e) : 갈색의, 거무스름한
les cheveux : 머리
court(e) : 짧은

la moustache : 콧수염
plus : 더
gros(se) : 뚱뚱한
long(ue) : 긴
une barbe : 턱수염
tous les deux : 둘 다 모두
la même entreprise : 같은 회사
le bâtiment : 건물
celui(celle) : (사람, 사물의 대리) 그사람, 그것
porter : (머리, 수염을)기르고 있다
une barbe : 턱수염
le(la) plus + 형용사 : 가장 …한
mince : 날씬한, 마른

Doc. 3 CD ▸ UNITÉ1 ▸ LEÇON2 ▸ Unité1 Leçon2 Activité Document3.mp3

A Est-ce que tu connais Vladimir?
B Oui, il est pianiste et il vient de Russie. Il vit en Suisse à côté de Genève avec sa femme depuis plus de 10 ans. Sa femme s'appelle Martha, je crois, elle est violoniste.
A Oui, je l'ai entendue la semaine dernière dans un concert de musique de chambre. Elle est vraiment très douée.

A 너는 블라디미르를 아니?
B 응, 그는 피아니스트고 러시아 출신이야. 그는 10년 이상 전부터 그의 아내와 함께 스위스의 제네바 옆에 살고 있어. 그의 아내 이름은 마르타야. 내가 알기로는. 그리고, 그녀는 바이올리니스트야.
A 그래, 나는 그녀에 대해서 지난 주 챔버 음악회에서 들었어. 그녀는 정말 천재적이야.

vocabulaires

connaître : 알다
pianiste : 피아니스트
venir de : …출신이다
en Suisse : 스위스에서
à côté de :..의 옆에, …의 가까이에
femme : 아내, 부인, 여자, 여성
depuis + 시간 : …부터
plus de + 수 : …이상의
je crois : 나는 …라고 생각한다, 믿는다
violoniste : 바이올리니스트
entendre : 듣다
la semaine dernière : 지난주
un concert : 음악회
la musique de chambre : 챔버 음악회
vraiment : 정말
doué(e) : 타고난, 부여받은, 천재적인
violoncelliste : 첼리스트, 첼로 연주자
russe : 러시아인, 러시아의
jouer : …를 연주하다
moins de + 수 : …미만의

Doc. 4 CD ▸ UNITÉ1 ▸ LEÇON2 ▸ Unité1 Leçon2 Activité Document4.mp3

A Vous n'avez jamais été mariée?
B Non.
A Vous vous décidez maintenant à le faire.
B Oui.
A Quelle est votre profession? Qu'est-ce que vous faites dans la vie?
B Je suis femme de ménage…., à la radio.
A Vous n'avez pas rencontré là-bas l'homme de votre vie?
B Non.
A Quel genre d'homme vous aimeriez rencontrer? Quelles sont vos aspirations?
B Je voudrais un paysan parce que je voudrais vivre à la campagne. Je pourrais m'occuper

de la ferme et je pourrais aussi emmener mes chats. Avant, quand j'étais petite, on m'avait placée dans une ferme; alors je connais tout ce qu'il faut faire. Vous croyez que c'est possible?

A C'est une chose possible, car très peu de femmes actuellement désirent retourner à la terre.

A 당신은 한 번도 결혼한 적이 없나요?
B 없습니다.
A 당신은 지금 결혼하려고 결정한건가요?
B 네.
A 직업이 어떻게 되시죠? 직업으로 삼고 있는 일을 말씀해주세요.
B 저는 청소부예요…, 라디오에서요.
A 당신은 거기서 운명의 남자를 못 만났나요?
B 만나지 못 했어요.
A 당신은 어떤 종류의 남자를 만나고 싶으신가요? 이상형이 어떻게 되지요?
B 저는 농부를 만나고 싶어요. 시골에서 살고 싶기 때문이에요. 저는 농장을 잘 관리할 수 있을 것이고 제 고양이들도 데려갈 수 있을 거예요. 예전에, 제가 어렸을 때, 어른들은 저를 농장에 두었이요. 그래서 저는 무엇을 해야 하는지 다 알아요. 당신 생각에는, 가능할 것 같은가요?
A 가능한 일입니다, 땅으로 돌아가려는(귀농하려는) 여성분들은 흔하지 않으니까요.

vocabulaires

marié(e) : 결혼한, 기혼의
se décider à + inf : …할 것을 결정(결심)하다
la profession : 직업
femme de ménage : 가정부
l'homme de votre vie : 운명의 남자
quel genre de + 명사 : 어떤 종류의 …(명사)
l'aspiration : 열망, 동경 / 이상형
paysan(ne) : 농부
la campagne : 시골
s'occuper de : …을 관리하다, 돌보다
la ferme : 농장
emmener : 데리고 가다.
placer : 배치하다, 두다, 위치시키다
connaître tout ce qu'il faut faire : 해야 할 것을 모두 알다
actuellement : 현재, 지금
retourner à la terre : 땅으로 돌아가다, 귀농하다

Doc. 5 CD ▸ UNITÉ1 ▸ LEÇON2 ▸ Unité1 Leçon2 Activité Document5.mp3

<<Interview à la radio de jeunes chanteurs>>

A Comment tu t'appelles?
B Je m'appelle Renaud.
A Renaud! Et quel âge as-tu?
B J'ai quinze ans.
A Et qu'est-ce que tu vas nous chanter?
B Une chanson de Barbara.
A Comment elle s'appelle cette chanson?
B "Il pleut sur Nantes."
A Et pourquoi tu as choisi cette chanson?
B Parce que…. J'aime beaucoup Barbara.
A Aaaah…. Tu es venu seul à l'emission?
B Non! Mon père est dans la salle, là-bas.
A C'est le monsieur avec une barbe?
B Oui.

A Et, qu'est ce qu'il fait ton père?
B Il fait…., il fait…., il est photographe.
A Ah! Pour un journal?
B Oui, il est photographe de mode.
A Ah! Et, et ta mère, elle est là aussi.
B Oui, là, à côté de mon père.
A Ah, c'est la jolie dame blonde à côté de ton père?
B Oui,
A Et ta mère, elle est photographe, elle aussi?
B Non, elle est infirmière dans un hôpital.
A Et toi, Renaud, qu'est-ce que tu veux faire plus tard?
B Je ne sais pas. Informaticien peut-être, ou chanteur.
A Ah, Et bien, bonne chance, Renaud. Et maintenant, chante-nous ta chanson.

<< 젊은 가수의 라디오 인터뷰 >>
A 이름이 어떻게 되시죠?
B 르노라고 합니다.
A 르노! 나이가 어떻게 되시죠?
B 15살입니다.
A 우리에게 노래 한 곡 불러주실건가요?
B 바바라의 곡으로요.
A 노래 제목이 어떻게 되죠?
B "낭뜨에 눈이 내리네"입니다.
A 왜 그 노래를 선택했나요?
B 왜냐하면… 제가 바바라를 많이 좋아해서요.
A 아… 방송에는 혼자 나왔나요?
B 아니오! 저기, 방 안에 아버지가 계세요.
A 수염이 있으신 저 분 맞으신가요?
B 네
A 그렇다면, 아버님은 무엇을 하시나요?
B 아버지는… 아버지는…. 아버지는 사진가세요.
A 아, 신문사요?
B 네, 그는 패션사진가예요.
A 아! 그럼, 어머님은, 어머님도 저기 계시네요.
B 네, 저기, 아버지 옆에 계세요.
A 아, 아버님 옆에 아름다우신 금발 여자분이신가요?
B 네.
A 그리고, 어머님도 역시 사진가이신가요?
B 아니오, 어머님은 병원에서 간호사로 일하세요.
A 그럼 르노군은, 나중에 무엇을 하고 싶은가요?
B 모르겠어요. 아마 정보처리기술자나, 가수가 될 것 같아요.
A 아, 자 그럼, 행운을 빌겠어요, 르노군. 그리고 이제, 우리에게 르노군 노래를 불러주세요.

vocabulaires

seul(e) : 혼자인, 단독의, 혼자서
l'emission : 방송, 프로그램
une barbe : 수염
photographe : 사진사, 사진작가
plus tard : 나중에
informaticien(ne) : 정보 처리 기술자
Bonne chance. : 행운을 빈다.

Unité II

Acheter

Leçon 1
Au marché

✓Activité 1

SAVOIR 알아두기

DOCUMENT 1

수량 표현 (*명사 앞에 관사 없음에 유의!)

숫자를 사용	deux pommes 사과 2개 quatre crayons 연필 4자루
측정 단위를 사용	trois kilos de moules 3킬로의 홍합 un demi-litre de lait 우유 반 리터
일부분을 지적하는 어휘를 사용	une tranche de jambon 햄 한 조각 un morceau de pain 빵 한 조각 3 bottes de poireau 파 3단 deux bouchées de riz 두 입 분량의 밥 trois poignées de maïs 세 줌(주먹 분량)의 옥수수 2 pincées de poivre 두 옴큼의 후추
물건을 담는 용기를 사용	un verre de lait 우유 한 잔 une tasse de café 커피 한 잔 une bouteille de vin 포도주 한 병 un pot de miel 꿀 한 단지 une coupe de glace 아이스크림 한 스쿱 2 cuillères de sel 소금 2숟갈 une boîte de sardines 정어리 한 통 un tube de mayonnaise 마요네즈 튜브 한 개 un paquet de lessive 세제 한 박스
수량·정도의 부사를 사용 (beaucoup de, un peu de, assez de, peu de 등)	beaucoup de pommes 많은 사과 assez de pains 충분한 빵

단위별 가격을 표시할 경우 : 가격 + le + 단위(kilo/litre)

- 2€ le kilo 킬로당 2유로
- 1,40€ le litre 리터당 1유로 40상팀

DOCUMENT 3

중성대명사 en

① 부분 관사, 부정의 de, 소유의 de + 사물명사를 대신 표현

- Il mange du pain. → Il en mange. 그는 빵을 먹는다.
- Vous voulez combien de kilos de moules? 홍합을 몇 킬로 원하십니까? → J'en veux deux.

② 수량표현과 함께 쓰인 명사 (부정관사, 수형용사, 수량표현)

- Avez-vous un frère? Oui, j'en ai un. 당신은 오빠가 있습니까? 네, 한명 있습니다.
- As-tu beaucoup de temps? Oui, j'en ai beaucoup. 너는 시간이 많니? 응 많이 있어.

③ 장소를 대신 표현 : de + 장소

- Ils reviennent de France. → Ils en reviennent. 그들은 프랑스에서 되돌아온다.

④ 관용적 표현 : en mettre ··· / il en faut···

- Combien je vous en mets? 얼마큼 드릴까요? → Vous en mettez deux kilos. 2킬로 주세요.
- Il vous en faut combien? 얼마큼이 필요하십니까? * 중성 대명사 en은 이전에 언급된 물건을 포함함 (= de + 물건)

원인 · 결과 표현

C'est pour ça ~ / C'est pourquoi ~ / C'est ainsi que ~: 그것으로 인해 / 그 이유로 / 그렇게 해서 ~이다

- C'est pour ça (=cela) que cet enfant a pleuré. 그래서 그 아이가 울었다.
- C'est pourquoi je ne suis pas parti en vancances. 그런 이유로 나는 바캉스를 떠나지 않았어.
- C'est ainsi qu'il a divorcé avec sa femme. 그렇게 해서 그는 부인과 이혼하게 된 거야.

“~처럼 (~하는 것처럼) 보인다” 표현

① avoir l’air + 형용사

- Ça a l’air bon. 맛있게 보이는데.

② avoir l’air de + 명사

- Ça ne m’a pas l’air facile. 내게는 쉬워 보이지 않는데. * me를 사용해서 ‘나’ 개인적인 의견임을 표시함.
- Il a l’air d’un domestique et non d’un ami. 그는 하인처럼 보이지 친구처럼 보이지 않는다.

③ avoir l’air de + inf

- Tu a l’air de mentir. 너는 거짓말을 하는 것처럼 보이는데.

DOCUMENT 3

과일과 채소

l’abricot 살구	le citron 레몬	la pêche 복숭아
l’ananas 파인애플	la fraise 딸기	la poire 배
la banane 바나나	le melon 메론	la pomme 사과
la cerise 체리	l’orange 오렌지	le pruneau 자두
la clémentine 귤	la pastèque 수박	le raisin 포도
l’ail 마늘	le concombre 오이	le petit pois 완두콩
l’aubergine 가지	le champignon 버섯	la pomme de terre 감자
la carotte 당근	la laitue 상추	la salade 샐러드
la courgette 호박	l’oignon 양파	le poivreau 큰파
le choux chinois (한국)배추	le piment 고추	le poivron 피망

비인칭 동사 falloir

① falloir + 명사 : “~이 필요하다”

- Il faut trois places. 세 자리가 필요하다.

② falloir + 부정법 / 절 : "…해야만 한다"

- Il faut étudier la langue étrangère. 외국어를 공부해야만 한다.
- Il faut que tout le monde sorte vite. 모두 빨리 떠나야만 한다.

③ Il faut… 구문에서 의미상 주어를 표현하고 싶을 때는 간접보어인칭대명사를 쓴다.

- Qu'est-ce qu'il vous faut? 무엇이 필요하십니까? → Il me faut trois kilo de pommes. 사과 3킬로가 필요합니다.

Entraînez-vous!

Écoutez bien et répondez aux questions en cochant (☒) la bonne réponse ou en écrivant l'information demandée.

DOCUMENT 1 CD ▸ UNITÉ2 ▸ LEÇON1 ▸ Unité2 Leçon1 Activité1 Document1.mp3

1. Choisissez "vrai" ou "faux".

	Vrai	Faux
① La cliente achète 5 produits différents.	☐	☐
② Elle achète 7 produits différents.	☐	☐
③ Elle paie plus de 10 euros.	☐	☐
④ Elle n'achète que des légumes.	☐	☐

2. Combien coûte une laitue?

Elle coûte ....

DOCUMENT 2 CD ▸ UNITÉ2 ▸ LEÇON1 ▸ Unité2 Leçon1 Activité1 Document2.mp3

1. Qu'est-ce que la jeune fille a acheté au marché?

....

2. La cliente n'achète pas de tomates :

☐ parce qu'elles sont trop chères.

☐ parce qu'elles ne sont pas fraîches.

☐ parce qu'il n'en reste plus.

3. Combien doit payer la cliente?

☐ 7,30€ ☐ 8,60€ ☐ 9,60€

DOCUMENT 3 CD ▸ UNITÉ2 ▸ LEÇON1 ▸ Unité2 Leçon1 Activité1 Document3.mp3

1. Quels sont les légumes qu'elle achète?

☐ carottes ☐ courgettes ☐ poivron

☐ tomates ☐ salade ☐ aubergine

2. Retrouvez les prix.

① Aubergines et courgettes • • 6,30 euros

② Tomates • • 5,20 euros

③ 2 mangues et 1 ananas • • 2,50 euros

④ Cerises • • 10 euros

3. Combien paie-t-elle au total?

Elle paie ....

TRANSCRIPTIONS 녹음 텍스트

Doc. 1 CD ▸ UNITÉ2 ▸ LEÇON1 ▸ Unité2 Leçon1 Activité1 Document1.mp3

A Bonjour Madame! Aujourd'hui qu'est-ce que je vous sers?
B Deux bottes de radis, un kilo de courgettes et 500 grammes de poivrons rouges.
A Voilà, ça sera tout?
B Non, la laitue est à combien?
A C'est 1,50 les deux! Et 80 centimes la pièce.
B Alors une laitue et un bouquet de persil, s'il vous plaît.
A 10 euros tout rond!

A 안녕하세요 마담! 오늘은 무엇을 드릴까요?
B 라디 2단과, 호박 1킬로 그리고 홍고추 500그람 주세요.
A 여기 있습니다, 이게 전부입니까?
B 아니요, 상치는 얼마에요?
A 두개에 1,50유로에요! 그리고 하나는 80쌍팀이예요.
B 그럼 상치 한 개와 파슬리 한 단 주세요.
A 전부 우수리 없이 10유로 입니다.

vocabulaires

Qu'est-ce que je vous sers? : 오늘은 무엇을 드릴까요?
une botte de radis : 라디(작은 무의 일종) 한 단
un kilo de courgettes : 1킬로의 호박
le poivron rouge : 홍고추, 붉은 고추
Ça sera tout? : 이게 전부 입니까?
La laitue est à combien? : 상치는 얼마입니까?
les deux : 둘 다, 이 둘
80 centimes la pièce. : 하나에 80쌍팀
un bouquet de persil : 파슬리 한 단, 한 묶음
tout rond : 우수리없이, 통째로
le produit : 물건, 제품
différent(e) : 다른
payer : 지불하다
plus de + 숫자 : …이상의
ne… que : …뿐, …만
les légumes : 야채

Doc. 2 CD ▸ UNITÉ2 ▸ LEÇON1 ▸ Unité2 Leçon1 Activité1 Document2.mp3

A Bonjour, Mademoiselle. Qu'est-ce que vous désirez?
B Bonjour, Monsieur. Je voudrais des fraises, s'il vous plaît.
A 2,30€ le kilo. Combien de kilos voulez-vous… un kilo?
B Oui, et j'aimerais aussi avoir un kilo de poires. Elles sont à combien?
A 2,50€ le kilo. C'est la saison. Elles sont bonnes.
B Alors, vous m'en mettez deux kilos.
A Il vous faut autre chose?
B Oui, il me faut trois tomates pour ce soir. Mais elles n'ont pas l'air fraîches.
A Je regrette! Elles sont d'hier. C'est pour ça qu'elles sont en promotion. 1€ le kilo.
B Non merci. C'est tout pour aujourd'hui. Ça fait combien en tout?
A 7,30€, s'il vous plaît.

A 안녕하세요. 무엇을 원하십니까?
B 안녕하세요. 딸기를 사려고 합니다.
A 1킬로에 2,30유로입니다. 몇 킬로 원하시죠…, 1킬로요?
B 네, 그리고 배도 1킬로 사고 싶은데. 배는 얼마죠?
A 1킬로에 2,50유로입니다. 지금이 제철이지요. 맛이 좋습니다.
B 그럼, 2킬로 주세요.
A 또 필요한 것이 있나요?
B 오늘 저녁에 쓸 토마토 3개가 필요해요. 그런데 싱싱해 보이지 않네요.
A 죄송합니다. 토마토는 어제 것이죠. 그래서 할인 가격으로 팝니다. 킬로에 1유로죠.
B 됐어요. 오늘은 그만 사겠어요. 모두 얼마인가요?
A 7,10유로입니다.

vocabulaires

Qu'est-ce que vous désirez? : 무엇을 찾으세요? 무엇을 드릴까요?
la fraise : 딸기
2,50€ le kilo : 1킬로에 2,50유로
un kilo de poires : 1키로의 배
Elles sont à combien? : 얼마인가요?
la saison : 계절, 철, 제철
mettre qch à qn : …에게 …을 주다
Il vous faut autre chose? : 다른 것이 또 필요한가요?
il faut + 간접목적보어 : …에게 …이 필요하다
ce soir : 오늘 저녁
avoir l'air + 형용사 : …처럼 보이다
frais(aîche) : 싱싱한, 신선한
regretter : 후회하다
Elles sont d'hier. : 그것들은 어제의 것이다, 어제 온 것이다.
c'est pour ça que + ind : …하는 것은 …때문이다
être en promotion : 할인중이다, 할인가격이다
C'est tout. : 그게 전부이다.
Ça fait combien en tout? : 전부 얼마입니까?
le marché : 시장
client(e) : 손님, 고객
cher(ère) : 비싼
ne…plus : 더 이상 …않다
payer : 지불하다

Doc. 3 CD ▸ UNITÉ2 ▸ LEÇON1 ▸ Unité2 Leçon1 Activité1 Document3.mp3

A Bonjour mademoiselle…Qu'est-ce que je vous sers aujourd'hui?
B Bonjour, je voudrais des tomates, 1 kilo, des aubergines et des courgettes.
A Je vous en mets un kilo de chaque.
B Oui, s'il vous plaît.
A Il vous faut autre chose?
B Des fruits : deux mangues bien mûres, un ananas et un kilo et demi de cerises.
A Ce sera tout?
B Oui, ça fait combien?
A Alors, les tomates 2,50 euros, les aubergines et les courgettes 5,20 euros, 2 mangues et un ananas, ça fait 10 euros et les cerises 6,30 euros. Ça fait 24 euros tout rond.
B Tenez, au revoir, à la semaine prochaine

A 안녕하세요..오늘은 무엇을 드릴까요?
B 안녕하세요, 토마토 1킬로와 가지와 호박을 주세요.
A 각각 1킬로씩 드릴께요.
B 네.
A 다른 것도 필요한가요?
B 과일이요: 잘 익은 망고 2개, 파인애플 한 개와 체리 1,5킬로 주세요.
A 이게 다예요?
B 네, 얼마에요?
A 자, 토마토 2,50유로, 가지와 호박 5,20유로, 망고 2개와 파인애플 하나 10유로, 그리고 체리 6.30유로네요. 전부 우수리 없이 24유로 입니다.
B 여기 있습니다. 안녕히 계세요. 다음 주에 봐요.

vocabulaires

Qu'est-ce que je vous sers aujourd'hui? : 오늘은 무엇을 드릴까요?
je voudrais + 명사 : 나는 …을 원한나
l'aubergine : 가지
la courgette : 호박
mettre : 주다
chaque : 각각, 각자
Il vous faut autre chose? : 다른 것이 필요한가요?
des fruits : 과일
la mangue : 망고
mûr(e) : 잘 익은
un ananas : 파인애플
la cerise : 체리
Ce sera tout? : 이게 전부입니까?
Ça fait combien? : 얼마 입니까?
tout rond : 통째로, 우수리없이
A la semaine prochaine! : 다음주에 뵈요!
la carotte : 당근
le poivron : 고추
la salade : 샐러드
payer : 지불하다
au total : 전부

✓ Activité 2

SAVOIR 알아두기

DOCUMENT 1

생선명

le maquereau 고등어	la sardine 정어리
le thon 다랑어	la truite 송어
la morue 대구	la coquille Saint-Jacques 가리비조개
la daurade 도미	le crabe 게
l'anchois 멸치	l'huître 굴
le saumon 연어	la langouste 대하
le calmar 오징어	le homard 바다가재
	la crevette 새우

DOCUMENT 2

assez와 trop의 쓰임

① assez ~ pour + inf : ~하기에 충분한

- Il est assez grand pour aller tout seul à l'école. 그는 혼자서 학교갈 수 있을 정도로 충분히 크다.

④ trop ~ pour + inf : ~하기에 지나친, 너무 ~해서 (~하지 못하다) *부정의 의미가 강함.

- Il parle trop vite pour qu'on le comprenne. 그는 너무 빨리 말해서 그의 말을 이해하기가 힘들다.
- J'ai trop de travail pour sortir. 나는 일이 너무 많아서 외출을 할 수 없다.

ça fait ~ 를 이용한 표현

① ça fait + 부사 : ~하다

- Ça fait beaucoup. 많다.
- Ça (ne) fait rien. 괜찮습니다.

② ça fait + 동사 : ~하게 하다

- Ça fait travailler. 일을 하게 만든다.
- Ça (me) fait réfléchir. 생각하게 만든다.
- Ça fait pleurer. 슬프다

DOCUMENT 3

안내방송 시의 관용적 표현

① 안내방송 시작의 경우

- Mesdames et messieurs, votre attention s'il vous plaît. 신사숙녀 여러분께 알려드립니다.
- Je vous demande votre attention. 손님 여러분께 알려드립니다.
- Chers clients. 친애하는 고객 여러분.

② 안내방송 종료의 경우

- Nous vous remercions de votre compréhension (de votre attention). = Merci de votre attention. 여러분의 협조(주목)에 감사드립니다.
- Nous vous demandons de bien vouloir accepter nos excuses. 여러분께 사과의 말씀을 드립니다.
- Je vous souhaite bon voyage / bonne route / bonnes courses / bonnes continuation. 즐거운 여행 / 즐거운 여행길 / 즐거운 쇼핑 / 계속 즐거운 시간이 되시기를 바랍니다.

알림·공지 표현

① informer(avertir) qqn + de + 명사 / que 주어 + 동사

- Nous vous informons de la fermeture du magasin. 여러분께 저희 상점의 폐장을 알려드립니다.
- Je t'ai averti que la BU serait fermée. 대학도서관은 문을 열지 않을 거라고 내가 너에게 알려줬잖아.

② annoncer(signaler) à qqn + 명사 / que 주어 + 동사

- Je vous annonce que je serai absent(e) demain. 나는 내일 결석하게 된다는 사실을 당신께 알립니다.
- Nous vous signalons que l'arrivée du train sera retardée. 열차도착 시간이 지연됨을 여러분께 알려드립니다.

⑤ Il paraît que + ind : …라고들 한다

- Il paraît que le vin sera excellent cette année. 올해는 포도가 잘 익은 것 같다라고 한다.

⑥ On dit que + ind : …라고 말하다 (신중한 표현)

- On dit que la BU serait fermée. 도서관 문을 열지 않을 거라고 한다.

vers의 다양한 표현

① 방향 : …의 쪽으로, …을 향해서

- Elle se dirige vers la sortie. 그녀는 출구 쪽으로 간다.
- Il tourne la tête vers moi. 그는 내 쪽으로 머리를 돌린다.

② 장소 : …의 쪽으로, …의 부근에서

- Vers le nord, il y a un village. 북쪽으로 마을이 하나 있다.
- Nous nous sommes arrêtés vers Fontainebleau. 우리는 퐁텐블로 근처에서 멈췄다.

③ 시간 : …경, 무렵

- Son mariage aura lieu vers la mi-mai. 그의 결혼식은 5월 중순 무렵 있을 예정이다.
- Vers trente ans, je l'ai rencontré. 내가 서른 살 즘 되었을 때 그를 만났다.

상품과 상품 판매장

① 상점

la bijouterie 보석가게	l'épicerie 식료품점
le bureau de tabac 담배 가게	la fromagerie 치즈 판매점
la boucherie 소고기 정육점	la librairie 서점
la boulangerie 빵집	la pâtisserie 제과점
la charcuterie 돈육점	la parfumerie 향수 화장품 상점
la chocolaterie 초콜릿 상점	la pharmacie 약국
la crèmerie 유류 제품점	

② 상품 판매장

le rayon boucherie	정육 매장
le rayon charcuterie	돼지고기 제품 매장
le rayon poisson(=rayon poissonnerie)	생선 매장
le rayon fromage	치즈 매장
le rayon vin	포도주 매장
le rayon fruits et légumes	과일·채소 매장
le rayon vêtement	의류 매장
le rayon électroménager	가전제품 매장

상품명

la boucherie	le porc 돼지고기, le veau 송아지고기, le boeuf 소고기, le mouton 양고기, l'agneau 어린 양고기, le poulet 닭고기
le rayon fromage	le camenbert 까망베르, le gruyère 그뤼예르, le roquefort 로크포르, le yaourt 야쿠르트, la chèvre 염소치즈
l'épicerie	les pâtes 면류, le riz 쌀, la farine 밀가루, le sucre 설탕, le sel 소금, les conserves 통조림, le miel 꿀...
la pâtisserie	l'éclair 에끌레르 과자, la mousse au chocolat 무스 오 쇼콜라, la tarte 파이, la crêpe au sucre 설탕 크래프, le chou à la crème 슈크림, le gâteau au chocolat 초코렛 케익, la crème au caramel 카라멜 크림, le pudding 푸딩...
le rayon boisson	le jus de fruits 과일쥬스, l'eau minérale 생수, la limonade 사이다, le lait 우유, le cognac 꼬냑, le cidre 능금주, la bière 맥주, le vin 포도주, le champagne 샴페인, le whisky 위스키, la vodka 보드카

malgré의 표현

① malgré + 명사

- Il se marie malgré ses parents. 그는 부모의 반대에도 불구하고 결혼한다.
- Malgré toutes les difficultés, elle est partie en France. 온갖 어려움을 무릅쓰고 그녀는 프랑스로 떠났다.

② malgré que + 접속법

- Il va partir à la mer, malgré qu'il fasse mauvais. 날씨가 좋지 않음에도 불구하고 그는 바다에 나갈 것이다.

③ malgré tout

- "어떤 일이 있어도" : Malgré tout, nous réussirons. 어떤 일이 있어도 우리는 성공할 것이다.
- "그래도, 역시" : Il a des défauts, mais malgré tout c'est un brave homme. 그는 결점이 있기는 하지만 정직한 사람이다.
- "누가 뭐라고 해도" : C'est un grand homme, malgré tout. 그는 누가 뭐라 해도 위대한 인물이었다.

Entraînez-vous!

Écoutez bien et répondez aux questions en cochant (☒) la bonne réponse ou en écrivant l'information demandée.

DOCUMENT 1 CD ▸ UNITÉ2 ▸ LEÇON1 ▸ Unité2_Leçon1_Activité2_Document1.mp3

1. Qu'est-ce que la cliente a voulu d'abord acheter?

☐ Du thon ☐ Des sardines ☐ Des huîtres

2. Le vendeur :

☐ conseille la cliente. ☐ trompe la cliente. ☐ se fâche contre la cliente.

3. Reliez le prix à chaque produit.

la moule •		• 3,10 €
le thon •		• 2,50 €
le saumon •		• 2,99 €
le maquereau •		• 10,20 €

DOCUMENT 2 CD ▸ UNITÉ2 ▸ LEÇON1 ▸ Unité2_Leçon1_Activité2_Document2.mp3

1. La cliente se trouve au stand :

☐ du boucher. ☐ du maraîcher. ☐ du poissonnier.

2. Quelle quantité de moules achète-t-elle?

☐ 500 grammes ☐ 3,5 kilos ☐ 4 kilos

DOCUMENT 3 CD ▸ UNITÉ2 ▸ LEÇON1 ▸ Unité2 Leçon1 Activité2 Document3.mp3

1. Le message annonce :

☐ la fermeture du supermarché à 20h 30.

☐ le prolongement d'ouverture du supermarché jusqu'à 20h.

☐ la diminution d'ouverture du supermarché jusqu'à 18h.

2. Pendant la période des fêtes de Noël, le supermarché sera :

☐ ouvert jusqu'à 21h du soir.

☐ ouvert jusqu'à 22h du soir.

☐ ouvert du lundi au samedi.

3. Il est 20h 20. Qu'est-ce qu'on vous demande de faire?

....

DOCUMENT 4 CD ▸ UNITÉ2 ▸ LEÇON1 ▸ Unité2 Leçon1 Activité2 Document4.mp3

1. Reliez pour chaque annonce l'endroit où le client est invité à aller.

① Annonce 1 •	• Au rayon fromage
② Annonce 2 •	• A la station d'essence
③ Annonce 3 •	• Au rayon charcuterie
④ Annonce 4 •	• Au rayon poisson

2. L'hypermarché Cora a augmenté le prix de l'essence.

☐ Vrai ☐ Faux ☐ On ne sait pas.

3. Si l'on achète deux fromages à l'hypermarché Cora, le troisième fromage est offert.

☐ Vrai ☐ Faux ☐ On ne sait pas.

TRANSCRIPTIONS 녹음 텍스트

Doc. 1 CD ▸ UNITÉ2 ▸ LEÇON1 ▸ Unité2 Leçon1 Activité2 Document1.mp3

A Bonjour, c'est à vous, Madame.
B Bonjour, je voudrais du thon, s'il vous plaît. Il est à combien?
A 10,20€ le kilo.
B Il est trop cher…
A Alors, profitez de nos promotions. Le saumon à 3,10€, la moule à 2,50€ et le maquereau à 2,99€.
B Ah, oui! c'est vrai. En plus, la moule est grosse. j'en veux cinq kilos.

A 안녕하세요, 손님 차례입니다.
B 안녕하세요, 참치를 사고 싶습니다. 얼마인가요?
A 1킬로에 10,20유로입니다.
B 너무 비싸군요.
A 그러면 오늘 할인 가격의 생선을 사세요. 연어가 3,10유로, 홍합이 2,50유로 그리고 고등어가 2,99유로입니다.
B 아, 그래요! 정말 그렇군요. 게다가 홍합이 매우 굵어요. 홍합 5킬로 주세요.

vocabulaires

C'est à vous, Madame. : 당신 차례입니다.
le thon : 참치
Il est à combien? : 얼마입니까?
profiter de : …를 이용하다
la promotion : 할인, 할인가격
le saumon : 연어
la moule : 홍합
le maquereau : 고등어
C'est vrai : 맞다.
en plus : 게다가
gros(se) : 큰, 굵은
une huître : 굴
vendeur(se) : 판매원
conseiller : 권하다
tromper : 속이다
se fâcher contre qn : …에게 화내다, 분개하다

Doc. 2 CD ▸ UNITÉ2 ▸ LEÇON1 ▸ Unité2 Leçon1 Activité2 Document2.mp3

A Bonjour, je voudrais des moules pour 7 personnes.
B Pour des moules-frites il faut compter 500 grammes de moules par personne.
A 500 grammes, ça fait beaucoup non?
B Vous savez quand on cuisine des moules-frites il faut prévoir large. En plus, il y a toujours des gros mangeurs, alors rassurez-vous, 500 grammes, ce n'est pas trop. Je vous mets 3 kilos 5 de moules?
A Mettez-en moi 4 kilos.

A 안녕하세요, 홍합 7인분 주세요.
B 홍합-감자튀김의 경우, 한 사람당 홍합 500그람입니다.
A 500그람, 너무 많지 않나요?
B 우리가 홍합-감자튀김 요리를 할 때 양을 많이 예상해야 하는 것을 아시죠. 게다가, 항상 많이 드시는 분이 있어요, 그러니까 500그람 괜찮습니다. 너무 많은 거 아니에요. 홍합 3.5킬로 드릴까요?
A 4킬로 주세요.

vocabulaires

je voudrais + 명사 : 나는…을 원한다
la moule : 홍합
la personne : 사람
la moule-frite : 홍합-감자튀김
il faut + inf : …해야 한다
compter : 세다, 헤아리다, 산정하다
par personne : 한 사람당
Ça fait beaucoup? : 많은가요?
savoir : 알다
cuisiner : 요리하다
prévoir : 예상하다
large : 큰, 넉넉한
en plus : 게다가
gros(se) : 많은, 대량의
le mangeur : 먹는 사람
se rassurer : 안심하다
mettre : 놓다, 두다
client(e) : 손님, 고객
se trouver : 있다, 위치하다
le stand : 진열대
le boucher : 정육점
le maraîcher : 채소가게
le poissonnier : 생선가게
la quantité : 양

Doc. 3 CD ▸ UNITÉ2 ▸ LEÇON1 ▸ Unité2 Leçon1 Activité2 Document3.mp3

Nous informons que notre magasin Carrefour ferme ses portes à 20h 30. Nous vous invitons à vous diriger vers les caisses. Nous vous rappelons également que, pendant la période des fêtes de Noël, l'ouverture du Carrefour sera prolongée jusqu'à 21h qu'on et sera ouvert du lundi au dimanche matin. Merci de votre visite. Au revoir.

저희 까르푸 매장은 저녁 8시 30분에 폐점함을 알려드립니다. 고객들께서는 계산대로 향해 주시기 바랍니다. 그리고 성탄절 기간 동안 저희 까르푸의 개장은 저녁 9시까지 연장되며 월요일부터 일요일 오전까지 개장됨을 다시 한 번 공지해 드립니다. 본 매장을 찾아주셔서 감사합니다. 안녕히 가십시오.

vocabulaires

informer : 알리다, 통지하다
le magasin : 가게, 매장
fermer : 닫다
inviter à qn à + inf : …에게 …할 것을 권유하다, 권하다
se diriger : …쪽으로 향하다
vers : …의 쪽으로
la caisse : 계산대
rappeler : 상기시키다, 다시 알리다
également : 똑같이, 마찬가지로
la période : 기간
le Noël : 성탄절, 크리스마스
l'ouverture : 열기, 개시, 시작
prolonger : 연장하다
jusqu'à : …까지
ouvrir : 열다
de … à : …에서 …까지
Merci de votre visite. : 방문해 주셔서 감사합니다.
le message : 메시지, 전갈
annoncer : 알리다, 공표하다
la fermeture : 닫기, 문닫기
le prolongement : 연장
la diminution : 감소, 축소
ouverture du supermarché jusqu'à 18h : 18시까지 수퍼마켓 영업함
demander à de + inf : …에게 …할 것을 부탁하다, 요청하다

Doc. 4 CD ▸ UNITÉ2 ▸ LEÇON1 ▸ Unité2 Leçon1 Activité2 Document4.mp3

Annonce 1 Profitez aujourd'hui de nos promotions sur le jambon. Au rayon, vous trouverez un grand choix de jambon.

Annonce 2 Venez vite. Il vous reste seulement quelques minutes pour profiter de notre dernière offre sur les huîtres, les moules et les filets de saumon.

Annonce 3 L'hypermarché Cora fête son 50ème anniversaire! Aujourd'hui, nous vous proposons encore des fromages au meilleur prix : deux fromages achetés, le troisième offert!

Annonce 4 Votre attention s'il vous plaît! Malgré l'augmentation du prix de l'essence, notre hypermarché vous offre l'essence au même prix : 1,70€ pour le sans plomb 98, 1,45€ pour le sans plomb 95 et 1€ pour le diesel.

안내방송 1 오늘 햄을 할인판매하오니 애용해보세요. 고객님들은 돼지고기류 매장에서 다양한 햄을 선택하실 수 있습니다.

안내방송 2 서두르시기 바랍니다. 굴과 홍합 및 연어 회의 마지막 특별제공을 이용하실 수 있는 시간이 몇 분 안 남았습니다.

안내방송 3 저희 코라 슈퍼마켓은 개점 50주년을 기념합니다! 오늘 고객분들께 최상의 가격으로 치즈제품을 제공해 드립니다. 치즈 두개를 사시면 세 번째 치즈를 무료로 드리고 있습니다.

안내방송 4 고객 여러분, 주목하여 주시기 바랍니다(고객 여러분께 알려드립니다)! 휘발유 가격의 상승에도 불구하고, 저희 슈퍼마켓은 이전 가격으로 휘발유를 제공해 드리고 있습니다. 무연휘발유 98은 1,70유로, 무연휘발유 95는 1,45유로, 가솔린은 1유로입니다.

vocabulaires

profiter de : …을 이용하다
la promotion : 할인
le jambon : 햄
le rayon : 매장, 코너
un grand choix : 다양한 선택, 폭넓은 선택
venir : 오다
il reste qch à qn : …에게 …이 남아있다
seulement : 단지, 오직
dernier(ère) : 마지막의, 최후의, 최근의
l'offre : 제시가격, 제공(물)
l'huître : 굴
la moule : 홍합
le filet de saumon : 훈제연어
l'hypermarché : 대형 수퍼마켓
fêter : 축하하다, 축하연을 열다
l'anniversaire : 생일, 기념일
proposer qch à qn : …에게 …을 제안하다
le fromage : 치즈
le meilleur prix : 최고의 가격, 최상의 가격
troisième : 세 번째의
offert : 제공된
l'attention : 주의, 관심
malgré : …에도 불구하고
l'augmentation : 증가
le prix de l'essence : 휘발유 가격
offrir à qn qch : …에게 …을 제공하다, 공급하다
l'essence : 휘발유, 가솔린
le même prix : 같은 가격
le sans plomb : 무연 휘발유
retrouver : 다시 발견하다, 다시 찾다
l'endroit : 장소, 곳
client(e) : 손님, 고객
inviter à + inf : …하도록 권하다, 이끌다
le rayon fromage : 치즈 매장
le rayon charcuterie : 돼지고기류 매장
le rayon poisson : 생선매장
la station d'essence : 주유소
augmenter : 오르다, 증가하다

Leçon 2
A la boulangerie

✓ Activité

SAVOIR 알아두기

DOCUMENT 1

comme 활용 : 부사 / 관용적 표현

① 부사 : ~처럼 / ~와 같은 / ~한 듯한 / ~으로서(en tant que) / ~등등의(tel que)

- Il est très rapide comme l'éclair. 그는 번개처럼 빠르다.
- Tous s'est passé comme je l'avais prédit. 모든 일이 내가 예측했던 대로 이루어졌다.
- Elle est comme folle. 그녀는 마치 미친듯 하다.
- Elle fait des signes comme pour m'appeler. 그녀는 마치 나를 부르는 듯이 손짓을 한다.
- Je te le conseille comme ami. 나는 이것을 네게 친구로서 조언하는 것이야.
- les animaux domestiques comme le chien, le chat, le lapin 개, 고양이, 토끼와 같은 가축들

② 관용적 표현

- Fais comme ça. 이렇게 해봐.
- Comme vous y allez! 아니 그럴 수가!
- Faites votre travail comme il faut. 당신의 일을 잘(제대로) 해보세요.

빵 또는 케익

pain 빵	pain à la citrouille 호박빵
	pain aux olives 올리브빵
	pain blanc 흰빵
	pain de campagne 시골빵
	pain de grain 곡물빵
	pain de mie (샌드위치나, 토스트의) 껍질이 부드러운 빵
	pain de seigle (호밀가루로 만든) 흑빵
	brioche au chocolat 초코렛 브리오슈

tarte 파이	tarte aux thons et épinards 참치와 시금치가 들어간 파이 tarte aux fraises 딸기 파이 aux poires 배 파이 aux pommes 사과 파이 aux fraises 딸기 tartelette à la clémentine 귤이 들어간 작은 파이 tartelette aux noix et caramel 호두와 카라멜이 들어간 작은 파이 quiche lorraine 로렌지방식 키슈(크림, 햄, 계란 따위로 만든) 케익의 일종
gâteau 케익	gâteau au chocolat 초코 케익 au yaourt 요구르트 케익 au marbré 대리석 무늬의 케익 au citron 레몬 케익 à la crème 크림 케익 aux noix 호두 케익 aux pommes 사과 케익
sandwich 샌드위치	sandwich au jambon 햄 샌드위치 au fromage 치즈 샌드위치

DOCUMENT 2

비인칭 : rester

① Il reste qch / qn (à qn) : …에게 …이 남아 있다

- Il vous reste encore du temps pour vous décider. 결단을 내리기까지는 당신에게 아직 약간의 시간이 있다.
- Il ne me reste que toi. 나에게는 이제 너 밖에 없다.

② Il reste à + inf : …할 일이 남아있다, 더(이제부터) …해야 한다

- Il me reste beaucoup à faire. 나에게는 아직 해야 할 일이 많다.
- Il ne vous reste plus qu'à partir. 당신에게 이제 남은 것은 출발하는 일 뿐이다.

Entraînez-vous!

Écoutez bien et répondez aux questions en cochant (☒) la bonne réponse ou en écrivant l'information demandée.

DOCUMENT 1 CD ▸ UNITÉ2 ▸ LEÇON2 ▸ Unité2 Leçon2 Activité Document1.mp3

Choisissez "vrai" ou "faux"

	Vrai	Faux
① Le client achète un pain et une quiche lorraine.	□	□
② Il choisit un sandwich chèvre-tomate.	□	□
③ La boulangère propose de lui réchauffer la quiche.	□	□

DOCUMENT 2 CD ▸ UNITÉ2 ▸ LEÇON2 ▸ Unité2 Leçon2 Activité Document2.mp3

1. Choisissez "vrai" ou "faux".

	Vrai	Faux
① Le client et la cliente sont ensemble.	□	□
② La cliente achète deux articles.	□	□
③ Le client achète un sandwich.	□	□
④ Le client prend aussi un gâteau.	□	□
⑤ Le client paie plus que la cliente.	□	□

2. Le client paie :

□ 3 euros 15. □ 3 euros 20. □ 3 euros 25.

3. La cliente paie :

□ 3 euros 20. □ 3 euros 25. □ 3 euros 15.

TRANSCRIPTIONS 녹음 텍스트

Doc. 1 CD ▸ UNITÉ2 ▸ LEÇON2 ▸ Unité2 Leçon2 Activité Document1.mp3

A Et pour vous?
B Qu'est ce qu'il vous reste comme sandwich?
A Jambon-beurre, thon-fromage et chèvre-tomate.
B Donnez-moi un sandwich chèvre-tomate et une quiche aux champignons.
A La quiche, je vous la réchauffe.
B Oui, s'il vous plaît.
A Ça fait 5,80 euros.
B Voici.
A Bon appétit et bonne journée. Monsieur.

A 그리고, 무엇을 드릴까요?
B 샌드위치는 어떤 것이 남아있어요?
A 햄-버터맛, 참치-치즈맛 그리고 염소치즈-토마토 맛이 있습니다.
B 염소치즈-토마토 샌드위치와 버섯 키슈 하나를 주세요.
A 키슈는 데워 드릴께요.
B 네, 부탁드립니다.
A 5,80유로입니다.
B 여기 있습니다.

vocabulaires

Et pour vous? : 그리고 (당신은) 무엇을 드릴까요?
rester : 남다, 남아있다
comme + 명사 : …처럼, …와 같이
le jambon-beurre : 햄-버터
le thon : 참치
la chèvre : 염소, 염소고기, 염소치즈
une quiche aux champignons : 버섯 키슈 (크림, 햄, 계란, 지방으로 만든 케이크)
réchauffer : 데우다
Bon appétit! 맛있게 드세요!
client(e) : 손님, 고객
une quiche lorraine : 로렌지방식 키슈 (프랑스 동부지방)
un dessert : 후식
choisir : 선택하다, 고르다
boulanger(ère) : 빵집주인
proposer de + inf : …할 것을 제안하다

Doc. 2 CD ▸ UNITÉ2 ▸ LEÇON2 ▸ Unité2 Leçon2 Activité Document2.mp3

A Et vous, madame?
B Deux baguettes, trois croissants et un éclair au chocolat, s'il vous plaît.
A Ah··· il ne me reste que des éclairs au café.
B Non, pas au café. Tant pis. Combien je vous dois?
A Bon alors··· deux baguettes et trois croissants, ça vous fait 3 euros 25.
B Voilà! Au revoir, monsieur.
A Au revoir. Et pour monsieur?
C Je voudrais un sandwich, s'il vous plaît.
A Oui, à quoi?
C Je vais prendre un jambon-fromage. Je vous dois?
A 3 euros 15, s'il vous plaît.
C Voilà. Merci. Au revoir, monsieur.
A Au revoir, monsieur, bonne journée.

A 부인, 당신은요?
B 바게뜨 두 개, 크로아상 세 개랑 에끌라르 하나 주세요.
A 아··· 커피크림이 들어간 에끌라르만 남았네요.
B 아뇨, 커피 말고요. 할 수 없군요. 얼마 드려야 하죠?
A 봅시다··· 바게뜨 두 개랑 크로아상 세 개, 3유로 25입니다.
B 여기요! 안녕히 계세요.
A 잘 가세요. 그리고 선생님은 뭘 드릴까요?
C 샌드위치 하나만 주세요.
A 네, 어떤 걸로?
C 저 햄과 치즈가 들어간 걸로 하죠. 얼마인가요?
A 3유로 15입니다.
C 여기요, 감사합니다. 안녕히 계세요.
A 안녕히 가세요. 좋은 하루 되세요.

vocabulaires

un éclair au chocolat : 초콜렛이 들어간 에끌레르
il ne me reste que + 명사 : ···밖에 남지 않았다
Tant pis. : 낭패로군, 할 수 없군.
prendre : 사다, 가지다

Leçon 3
Aux magasins

✓ Activité 1

SAVOIR 알아두기

DOCUMENT 1

savoir와 connaître

① connaître + 명사 : 주로 경험으로 아는 것을 나타낸다. 특히 사람을 아는 경우에는 항상 connaître를 쓴다.

- Je connais bien votre ami Paul. 나는 당신의 친구 폴을 잘 안다. *Je sais bien votre ami Paul. 로 쓸 수 없음.)

② savoir + 명사 : 머리로 아는 것, 혹은 "…할 줄 아는 것"을 표현할 때 (savoir + 동사원형), 특히 접속사 que, quand, pourquoi 등이 붙은 경우 모두 savoir를 쓴다.

- Il sait le français. 그는 불어를 알고 있다.
- Il ne sait rien. 그는 아무것도 모르고 있다.
- Il sait tout. 그는 모든 것을 알고 있다.
- Je sais qu'il va en France cet hiver. 나는 그가 이번 겨울에 프랑스에 간다는 것을 안다.
- Elle sait nager. 그녀는 수영할 줄 안다. *Elle connaît nager. 로 쓸 수 없음.

DOCUMENT 2

의류명

le bas (양말식) 스타킹	le cardigan 가디건	le chandail 스웨터(le pull)
le chemisier 블라우스	le caleçon 사각팬티	les collants 스타킹
la culotte (일반적)팬티	le débardeur 민소매셔츠	le gilet 조끼
l'imperméable 우비, 레인코트	le jean 청바지	la jupe 치마

la mini jupe 미니스커트	les manches courtes (longues) 짧은(긴) 소매 옷	
le maillot de bain 수영복	le pantacourt 칠부 바지	le pantalon 바지
la robe du soir 야회드레스	le short 짧은 바지	le tee-shirt 티셔츠

의복 무늬 및 형태

léger(ère) 가벼운 ≠ lourd(e) 묵직한	classique 고전적인 ≠ moderne 모던한, 현대적인
épais(se) 두꺼운 ≠ mince 얇은	large 넓은 ≠ étroit(e) 좁은
court(e) 짧은 ≠ long(ue) 긴	uni(e) 단색의 ≠ multicolore 혼용 색의
une rayure 줄무늬	à pois 물방울무늬의
brodé 수놓은	

재질 표현 : C'est fait en quoi? : 무엇으로 되어 있습니까?

① C'est en bois / en terre / en verre / en pierre / en cuir. 나무로 / 흙으로 / 유리로 / 돌로 / 가죽으로 되어있다.

② C'est en métal / en acier / en aluminium / en céramique. 철로 / 강철로 / 알루미늄으로 / 도자기로 되어있다.

③ C'est en or / en argent / en bronze / en platine / en plastique. 금으로 / 은으로 / 동으로 / 백금으로 / 플라스틱으로 되어있다.

④ C'est en nylon / en carton / en tissu / en papier. 나일론으로 / 마분지로 / 천으로 / 종이로 되어 있다.

⑤ C'est en soie / en coton / en lin / laine. 실크로 / 면으로 / 아마로 / 양모로 되어있다.

DOCUMENT 3

지불 방법 표현

① payer en espèces (en liquide / en cash) 현금으로 지불하다

② payer par carte en 6 fois 6개월 카드 할부로 지불하다

③ régler par carte / par chèque 카드 / 수표로 지불하다

④ l'achat payable par mensualité 할부구매

⑤ 150€ payable en trois mensualités 3개월 지불 150유로

Entraînez-vous!

Écoutez bien et répondez aux questions en cochant (☒) la bonne réponse ou en écrivant l'information demandée.

DOCUMENT 1 CD ▸ UNITÉ2 ▸ LEÇON3 ▸ Unité2 Leçon3 Activité1 Document1.mp3

1. Choisissez "vrai" ou "faux".

	Vrai	Faux
① La boutique est ouverte tous les jours sauf le samedi.	☐	☐
② La boutique ferme plus tôt le samedi.	☐	☐
③ La boutique est fermée le lundi.	☐	☐
④ Après 7 heures, le samedi la boutique est encore ouverte.	☐	☐

2. Est-il possible d'aller dans cette boutique le mardi?

....

DOCUMENT 2 CD ▸ UNITÉ2 ▸ LEÇON3 ▸ Unité2 Leçon3 Activité1 Document2.mp3

1. La veudeuse a le modèle du pantalon en : (plusieures réponses possibles)

☐ gris. ☐ bleu. ☐ blanc. ☐ vert.

2. Le pantalon coûte :

☐ 88,15 euros. ☐ 50,20 euros. ☐ 60,20 euros.

3. Le client prend du :

☐ 38. ☐ 38 et demi. ☐ 39 et demi.

DOCUMENT 3 CD ▸ UNITÉ2 ▸ LEÇON3 ▸ Unité2 Leçon3 Activité1 Document3.mp3

1. La jupe coûte :

☐ 89,50 euros. ☐ 99, 50 euros. ☐ 90, 50 euros.

2. La cliente prend du :

☐ 36. ☐ 38. ☐ 39.

3. La cliente règle :

☐ par chèque. ☐ avec une carte de crédit. ☐ en espèces.

4. Le vendeur demande une pièce d'identité?

☐ Oui ☐ Non ☐ On ne sait pas.

TRANSCRIPTIONS 녹음 텍스트

Doc. 1 CD ▸ UNITÉ2 ▸ LEÇON3 ▸ Unité2 Leçon3 Activité1 Document1.mp3

A Bonjour, madame. Je vous appelle car j'aimerais connaitre quelles sont les horaires d'ouverture et de fermeture de la boutique.

B Notre boutique ouvre tous les jours de 10 heures à 19 heures sauf le mardi. Et le samedi nous sommes ouverts jusqu'à 21 heures.

A D'accord, je vous remercie. Au revoir!

A 안녕하세요. 가게의 개장과 폐장의 시간을 알고 싶어서 전화드렸습니다.

B 저희 가게는 화요일만 제외하고 매일 10시부터 19시까지 열고 있습니다. 그리고, 토요일은 21시까지 열어요.

A 네, 알겠습니다. 감사합니다. 안녕히 계세요!

vocabulaires

j'aimerais + inf : 저는 …하고 싶습니다, 하기를 원합니다.
connaître : 알다
les horaires d'ouverture : 개장 시간
la fermeture : 닫음, 폐장
ouvrir : 열다
tous les jours : 매일
de + 시간 à + 시간 : …부터 …까지
sauf : …을 제외하고, …이 아니라면
fermer : 닫다
plus tôt : 보다 빨리, 일찍
il est possible de + inf : …하는 것은 가능하다

Doc. 2 CD ▸ UNITÉ2 ▸ LEÇON3 ▸ Unité2 Leçon3 Activité1 Document2.mp3

A Bonjour, monsieur. Je peux vous aider?
B Oui. Je voudrais acheter un pantalon. Vous avez ce modèle en vert seulement?
A En bleu aussi. Quelle taille faites-vous?
B 38. Je peux l'essayer en bleu?
A Bien sûr. Voilà. j'ai plus grand si ça ne va pas.
B Merci. Oui, c'est un peu serré, je peux essayer le 38 et demi, s'il vous plaît?
A Tenez!
B Merci. Ah oui, je me sens beaucoup mieux. C'est combien?
A 50 euros 20.
B Je vais le prendre.
A Il est très bien, vous allez voir.

A 안녕하세요, 무엇을 도와드릴까요?
B 예, 바지 하나 사고 싶습니다. 이 초록색 모델만 있나요?
A 파란색도 있어요. 치수가 어떻게 되나요?
B 38입니다. 파란색 바지를 입어 봐도 될까요?
A 물론입니다. 여기 있습니다. 맞지 않는다면 더 큰 것도 있어요.
B 고마워요. 아 그러네요 좀 끼이네요. 38.5를 입어볼 수 있을까요?
A 여기 있습니다.
B 고마워요. 훨씬 편하네요. 얼마입니까?
A 50, 20 유로입니다.
B 이것을 사겠습니다.
A 바지가 아주 좋다는 것을 알게 될 거예요.

vocabulaires

un pantalon : 바지
seulement : 단지, 오로지
Quelle taille faites-vous? 치수가 어떻게 되나요?
essayer : (맞는지) 입어(신어)보다
serré(e) : 몸에 착 달라붙는, 꽉 끼는
se sentir : (느낌, 기분이) …하다
prendre : (물건을) 사다

Doc. 3 CD ▸ UNITÉ2 ▸ LEÇON3 ▸ Unité2 Leçon3 Activité1 Document3.mp3

A Bonjour, Madame.

B Bonjour. Est-ce que je peux essayer la jupe noire qui est dans la vitrine, s'il vous plaît?

A Oui, bien sûr, madame. Les cabines sont au fond. [Quelques minutes après.] Alors, ça va? c'est assez large?

B Non. Elle me serre un peu.

A Voulez-vous essayer une taille au-dessus?

B Oui, je veux bien. Je fais du 36, mais apparemment elle n'est pas assez grande.

A Je vous apporte un 38. [Quelques minutes plus tard.] Alors, c'est mieux?

B Oui, je pense que ça va. Ça me plaît beaucoup.

A Cette couleur vous va très bien.

B Donc, je la prends. Combien elle coûte?

A Elle coûte 99,50€. Vous réglez comment?

B Par chèque. Vous voulez une pièce d'identité?

A Non, ça va, ce n'est pas la peine.

B Voilà.

A Merci, au revoir.

A 안녕하세요, 부인.

B 안녕하세요, 진열대에 있는 검은색 치마를 입어볼 수 있을까요?

A 네, 물론이죠. 탈의실은 저쪽 끝에 있습니다. (몇 분이 흐른 뒤) 자, 어떠세요? 사이즈가 넉넉한가요?

B 아니오. 제게 좀 끼는데요.

A 한 치수 높은 걸로 입어보시겠어요?

B 네, 그랬으면 좋겠어요. 제가 36사이즈를 입는데 언뜻 보기에 이 치마는 좀 작은 것 같네요.

A 38 사이즈 가져왔습니다. (몇 분이 흐른 뒤.) 자, 좀 나으세요?

B 네. 제 생각엔 괜찮은 것 같아요. 아주 맘에 들어요.

A 이 색깔이 손님과 참 잘 어울리는데요.

B 그럼, 이걸로 살게요. 얼마죠?

A 99,50 유로입니다. 어떻게 계산하시겠습니까?

B 수표로 계산할께요. 신분증이 필요한가요?

A 아니요, 괜찮습니다.

B 여기 있습니다.

A 고맙습니다. 안녕히 가십시오.

vocabulaires

une jupe : 치마

essayer : (맞는지) 입어(신어)보다

la vitrine : 진열장, 쇼윈도우

une cabine : (특정 용도의) 작은 공간, (옷가게의) 옷입어보는 곳

au fond : 안, 안쪽, 깊숙한 곳

serrer : (몸에) 짝 달라붙다, 꽉 끼다

au-dessus : 위에

une taille : (옷의) 크기, 사이즈

faire du 36 : 36사이즈를 입다

apparemment : 언뜻 보아, 겉보기에, 아마도

C'est mieux? : 이게 더 나은가요?

apporter : 가져오다

plaire à qn : …의 마음에 들다

une couleur : 색

aller à qn : (에) 맞다, 어울리다

régler : (요금 따위를) 치르다

le chèque : 수표

une pièce d'identité : 신분증

Ce n'est pas la peine. : 그럴 필요가 없다.

✓Activité 2

SAVOIR 알아두기

DOCUMENT 1

신발 종류

les bottes	부츠	les bottines d'escalade	등산화
les chaussures de sport (=les baskets)	운동화	les mocassins	(술이 달린) 단화
les sandales	샌들	les souliers	(단화식) 구두
les chaussures à talons bas	굽 낮은 구두	le talon haut	하이힐
les pantoufles	실내화, 슬리퍼	les tongs	(쫄쫄이) 슬리퍼

색깔 형용사

De quel couleur est-ce? 이것은 무슨 색입니까?

rouge 빨간색	vif 강한 빨간색
rose 분홍색	
jaune 노란색	
vert 녹색	clair 밝은 녹색 foncé 짙은 녹색 pâle 연한 녹색
bleu 파란색	marine 바닷빛 청색 délavé 바랜 청색 ciel 하늘색

gris 회색	blanc 하얀색
noir 검은색	beige 베이지색
ivoire 아이보리색	crème 크림색
kaki 카키색	mauve 엷은 보라색
châtain 밤색	marron 밤색
citron 레몬색	orange 오렌지색

violet 보라색	pourpre 자주색
or 금색	

부사의 위치

① 동사를 수식할 경우 : 주어 + 동사 + 부사

- J'aime beaucoup la voiture. 나는 차를 많이 좋아한다.

② 조동사가 있는 경우 : 주어 + 조동사 + 부사 + 과거분사 / 주어 + 준조동사 + 부사 + inf

- Le maire a bien expliqué son projet. 시장은 프로젝트를 잘 설명했다.
- Je voudrais absolument vivre à la campagne. 나는 절대적으로 전원에서 살고 싶어.
- Vous avez trop parlé. 당신은 말을 너무 많이 했다. *부사가 길 경우에는 주어 + 조동사 + 과거분사 + 부사 순서로 한다.
- Nous avons déjeuné rapidement. 우리는 급하게 점심식사를 했다.

③ 형용사를 수식할 경우 : 주어 + 동사 + 부사 + 형용사

- C'est très bon. 매우 좋다.

④ 다른 부사를 수식하는 경우 : 주어 + 동사 + 부사 + 부사

- Je vais assez souvent au cinéma. 나는 상당히 자주 영화관에 간다.

⑦ 전치사를 수식하는 경우 : 주어 + 동사 + 부사 + 전치사 ~

- Il habite tout près de chez moi. 그는 우리 집에서 매우 가까이 살고 있다.

⑤ 문장 전체를 수식할 경우 : 문장의 앞이나 뒤에 둔다.

- Maintenant, je sors. 나는 지금 나간다.
- Il écoute de la musique quelquefois. 그는 가끔씩 음악을 듣는다.

⑥ 부정문에서 : 주어 ne + 동사 + 부사 + pas ~

- Vous ne pouvez malheureusement pas être disponible. 당신은 불행히도 한가롭지 못하겠군요.

⑦ 장소의 부사와 대부분의 시간의 부사는 일반적으로 분사 뒤에 위치한다.

- Il est venu ici. 그는 여기에 왔다.
- Il est parti hier. 그는 어제 떠났다. *강조를 하고자 할 때에는 문두에 부사가 온다.
- Ici vous trouverez une belle maison. 당신은 여기에서 아름다운 집을 찾을 겁니다.

DOCUMENT 2

avoir + 무관사 명사들

- avoir faim 배가 고프다
- avoir soif 갈증 나다
- avoir chaud 더워하다
- avoir froid 추워하다
- avoir sommeil 졸리다, 잠이 오다
- avoir peur 겁내다, 걱정하다
- avoir raison 옳다
- avoir tort 잘못이다
- avoir envie de + 명사 / inf …을 (가지고) 하고 싶다
- avoir besoin de + 명사 + inf …이 필요하다

voici / voilà

① voici / voilà를 대명사와 같이 쓸 경우 대명사를 앞에 놓는다.

- Où est Chulsou? → Le voilà. 철수는 어디 있니? → 저기에 있다.
- Je voudrais des fleurs. → En voilà. 나는 꽃을 원한다. → 저기에 그것들이 있다.

② voici / voilà 앞에 쓴 대명사는 선행사 기능을 하여 voici와 voilà 다음에 관계절을 붙일 수 있다.

- Le voilà qui arrive. 저기 여자가 도착하는 걸 보세요.
- Les voici qui sont à l'aéroport. 공항에 있는 여객들을 보세요.

Entraînez-vous!

Écoutez bien et répondez aux questions en cochant (☒) la bonne réponse ou en écrivant l'information demandée.

DOCUMENT 1 CD ▸ UNITÉ2 ▸ LEÇON3 ▸ Unité2 Leçon3 Activité2 Document1.mp3

1. Cochez "vrai" ou "faux".

	Vrai	Faux
① Le client chausse du 40.	☐	☐
② Il achète les chaussures grises	☐	☐
③ Il achète du cirage beige et un imperméable.	☐	☐
④ Il achète les chaussures en 39.	☐	☐

2. Le client achète une paire de chaussures et :

☐ du cirage noir. ☐ du cirage incolore.

☐ un imperméabilisant pour le cuir.

☐ un anorak.

DOCUMENT 2 CD ▸ UNITÉ2 ▸ LEÇON3 ▸ Unité2 Leçon3 Activité2 Document2.mp3

1. Le client paie :

☐ par chèque. ☐ en espèces. ☐ en travellers-chèques.

2. Quel jour est-ce aujourd'hui?

☐ Le 15 novembre ☐ Le 5 novembre ☐ 31 octobre

3. Le passeport est valable jusqu'au :

jusqu'au ....

TRANSCRIPTIONS 녹음 텍스트

Doc. 1 CD ▸ UNITÉ2 ▸ LEÇON3 ▸ Unité2 Leçon3 Activité2 Document1.mp3

A Ce modèle n'existe qu'en noir?
B Non, nous avons des modèles en gris et en rouges. Votre pointure, s'il vous plaît?
A 39 / 39 et demi. J'aimerais les essayer en beige.
B Voici. La pointure vous convient?
A C'est un peu serré. Je vais essayer en 40.
B Je vous conseille le 39 car au bout d'une semaine, le cuir va s'assouplir. Au début c'est toujours un peu serré.
A Bien je vais suivre votre conseil et donnez-moi du cirage incolore et un produit pour imperméabiliser le cuir.

A 이 유형은 검은색 밖에 없나요?
B 아니요, 저희는 회색과 붉은색이 있습니다. 치수가 어떻게 되시나요?
A 39/39 반이요. 저는 베이지색으로 신어보고 싶어요.
B 여기 있습니다. 치수가 잘 맞으세요?
A 약간 조이는데요. 40으로 신어 볼께요.
B 저는 39를 권할께요, 왜냐하면 일주일 뒤에는 가죽이 부드러워 집니다. 처음에는 항상 조금 꽉 낍니다.
A 좋아요. 당신의 권유를 따를께요. 그리고 무색의 광택제와 가죽 방수를 위한 제품을 주세요.

vocabulaires

le modèle : 유형, 모델
exister : 있다, 존재하다
ne… que : …만 …뿐
noir(e) : 검은색
gris(e) : 회색
rouge : 붉은색
la pointure : 치수, 사이즈
j'aimerais + inf : 저는 …하기를 원합니다, 하고 싶습니다
essayer : 입어보다, 신어보다
beige : 베이지색
convenir : 맞다, 어울리다, 적합하다
serré(e) : 조이는, 꽉 끼는
conseiller : 권하다, 권유하다, 충고하다, 조언하다
car : 왜냐하면
au bout de : … 끝에, …뒤에
une semaine : 주, 일주일
le cuir : 가죽
s'assouplir : 부드러워지다, 유연해지다
au début : 처음에
suivre : 따라가다, 따르다
le cirage : 광택제
incolore : 무색의
un produit : 제품, 물건
imperméabiliser : 방수처리하다
chausser : (신발, 양말을) 신다
un imperméable : 방수성의, 불침투성의
une paire de chaussures : 신발 한 켤레
un anorak : 모자 달린 자켓

Doc. 2 CD ▸ UNITÉ2 ▸ LEÇON3 ▸ Unité2 Leçon3 Activité2 Document2.mp3

A Quatre cent soixante cinq euros. Vous payez par chèque ou en espèces?
B En travellers-chèques.
A Vous avez une pièce d'identité?
B Oui, j'ai ma carte de séjour.
A Non, Monsieur, ce n'est pas valable. Il me faut votre passeport.
B Le voilà, mon passeport.
A Je regrette monsieur, il est périmé. Regardez! «Expire le 31 octobre 2005» ; et nous sommes le 15 novembre. Je ne peux pas accepter.
B Mais Madame, tournez la page, vous verrez qu'il est prolongé jusqu'au 31 octobre 2010.
A Ah oui, vous avez raison, excusez-moi.

A 465유로입니다. 수표로 지불하시겠어요 아니면 현금으로 지불하시겠어요?
B 여행자 수표로 하겠습니다.
A 신분증 있으신가요?
B 네, 체류증을 가지고 있어요.
A 안됩니다. 그건 효력이 없어요. 여권이 있으셔야 합니다.
B 그건 여기요, 제 여권이예요.
A 유감입니다만, 이건 기한이 지났네요. 보세요! <<2005년 10월 31일 기한만료>> : 그리고 오늘은 11월 15일입니다. 허용해드릴 수가 없어요.
B 그렇지만 부인, 페이지를 넘겨보세요. 2010년 10월 31일까지 연장된 것을 보실 수 있을거예요.
A 아, 네. 맞네요. 죄송합니다.

vocabulaires

payer : 지불하다.
par chèque : 수표로
en espèces : 현금으로
en travellers-chèques : 노동자 수표로
une pièce d'identité : 신분증
la carte de séjour : 체류증
valable : 유효한
Il faut + 간접목적어 + qch : …의 …이 필요하다
regretter : 애석해하다, 유감스럽게 여기다
périmé(e) : 기한이 지난, 무효가 된
«Expire le 31 octobre 2005» : «2005년 10월 31일 기한만료»
Nous sommes le 15 novembre. : 오늘은 11월 15일이다.
tourner : 돌리다, 넘기다
prolongé(e) : 연장된, 오래 끄는
avoir raison : 옳다

Unité III

Réserver

Leçon 1
Au restaurant

✓ Activité

SAVOIR 알아두기

DOCUMENT 1

시간 앞에 쓰이는 전치사들
à, après, avant, dans, de, depuis, pendant, pour, jusqu'à 등

- Je pars dans une heure. 나는 1시간 후에 떠난다.
- J'arrive jusqu'à 5 heures. 나는 5시까지 도착한다.
- J'habite ici depuis 5 ans. 5년 전부터 여기서 산다.
- C'est pour quand, ton départ? 너의 출발이 언제로 예정되어있니?
  → Pour ce soir. 오늘 저녁이야.

vouloir 동사 용법

① vouloir + 명사 : ~을 원하다

- Je voudrais un four à micro-ondes. 나는 전자레인지를 원해.
- Voulez-vous encore du potage? 수프를 더 드시겠습니까?

② vouloir + inf : ~하기를 원하다

- Je veux passer le week-end au bord de la mer. 나는 이번 주말을 바닷가에서 보내고 싶어.

③ vouloir + que 주어 + 동사(접속법) : ~이기를 바라다

- Tu veux qu'on aille passer ce mois à la campagne? 너는 이번 달을 시골에서 보내기를 원하니?

④ vouloir + qqc / qqn + 속사 : ~는 qch나 qn이 ~이기를 원하다

- Je te veux heureux(se). 나는 네가 행복해지기를 원해.

DOCUMENT 2

프랑스 식사

l'appéritif 아페리티프	un kir, un whisky 키르, 위스키	
les hors d'oeuvres (l'entrée) 전식	le jambon, le saucisson, des crudités, le saumon fumé … 햄, 소시지, 생야채 요리, 훈제 연어…	
le plat principal 본요리	la viande 고기	le veau, le boeuf, le porc, le poulet, le bifteck, le steak haché, le rôti, la côte 송아지, 소고기, 돼지고기, 닭고기, 비프테크, 스테이크, 로스구이, 갈비
	le poisson 생선	le maquereau, le thon, la daurade, le calamar, la sardine, l'huître, la langouste, le homard, la crevette 고등어, 참치, 도미, 오징어, 정어리, 굴, 대하, 바다가재, 새우
	les légumes 야채	des pommes de terre, des haricots verts, des petits pois… 감자, 강낭콩 껍질, 완두콩...
la salade 샐러드	la vinaigrette, la laitue… 식초, 상치...	
le dessert 디저트	un gâteau, une tarte, une glace… 케익, 파이, 아이스크림...	
	les fruits 과일	une poire, une pomme, une fraise, une orange, une babane… 배, 사과, 딸기, 오렌지, 바나나...
les boissons 음료수	le lait, le café, le vin, la bière, le jus de fruit, le coca, l'eau minérale, la limonade, le champagne… 우유, 커피, 포도주, 맥주, 과일쥬스, 콜라, 생수, 사이다, 샴페인...	

주문을 받을 때

① Qu'est-ce que vous prenez comme entrée? 전식으로는 무엇을 택하셨나요?

② Que désirez-vous (comme entrée)? (전채로) 무엇을 드시겠습니까?

③ Qu'est-ce que vous voulez comme poisson? 생선은 어떤 것으로 하시겠습니까?

음식 주문 관련 표현

① Je voudrais + 요리명 : …을 먹겠습니다.

⑤ Comme entrée (plat principal, dessert) je prendrai une salade grecque. 전채로 (본 요리로, 디저트로) 그리스식 샐러드를 먹겠습니다.

⑥ Apportez-moi + 요리명, s'il vous plaît. : …을 갖다주세요.

⑦ Qu'est-ce qu'il y a au menu? 메뉴에는 무엇이 있나요?

⑧ Puis-je avoir le menu? 메뉴를 볼 수 있을 까요?

⑨ Je voudrais un menu à 15 euros. 15 유로짜리 정식을 원합니다.

⑩ Quelle est la spécialité de la maison? 이 식당의 전문 요리는 무엇입니까?

⑪ Pouvez-vous me conseiller? (음식을) 추천해 주실 수 있으십니까?

⑫ Je voudrais une glace vanille. 바닐라 아이스크림을 주세요.

⑬ Puis-je avoir une carafe d'eau / de l'eau minérale? 물 한 병 / 생수를 주시겠어요?

요리 상태 · 방법

rôti(e) 구운	grillé(e) 석쇠에 구운	bleu(e) 설익은
saignant(e) 설익은	bien cuit(e) 잘 익은	fumée 훈제한
cuit(e) à point 적당히 익은	haché(e) 잘게 썬, 다진	frit(e) 튀긴

식기류와 관련된 단어

- une assiettes plate / à soupe / à dessert 평평한 접시, 수프 접시, 디저트 접시
- un plat (pour servir) 접시 (assiette보다 크고 요리를 담는 데 쓰는 그릇)
- un saladier 샐러드 접시
- une fourchette 포크

- un couteau 칼
- une cuillère 수저
- un couteau à fromage 치즈용 칼
- un plateau 쟁반
- une corbeille à pain (식탁에 놓는) 빵 바구니
- une corbeillede fruits 과일 바구니

Entraînez-vous!

Écoutez bien et répondez aux questions en cochant (☒) la bonne réponse ou en écrivant l'information demandée.

DOCUMENT 1 CD ▸ UNITÉ3 ▸ LEÇON1 ▸ Unité3 Leçon1 Activité Document1.mp3

1. Quel est le nom du restaurant?

....

2. Il s'agit d' :

☐ un petit-déjeuner. ☐ un déjeuner. ☐ un dîner.

3. Choisissez "vrai" ou "faux".

	Vrai	Faux
① M. Peyraud souhaite annuler une réservation.	☐	☐
② Le dîner est prévu samedi soir.	☐	☐
③ La table est réservée à l'intérieur.	☐	☐
④ La table est dans la partie fumeur.	☐	☐

DOCUMENT 2 CD ▸ UNITÉ3 ▸ LEÇON1 ▸ Unité3 Leçon1 Activité Document2.mp3

1. La scène se passe :

☐ au début du repas. ☐ au milieu du repas. ☐ à la fin du repas.

2. Que prend-elle? Retrouver les relations correspondantes :

En Entrée •	• Entrecôte- pommes de terre sautées à l'ail
En Plat principal •	• Tavel
Comme Fromage •	• Salade niçoise
En Dessert •	• L'assiette de camembert
Comme Vin •	• Tarte du jour

3. Le Tavel est un vin :

☐ rouge. ☐ rosé. ☐ blanc.

DOCUMENT 3 CD ▸ UNITÉ3 ▸ LEÇON1 ▸ Unité3 Leçon1 Activité Document3.mp3

1. Ce restaurant propose :

☐ des plats italiens. ☐ un menu régional. ☐ des produits de la mer.

2. Combien de menus ce restaurant propose-t-il?

....

3. Le numéro de téléphone est :

☐ 04.90.26.59.61. ☐ 04.80.26.69.61. ☐ 04.70.36.59.52

TRANSCRIPTIONS 녹음 텍스트

Doc. 1 CD ▸ UNITÉ3 ▸ LEÇON1 ▸ Unité3 Leçon1 Activité Document1.mp3

A Bonjour, le restaurant Louis XIV, j'écoute.
B Bonjour Madame. Je voudrais réserver pour quatre personnes pour samedi soir.
A Oui, un instant, je vous prie. Je vais voir ce qui est disponible. Voulez-vous réserver une table en terrasse ou à l'intérieur?
B Il fera froid, je préfère à l'intérieur.
A Fumeur ou non-fumeur?
B Non-fumeur, s'il vous plaît.
A À quelle heure viendrez-vous?
B Vers 20h.
A Très bien. Je fais la réservation à quel nom?
B M. Peyraud.
A Parfait, Monsieur Peyraud, à samedi.

A 안녕하세요, 루이 14세 식당입니다. 말씀하세요.
B 안녕하세요. 토요일 저녁, 네 자리를 예약을 하고 싶습니다.
A 네, 잠시만 기다려 주세요. 예약 가능한 자리를 알아보겠습니다. 테라스에 있는 자리를 예약해드릴까요, 아니면 실내자리로 예약해드릴까요?
B 날씨가 쌀쌀할 겁니다. 실내 자리가 더 좋겠군요.
A 금연석을 원하세요, 아니면 흡연석을 원하세요?
B 금연석으로 부탁드립니다.
A 몇 시에 오시겠습니까?
B 8시 경입니다.
A 잘 알겠습니다. 어떤 이름으로 예약 할까요(예약하실 분의 이름은)?
B 페이로입니다.
A 알겠습니다, 페이로씨. 토요일에 뵙겠습니다.

vocabulaires

J'écoute. : 말씀하세요.
Je voudrais + inf : …하고 싶습니다, …하기를 원합니다
réserver : 예약하다
Un instant. : 잠시만요, 잠시만 기다리세요.
Je vous prie. : …해주기를 바랍니다, …해주시기를 부탁합니다.
disponible : 비어있는
une table en terrasse : 테라스에 있는 테이블, 좌석
l'intérieur : 안에, 내부에
Il fait froid. : 날씨가 쌀쌀하다, 춥다.
préférer + 명사 : …를 더 좋아하다
fumeur : 흡연자
vers + 시간 : 약, 대략
la réservation : 예약
À samedi. : 토요일에 보자, 토요일에 뵙겠습니다.
il s'agit de : …의 문제이다, …에 관련되다
un petit-déjeuner : 아침식사
un déjeuner : 점심식사
un dîner: 저녁식사
indiquer : 가리키다, 표시하다
l'affirmation : 확인, 분명히 밝힘, 표명
souhaiter + inf : …하기를 희망하다, 바라다
annuler : 취소하다
prévu(e) : …로 예측된, 예정된
la partie fumeur : 흡연 구역

Doc. 2 CD ▸ UNITÉ3 ▸ LEÇON1 ▸ Unité3 Leçon1 Activité Document2.mp3

A S'il vous plaît.
B Vous avez choisi?
A Oui. Comme entrée, je voudrais la salade niçoise avec beaucoup d'anchois, si c'est possible
B Bien sûr, Madame. Et ensuite?
A En plat principal, une entrecôte saignante avec les pommes de terre sautées à l'ail, s'il vous plaît.
B Vous prendrez du vin?
A Une bouteille de rosé. Est-ce que vous avez du Tavel bien frais?
B Oui, une bouteille ou une demie?
A Une bouteille.
B Et en dessert, vous savez ce que vous allez prendre?
A Je prendrai l'assiette de camembert et la tarte du jour.

A 여기요.
B 선택하셨나요?
A 네, 전식으로는 가능하다면 멸치가 많이 들어간 니스풍 샐러드로 할께요.
B 물론 가능합니다. 그 다음에는요?
A 기본 식사로, 마늘로 튀긴 감자가 곁들여진 설익힌 등심을 주세요.
B 와인을 드실껀가요?
A 로제 한 병 주세요. 신선한 따벨산이 있나요?
B 네, 한 병으로 드릴까요 아니면 반병으로 드릴까요?
A 한 병으로 주세요.
B 그리고, 후식으로 무엇을 드실 건가요?
A 저는 까망베르 한 접시와 오늘의 파이를 먹을겁니다.

vocabulaires

comme : …와 같이, …처럼
l'entrée : 전식, 전채요리
je voudrais + qch : …을 원하다
la salade niçoise : 니스식 샐러드, 니스풍 샐러드
l'anchois : 멸치류(소금물이나 기름에 절인) 멸치종류의 전채요리
si c'est possible : 가능하다면
le plat principal : 기본 식사
une entrecôte : 등심
saignant(e) : 설익힌, 피가 흐르는
les pommes de terre sautées à l'ail : 마늘에 데친 감자
prendre + 음식 : …을 먹다. 들다
une bouteille de rosé : 로제 와인 한 병
frais : 신선한
une demie : 반병
le dessert : 후식
savoir : 알다
une assiette de camembert : 까망베르 치즈 한 접시
la tarte du jour : 오늘의 파이
la scène : 장면
se passer : 일어나다, 발생하다
au début de : …의 시작에, 처음에
le repas : 식사
au milieu de : …의 중간에
à la fin de : …의 끝에, 마지막에
retrouver : 다시 발견하다, 다시 찾아내다, 찾아내다
la relation : 관계
correspondant(e) : 상응하는, 일치하는

Doc. 3 CD ▸ UNITÉ3 ▸ LEÇON1 ▸ Unité3 Leçon1 Activité Document3.mp3

Restaurant «Deux Garçons», 17 rue de Saporta, Marseille, 04.90.26.59.61. Réservation impérative. Venez vous régaler des petites fritures, saumon grillé aux pommes de terre et autres régals de la mer. Le charme du lieu ainsi que l'accueil chaleureux du patron vous raviront. Menus à 35, 45 et 75 euros. Alors n'oubliez pas de réserver au 04.90.26.59.61.

«두 남자» 식당, 마르세유 싸포르따 17번지, 전화번호는 04.90.26.59.61. 예약은 필수. 작은 생선 튀김요리와 감자를 곁들인 구운 연어와 다른 맛있는 해산물 음식을 드시러 오세요. 주인의 친절한 접대와 좋은 위치가 당신을 행복하게 해줄 것입니다. 메뉴는 35,45와 75유로 입니다. 04.90.26.59.61로 예약하는 것을 잊지 마세요.

vocabulaires

la réservation : 예약
impératif(ve) : 절대적으로 필요한, 긴급한
venir + inf : …하러 오다
se régaler : 맛있게 먹다, 즐기다
la friture : 튀김, 튀김요리
le saumon grillé : 회양으로 구운 연어
le régal de la mer : 맛있는 해산물 음식
le charme : 매력
le lieu : 장소, 위치
ainsi que : …와 같이, …처럼, 그리고 또
l'accueil : 접대, 대접
chaleureux : 열렬한, 따뜻한, 진심어린
le patron : 주인, 사장
ravir : …를 기쁘게 하다
le menu : 메뉴, 식단
oublier de + inf : …하는 것을 잊다
proposer : 제안하다
le plat : 식사, 음식
le menu régional : 지역 음식
le produit de la mer : 해산물

Leçon 2
A l'hôtel

✓ Activité

SAVOIR 알아두기

DOCUMENT 1

제롱디프 : en + 현재분사(동사 어미 -ons를 제거한 자리에 -ant를 붙임)

현재분사와 동일한 용법으로 사용된다. 주어를 수식하는 것이 아니라 동사를 수식하며, 동시성, 원인, 수단. 방법, 조건, 양보. 대립 등을 나타내는 상황절의 의미를 갖는다.

① 동시성 : Vous écoutez votre fille en lisant le journal. 당신은 신문을 읽으면서 딸의 말을 듣습니다.

② 조건 : En marchant plus vite, il y arrivera à l'heure. 좀 더 빨리 걷는다면 그는 정각에 도착할 것이다.

③ 수단, 방법 : On gagne sa vie en travaillant. 사람들은 일함으로써 생활비를 번다.

④ 원인 : En agissant ainsi, il a tout raté. 그렇게 행동했기 때문에 그는 모든 걸 망쳤다.

⑤ 대립 : En chantant gaiement, il était triste. 노래는 즐겁게 부르긴 해도 그는 슬펐다.

현재분사와 제롱디프의 차이점

- 현재분사 : J'ai rencontré ma fille revenant de l'école (= qui revenait) 나는 학교에서 돌아오는 딸을 만났다.
- 제롱디프 : J'ai rencontré ma fille en revenant de l'école (= quand je revenais) 나는 학교에서 돌아오면서 딸을 만났다.

정중한 부탁의 표현

프랑스어에서는 부탁이나 요구가 필요할 때 pouvoir, aimer, vouloir, préférer 등의 동사의 어미를 다음과 같이 활용시켜 말함으로써 어조를 완화시킨다.

① Pourriez-vous + 동사원형 : ~해 주시겠습니까?

- Pourriez-vous m'aider? 저를 좀 도와주시겠습니까?

② J'aimerais + 동사원형 : ~하고 싶어요.

- J'aimerais aller à Paris. 파리에 가보고 싶어요.

③ Je voudrais + 동사원형 또는 명사 : ~를 원합니다

- Je voudrais vous dire quelque chose. 당신께 할 말이 있어요.
- Voudriez-vous aller au cinéma? 영화관에 가고 싶으세요?

호텔 관련 표현

① L'hôtel est complet. 호텔은 만원이다.

② C'est pour combien de nuits? 며칠 묵을 겁니까?

③ C'est pour combien de personnes? 몇 사람이나 됩니까?

④ Vous pouvez remplir la fiche? 숙박부를 작성해 주시겠어요?

⑤ A quelle heure est servi le petit déjeuner? 아침식사는 몇 시에 제공됩니까?

⑥ Comment fonctionne le radiateur? 난방장치를 어떻게 작동시킵니까?

⑦ A quel hôtel es-tu descendu? 너는 어떤 호텔에 투숙했니?

⑭ Combien coûte la chambre pour une nuit? 하루에 얼마입니까?

⑧ Est-ce que le petit déjeuner est compris? 아침식사비도 포함되어 있습니까?

⑨ Le service est-il compris? 서비스료도 가산되어 있습니까?

⑩ Je voudrais une chambre avec deux lits / des lits jumeaux. 두 개의 침대가 있는 방을 원합니다.

⑪ A quel étage se trouve-t-elle? (방은) 몇 층에 있습니까?

⑫ Puis-je occuper la chambre dès maintenant? 지금 당장 그 방에 들어갈 수 있습니까?

⑬ A quelle heure dois-je libérer la chambre demain? 내일 몇 시에 퇴실해야 합니까?

호텔 관련 단어

① 객실 물품

- la baignoire 욕조 | les toilettes 화장실 | le chauffage 난방
- la couverture 이불 | la douche 샤워 | le drap 시트
- le lavabo 세면대 | le matelas 매트리스 | l'oreiller 베개
- le savon 비누 | la serviette (de toilette) 수건

② 일반 시설

- l'ascenseur 엘리베이터 | le garage 차고 | le parking privé 전용주차장
- le porteur 수하물 운반인 | la réception 카운터 | le téléphone intérieur 구내전화

③ 기타

- un hôtel 3 étoiles 별 세 개짜리 호텔
- une chambre à deux lits 침대 두개가 있는 방
- avec un grand lit 더블 침대가 있는
- avec salle de bains, douche 욕실과 샤워부스가 있는
- avec vue sur la mer 바닷가 쪽으로 전망이 나있는

DOCUMENT 2

tout를 사용한 시간표현 : (한정된 시간)내내

- toute la matinée 아침 한나절
- toute la journée 하루 온종일
- toute l'année 일년 내내

명령법

2인칭 단수, 1인칭 복수, 2인칭 복수에 쓰며, 요구, 바램 또는 제안의 뜻으로 사용한다.

① 1군 동사와 aller의 2인칭 단수에서는 s를 생략한다.

- Parle plus fort. 더 크게 말해봐.
- Rappelez-moi demain matin, s'il vous plaît. 내일 다시 전화해주세요.
- Va-t'en! 저리 가!
- Vas-y! *중성대명사 en이나 y 앞에서는 s가 생략되지 않는다.

② avoir, être, savoir, vouloir는 특수한 형태를 사용한다.

	avoir	être	savoir	vouloir
tu	aie	sois	sache	veuille
nous	ayons	soyons	sachons	veuillons
vous	ayez	soyez	sachez	veuillez

- Soyez gentil. 점잖게 행동하세요.
- N'aie pas peur! 두려워하지 마라!

전치사 : 전치사 à, de, avec는 명사의 보어 역할을 하면서 수량을 표현하기도 한다.

- 3 chambre à 2 lits 침대 2개짜리 방 3개
- une maison de 3 pièces 방 3개짜리 집
- J'ai un coffre de DVD avec 3 films. 나는 영화 3개짜리의 DVD 한 질을 갖고 있다.

DOCUMENT 3

전치사 "à"의 다양한 쓰임

① 장소

- J'habite à Paris. 나는 파리에 산다.

② 시간

- Il travaille du matin au soir. 그는 아침부터 저녁까지 일한다.

③ 수단 / 도구

- Il va à bicyclette. 그는 자전거를 타고 간다.

④ 소유

- Ce livre est à moi. 이 책은 내 것이다.

⑤ 용도

- une tasse à café 커피잔 une brosse à dents 칫솔

⑥ 재료

- une tarte aux pommes 사과파이

전치사 "en"의 쓰임

① 장소 (~에, ~안에)

- Il est en Corée. 그는 한국에 있다.

② 방법 / 수단 (~으로)

- Il va en train. 그는 기차로 간다.
- payer en euros 유로화로 지불하다
- parler en français 프랑스어로 말하다

③ 기간

- Il arrivera en deux jours. 그는 이틀 안에 도착할 것이다.

④ 시간 (시기, 시점)

- en hiver 겨울에, en été 여름에, en automne 가을에

⑤ 재료

- maison en briques 벽돌집, bague en or 금반지, oeuvre en trois volume 3권으로 된 작품

DOCUMENT 4

감사의 표현

① remercier qn de + qch / + inf

- Ma mère vous remercie de votre hospitalité. 나의 어머니는 당신이 환대해 주셔서 고맙다고 하십니다.
- Elle l'a remercié d'être venu. 그녀는 그가 와 주어서 고맙다고 했다.

② remercier qn pour qch

- Je vous remercie vivement pour votre cadeau. 선물을 주셔서 대단히 감사합니다.

③ merci de + qch / + inf

- Merci de votre cadeau. 선물을 주셔서 감사합니다.
- Merci d'être venu. 와주셔서 감사합니다.

④ 그 외 표현

✶ 상대의 제의를 정중히 거절하는 말 : "아니, 괜찮습니다."

- Voulez-vous quelque chose à boire? Merci, je n'ai pas soif.
  마실 것 좀 드시겠어요? 아니요, 저는 목이 마르지 않습니다.

✶ …의 호의를 사양하다

- Voulez-vous que je vous accompagne? Non, je vous remercie.
  제가 동행할까요? 아니요, 괜찮습니다.

Entraînez-vous!

Écoutez bien et répondez aux questions en cochant (☒) la bonne réponse ou en écrivant l'information demandée.

DOCUMENT 1 CD ▸ UNITÉ3 ▸ LEÇON2 ▸ Unité3 Leçon2 Activité Document1.mp3

1. Choisissez "vrai" ou "faux".

	Vrai	Faux
① La cliente se réveille à 7h 30.	☐	☐
② Elle prend le petit-déjeuner dans sa chambre.	☐	☐
③ Elle est restée 3 nuits à l'hôtel.	☐	☐
④ Elle règle à son départ.	☐	☐

2. La cliente s'en va :

☐ la veille. ☐ le jour même. ☐ le lendemain.

DOCUMENT 2 CD ▸ UNITÉ3 ▸ LEÇON2 ▸ Unité3 Leçon2 Activité Document2.mp3

1. Choisissez "vrai" ou "faux".

	Vrai	Faux
① La chambre est réservée au nom de Ferrat.	☐	☐
② Ils prendront le petit-déjeuner dans la chambre.	☐	☐
③ Ils peuvent rentrer à n'importe quelle heure.	☐	☐
④ Le numéro de la chambre est 12.	☐	☐

2. S'il y a un problème, qui faut-il appeler?

....

DOCUMENT 3 CD ▸ UNITÉ3 ▸ LEÇON2 ▸ Unité3 Leçon2 Activité Document3.mp3

1. Que demande la dame? Complétez le tableau.

① nombre de chambres	
② nombre de nuits	
③ nombre de personnes	
④ dates	

2. Notez le nom de la dame.

....

3. Le parking est :

☐ sous l'hôtel. ☐ près de l'hôtel. ☐ assez loin de l'hôtel.

DOCUMENT 4 CD ▸ UNITÉ3 ▸ LEÇON2 ▸ Unité3 Leçon2 Activité Document4.mp3

1. De quelle agence s'agit-il?

☐ Une agence matrimoniale

☐ Une société de service d'aide à la personne

☐ Une agence de voyage

2. Quelle est la destination choisie?

☐ L'Asie ☐ L'Afrique ☐ L'Afrique du sud

3. En réservant avant le 28 mars quel avantage peut-on obtenir?

On peut obtenir ....

TRANSCRIPTIONS 녹음 텍스트

Doc. 1 CD ▸ UNITÉ3 ▸ LEÇON2 ▸ Unité3 Leçon2 Activité Document1.mp3

A Bonsoir, monsieur. Je quitte l'hôtel demain matin. Pourriez-vous me réveiller à 7h 15?

B Oui, mademoiselle. Vous serez reveillée à 7h 15 demain matin par téléphone. Vous prendrez le petit-déjeuner?

A Oui, s'il vous plait. Faites-le-moi apporter dans ma chambre à 7h 30.

B C'est entendu. Vous réglerez les 4 nuits demain matin en partant. Je vous prépare la facture.

A 안녕하세요. 저는 내일 아침에 호텔에서 체크아웃을 할꺼에요. 7시 15분에 저를 깨워주실 수 있으신가요?

B 네, 내일 아침 7시 15분에 전화알람으로 일어나시게 될거예요. 아침을 드실건가요?

A 네, 부탁드립니다. 아침을 제 방으로 7시 30분에 가져다주세요.

B 알겠습니다. 당신은 체크아웃 하시면서 내일 아침 4일 묵으신 것을 계산하실꺼구요. 제가 청구서를 준비하겠습니다.

vocabulaires

quitter : 떠나다, 가다
se réveiller : (잠에서) 깨다, 일어나다
par telephone : 전화로
prendre le petit-déjeuner : 아침을 먹다, 아침 식사를 하다
faire + inf : (사역) …하게 하다, 시키다, 만들다
apporter : 가져오다, 지참하다, 운반하다
C'est entendu. : 좋다, 알겠다.
régler : 계산하다, 지불하다
4 nuits : 4일밤
préparer : 준비하다
la facture : 청구서
le départ : 출발
s'en aller : 가다, 떠나다
la veille : 전날
le jour même : 같은 날, 바로 그 날
le lendemain : 다음 날

Doc. 2 CD ▸ UNITÉ3 ▸ LEÇON2 ▸ Unité3 Leçon2 Activité Document2.mp3

A Bonsoir, nous avons réservé une chambre avec 2 lits au nom de Ferrat.

B C'est exact. J'ai une réservation pour trois nuits avec petit-déjeuner. Est-ce que vous désirez que l'on vous apporte le petit-déjeuner dans votre chambre?

A Non, nous descendrons dans le salon.

B Très bien. L'hôtel reste ouvert toute la nuit. Si vous avez le moindre souci, n'hésitez pas à appeler la réception. Voici votre clé, chambre 2 sur votre gauche. Quand vous sortez, déposez simplement la clé sur le comptoir.

A Merci, mademoiselle, à plus tard.

A 안녕하세요, 우리는 페랏이란 이름으로 침대 두개가 있는 방 하나를 예약했습니다.

B 네, 맞습니다. 아침식사가 포함된 3일밤으로 예약된 게 있습니다. 저희가 아침식사를 방으로 가져다 드리길 원하세요?

A 아니요, 저희가 로비로 내려오겠습니다.

B 좋습니다. 호텔은 밤 내내 열려있습니다. 약간의 문제라도 있으시면, 프론트로 전화주세요. 여기 당신의 열쇠이구요, 왼쪽으로 2번 방입니다. 나가실 때는 열쇠만 카운터에 두시고 가시면 됩니다.

A 감사합니다, 나중에 뵐께요.

vocabulaires

réserver : 예약하다
une chambre pour 2 personnes : 2인용 방
au nom de… : …의 이름으로
C'est exact. : 맞다, 정확하다.
une réservation : 예약
trois nuits avec petit-déjeûner : 아침식사가 포함된 3일밤
désirer que + ind : …를 바라다, 원하다
apporter : 가져오다, 운반하다
descendre : 내려오다
rester + 형용사 : …한 채로 있다, 여전히…하다
ouvert(e) : 열린
toute la nuit : 밤 내내
Si+ ind : 만약 …하다면
le moindre souci : 최소한의 문제, 걱정거리
hésiter à + inf : …하기를 주저하다
appeler : 부르다, 호출하다
la réception : 프론트, 접수계
la clé : 열쇠
sortir : 나가다, 외출하다
déposer : 두다, 놓다
simplement : 단지
le comptoir : 카운터, 계산대
A plus tard! : 나중에 보자!
à n'importe quelle heure : 몇 시라도 언제나, 아무때나
un problème : 문제

Doc. 3 CD ▸ UNITÉ3 ▸ LEÇON2 ▸ Unité3 Leçon2 Activité Document3.mp3

A: Hôtel Bellevue, bonjour.
B: Bonjour Monsieur, je voudrais réserver une chambre pour deux nuits, les 14 et 15 avril prochains. Est-ce que vous avez encore de la place?
A Ce serait pour combien de personnes?
B Une seule personne.
A Attendez, je vérifie… les 14 et 15 avril, oui c'est possible. Nous avons une chambre avec salle de bain individuelle, à 46 euros la nuit, et une chambre à 38 euros, mais la salle de bain et les toilettes sont dans le couloir.
B Non, je préfère la chambre avec salle de bain.
A Très bien, Madame. C'est à quel nom?
B Madame Touratier, T.O.U.R.A.T.I.E.R.
A C'est noté. Donc, nous vous attendons le 14 avril. La chambre sera libre à partir de 14 heures.
B Ah, pardon, encore une question : est-ce que vous avez un parking? Je peux venir en voiture?
A Malheureusement non, mais il y a un parking gratuit dans la même rue, à seulement 100 mètres de l'hôtel. Il y a toujours de la place et le quartier est très tranquille.
B C'est parfait, je vous remercie, au revoir Monsieur.
A A votre service, Madame. Au revoir.

A 벨뷔 호텔입니다, 안녕하세요.
B 안녕하세요, 다음 4월 14일과 15일 이틀 밤 동안 방 하나를 예약하고싶은데요. 자리가 남아있나요?
A 몇 명이서 묵으시려고 하시나요?
B 한 사람입니다.
A 기다려주세요, 확인해보겠습니다… 4월 14일 15일, 네 가능합니다. 개인 욕실이 딸린 방이 하나 있네요. 하룻밤에 46유로입니다. 그리고 38유로짜리 방이 하나 있는데요, 욕실과 화장실이 복도에 있는 방이예요.
B 아뇨, 저는 욕실이 딸린 방이 좋겠어요.
A 좋습니다, 부인. 어떤 이름으로 예약해드릴까요?
B 뚜라띠에 부인입니다. 떼, 오, 위, 에르, 아, 떼, 이, 에, 에르.
A 기록해두었습니다. 그럼, 4월 14일에 기다리겠습니다. 방은 오후 2시부터 비게 될 겁니다.
B 아, 잠시만요, 질문이 한 가지 더 있어요 : 주차장이 있나요? 제가 차로 가도 괜찮을까요?
A 아쉽지만 없습니다. 하지만 호텔에서 100미터 정도만 가면 같은 거리에 무료주차장이 있습니다. 그곳은 매일 자리가 남고 또 매우 조용한 곳입니다.
B 완벽하네요, 감사드립니다. 나중에 봐요.
A 도움이 되었기를 바랍니다, 부인. 나중에 뵙겠습니다.

vocabulaires

réserver : 예약하다.
pour deux nuits : 이틀 밤 (이틀 묵을 용)
vérifier : 확인하다.
une chambre avec salle de bain individuelle
: 개인 욕실이 딸린 방
le couloir : 복도
C'est noté : 기록했습니다 / 기록해두었습니다.
à partir de : (기점) …로부터 (시작하여)
encore une question : 질문 한 가지 더
venir en voiture : 자동차를 타고 오다
gratuit(e) : 무상의, 무료의, 공짜의
tranquille : 조용한, 한적한, 고요한
A votre service. : 도움이 되었기를.

Doc. 4 CD ▸ UNITÉ3 ▸ LEÇON2 ▸ Unité3 Leçon2 Activité Document4.mp3

Nous vous remercions de votre appel. Tous nos opérateurs sont en ligne, merci de patienter. Vous avez choisi la destination Afrique et nous sommes certains que vous serez satisfait de votre choix. Réservez votre voyage avant le 28 mars et bénéficiez d'une réduction exceptionnelle de 30% sur les séjours tout compris.

전화 주셔서 감사드립니다. 모든 전화상담원이 통화중입니다, 기다려주시면 감사하겠습니다. 당신은 아프리카를 목적지로 선택하셨고, 저희는 당신이 그 선택에 만족하실거라고 확신합니다. 3월 28일 이전에 여행을 예약하시고, 모든 것이 포함된 체류에 30%의 예외적인 할인 혜택을 누리세요.

vocabulaires

remercier qn de qch : …에게 …을 고마워하다
l'appel : 부름, 호출, 전화
un opérateur : 전화상담원
être en ligne : 통화중이다
merci de + inf : …해서 고맙다, 감사하다
patienter : 기다리다, 참고 기다리다
la destination : 도착지, 행선지
être certain que + ind : …임을 확신하다, …임이 분명하다, 확실하다
être satisfait de qch : …를 만족하다
le choix : 선택
réserver : 예약하다
bénéficier de : …의 혜택을 입다,…을 받다, 득을 보다
une réduction : 할인
exceptionnel(le) : 예외적인
le séjour : 체류
tout compris : 모두 포함된
l'agence : 사무소, 대리점
une agence matrimoniale : 결혼 상담소
une société de service d'aide à la personne : 개인 사회보장제도
une agence de voyage : 여행사
la destination : 목적지, 행선지
l'Asie : 아시아
l'avantage : 이점, 유리한 점
obtenir : 얻다, 획득하다

Leçon 3

Chez le médecin

✓Activité 1

SAVOIR 알아두기

DOCUMENT 1

약속/예약 정하기 관련 표현

① avoir rendez-vous avec qn : ~와 약속(예약)이 있다

② avoir un rendez-vous : 약속이 있다.

③ prendre rendez-vous avec qn : ~와 약속(예약)을 하다

④ prendre un rendez-vous : 약속하다

⑤ donner rendez-vous à qn : ~와 약속을 정하다 (= fixer rendez-vous à qn)

⑥ réserver (= faire la réservation) : (자리) 예약하다

⑦ être réservé : 예약되다

⑧ au nom de + 이름 : ~의 이름으로

- J'aimerais prendre rendez-vous avec le docteur Laforge. 라포르쥬 의사 선생님과 진료 약속을 정하고 싶습니다.
- J'ai réservé deux places au nom de M. Renoir. 나는 르노아 이름으로 두 자리를 예약하였다.

en + 명사 (무관사명사) : 진행을 의미하는 경우

- On est en congé. 현재 휴가 중이야.
- La planète est en danger. 지구는 현재 위험에 처해 있어.
- La maison est en construction. 집은 현재 건설 중이야.

- Ma carte de séjour est en validité. 내 체류증은 현재 유효한 상태야.
- le changement climatique en cours 현재 진행 중인 기후변화

DOCUMENT 2

건강상태 묻기와 대답

① Ça va bien? 좀 어떠니? → Ça ne va pas bien. 몸이 안 좋아요.

② Commet tu te portes? 좀 어떠니? → Je ne me porte pas bien. 몸이 안 좋아요.

③ Commet tu te sens? 좀 어떠니? → Je me sens mal à l'aise. 몸이 안 좋아요.
Je me sens pas bien. 몸이 안좋아요.

④ Tu es en forme? 건강하니? → Non, je ne suis pas en forme. 좋지 않아요.
Non, je suis souffrant. 아니요, 아파요.
Non, je suis malade. 아니요, 아파요.

⑤ 기타 : J'ai (très) mal là / ici. 나 여기가 (너무) 아파요.
Ça ne va pas bien (du tout). 몸이 (전혀) 좋지 않아요.
Je suis stressée. 스트레스가 있어요.
Je me sens très fatigué et je dors mal la nuit ces jours-ci.
무척 피곤하고 요즘 밤에 잠을 잘 못잡니다.

질병의 종류

- J'ai de l'asthme. 천식입니다.
  du diabète. 당뇨입니다.
  une indigestion. 소화불량입니다.
  une angine. 편도선입니다.
  une brochite. 기관지염입니다.
  une otite. 중이염입니다.
  des rhumatismes. 류마티스입니다.
  la migraine. 두통입니다.
  un cancer de l'estomac. 위암입니다.

접속사 Comme : ~이므로, 이니까(원인·이유) / ~할 때, ~하려니까(동시성)

- Comme nous partirons demain matin pour Paris, il faut nous coucher tôt. 우리는 내일 아침 빠리로 출발해야 하니까 일찍 잠자리에 들어야 한다.
- Il venait de pleuvoir comme je suis arrivée à la maison. 내가 집에 도착했을 때, 막 비가 오기 시작했다.

선호 표현

① aimer / adorer + 명사 또는 동사원형

- J'aime le cinéma. 나는 영화를 좋아해.
- Je n'aime pas faire la cuisine. 나는 요리하는 걸 좋아하지 않아.
- Elle adore faire des cadeaux à ses amis. 그녀는 친구들에게 선물하길 좋아해.

② plaire + à + 사람

- Elle plaît beaucoup à Paul. 그녀는 폴의 마음에 든다.

③ se plaire + à + 동사원형

- Elle se plaît à dire du mal de tout le monde. 그녀는 모든 사람들에 대해 악담하길 좋아한다.

④ préférer + 동사원형 또는 명사

- Elle préfère se coucher de bonne heure. 그녀는 일찍 자는 것을 선호한다.
- Je préfère le vin rouge au vin blanc. 난 백포도주보다 적포도주를 더 좋아해.

⑤ avoir préférence pour + 명사

- Catherine a une nette préférence pour son fils Henri. 카트린느는 그의 아들 앙리를 분명 더 좋아한다.

⑥ Il vaut mieux + 동사원형

- Il vau mieux partir tout de suite. 당장 떠나는 편이 더 낫다

DOCUMENT 3

아픈 부위를 표현할 때

① J'ai mal à la tête / à la gorge / à la jambe / à la main / au coeur / au rein.
나는 머리가 / 목이 / 다리 / 손 / 심장이 / 허리가 아프다.

② J'ai mal au ventre / au dos / au pied / au bras. 나는 배가 / 등이 / 발이 / 팔이 아프다.

③ J'ai mal à l'estomac / à l'oeil. 나는 위가 / 눈이 아프다.

④ J'ai mal aux yeux / aux dents / aux pieds. 나 눈이 / 이가 / 발이 아프다.

⑤ 기타

- J'ai la tête qui tourne. 머리가 어지러워요.
- J'ai envie de vomir. 토할 것 같아요.
- J'ai des nausées. 구역질이 나요.
- J'ai beaucoup saigné. 피를 많이 흘렸어요.
- J'ai une crise de foie. 가벼운 소화불량이에요.
- Je suis enrhumé. 감기 들었어요.
- Je me sens faible. 피곤해요.
- Je n'ai pas d'appétit. 식욕이 없어요.
- Je digère mal. 소화가 잘 안돼요.
- Je suis blessé au bras. 팔을 다쳤어요.
- J'ai de la fièvre. 열이 있어요.
- Je tousse. 기침을 해요.

'감기 걸리다'의 다양한 표현

- J'ai attrapé la gripe. 감기 걸렸어요.
- Je suis enrhumé(e). 감기에 걸렸어요.
- J'ai pris froid. 감기 들었어요.
- J'ai un rhume. 감기 들었어요.
- J'ai la grippe. 감기가 심하게 들었어요.
- J'ai la crève. 독감이 들었어요.

☝ 진료시 표현

① Qu'est-ce que vous avez? / Qu'est-ce qui vous arrive? 무슨 일이세요?

② Qu'est-ce qui ne va pas? 어디가 안좋으세요? / Ça ne va pas? 안 좋으세요?

③ Où avez-vous mal? 어디가 아프십니까? / Depuis quand souffrez-vous? 언제부터 아프십니까?

④ Etendez-vous ici. 여기 누우세요.

⑤ Relevez votre manche. 소매를 걷으세요.

⑥ Il faut faire un examen plus complet. 더 정밀한 검사를 받아 보셔야 하겠습니다.

⑦ Je vais prendre votre tension. 혈압을 재겠습니다.

⑧ C'est urgent. Dépêchez-vous. 위급합니다. 서둘러 주십시오.

☝ 처방

① Pouvez-vous me faire une ordonnance / prescription? 이 처방전대로 약을 지어주시겠습니까?

② Je voudrais quelque chose contre le rhume. 콧물감기 약을 주세요.

③ Vous prenez 3 cuillerées à café. 커피 숟가락으로 3번 복용하세요.

④ Vous prenez 3 comprimés juste après chaque repas. 식사 직후에 3알을 복용하세요.

⑤ Vous les prenez entre les repas. 식간에 복용하세요.

⑥ Vous les prenez 3 fois par jour. 하루에 3번 복용하세요.

신체 명칭

l'oreille 귀	l'oeil (yeux) 눈	la paupière 눈꺼풀
le cou 목	le sourcil 눈썹	la tête 머리
le visage 얼굴	le front 이마	la dent 이
la bouche 입	la lèvre 입술	le nez 코
le menton 턱	la peau 피부	la poitrine 가슴
la langue 혀	le bras 팔	le dos 등
le ventre 배	l'épaule 어깨	la jambe 다리
le genou 무릎	le pied 발	la main 손
le doigt 손가락	l'orteil 발가락	l'ongle 손톱, 발톱
la fesse 엉덩이	la hanche 허리	le coude 팔꿈치
le talon 발뒤꿈치	le poignet 손목	

기타 단어

le spécialiste 전문의	la pharmacie 약국	le médicament 의약품
la fracture 골절	l'ordonnance 처방전	le somnifère 수면제
le calmant 진정제	le centre médical (hospitalier) 의료(구호) 센터	
se blesser 다치다	soigner 돌보다, 간호하다	se couper 자기 몸을 베다
examiner 검진하다	s'évanouir 정신을 잃다	ranimer 다시 의식을 찾다
hospitaliser 입원시키다		

Entraînez-vous!

Écoutez bien et répondez aux questions en cochant (☒) la bonne réponse ou en écrivant l'information demandée.

DOCUMENT 1 CD ▸ UNITÉ3 ▸ LEÇON3 ▸ Unité3 Leçon3 Activité1 Document1.mp3

1. Cochez les cases si les expressions suivantes ont été employées.

☐ Bonjour, Madame.

☐ Allô, je suis bien chez le docteur?

☐ Je voudrais prendre rendez-vous avec le docteur Jouanne.

☐ Je souhaiterais voir le docteur.

☐ J'ai très mal à la gorge.

☐ Je ne peux pas attendre jusqu'au lundi.

☐ Je veux bien un rendez-vous avec un autre docteur.

2. Choisissez "vrai" ou "faux".

	Vrai	Faux
① M. Riva a rendez-vous avec le docteur Jouanne.	☐	☐
② Le docteur Jouanne est absent pour cause de maladie.	☐	☐
③ M. Riva a rendez-vous avec le docteur Breton lundi.	☐	☐
④ M. Riva a rendez-vous avec le docteur Breton aujourd'hui à 16h 50.	☐	☐

DOCUMENT 2 CD ▸ UNITÉ3 ▸ LEÇON3 ▸ Unité3 Leçon3 Activité1 Document2.mp3

1. A quel moment de la journée se situe l'appel de M. Cerdan?

☐ Le matin ☐ L'après-midi ☐ Le soir

2. Le patient téléphone pour :

☐ annuler un rendez-vous. ☐ prendre un rendez-vous.

☐ déplacer un rendez-vous.

3. A quelle heure viendra-t-il consulter le docteur?

....

DOCUMENT 3 CD ▸ UNITÉ3 ▸ LEÇON3 ▸ Unité3 Leçon3 Activité1 Document3.mp3

1. Cochez "vrai" ou "faux".

	Vrai	Faux
① La situation se passe à la pharmacie.	□	□
② Le client a de la fièvre et un rhume.	□	□
③ Le client est enrhumé et il a mal à la gorge.	□	□
④ Pour les maux de gorge le sirop est plus efficace que les pastilles.	□	□

2. Que doit prendre le client pour guérir?

□ De la vitamine C et du sirop

□ Des cachets contre le rhume, de la vitamine C et des pastilles pour la gorge

□ Des cachets contre le rhume, de la vitamine et des ampoules pour dégager les voies respiratoires

TRANSCRIPTIONS 녹음 텍스트

Doc. 1 CD ▸ UNITÉ3 ▸ LEÇON3 ▸ Unité3 Leçon3 Activité1 Document1.mp3

A Cabinet médical, bonjour.

B Bonjour, Madame, je suis Patrick Riva. Je voudrais prendre rendez-vous aujourd'hui avec le docteur Jouanne.

A Je suis désolée, Monsieur, mais le docteur Jouanne est en congé. Il reprend ses consultations lundi matin à 9h.

B J'ai très mal à la gorge. Je ne peux pas attendre jusqu'à lundi. Je veux bien un rendez-vous avec un autre docteur.

A Je peux vous proposer un rendez-vous avec le docteur Breton cet après-midi à 16h 50.

B D'accord, Madame.

A 병원입니다, 안녕하세요.

B 안녕하세요, 파트릭 리바입니다. 쥬안느 의사 선생님과 오늘 진료예약을 정하고 싶습니다.

A 죄송합니다만 주안느 의사 선생님은 휴가 중이십니다. 의사 선생님은 월요일 아침 9시에 진료를 시작할 예정입니다.

B 저는 목이 몹시 아픈 상태입니다. 월요일까지 기다릴 수가 없어요. 그러면 다른 의사선생님과 진료 예약을 하겠습니다.

A 오늘 오후 4시 50분에 브르똥 선생님과 진료를 예약해드릴 수 있습니다.

B 예, 알겠습니다.

vocabulaires

le cabinet médical : 진료실, 진찰실
Je voudrais + inf : 저는 ….하고 싶습니다, …하기를 원합니다
prendre rendez-vous : 예약을 하다, 약속을 잡다
être en congé : 휴가중이다
reprendre : 다시 시작하다
la consultation : 진료, 상담
avoir mal à +신체부위 : …가 아프다
la gorge : 목
attendre : 기다리다
jusqu'à : …까지
proposer à qn : …에게 제안하다
cet après-midi : 오늘 오후
cocher : 표시하다
la case : 빈 칸, 칸, 칸막이
employer : 쓰다, 사용하다
absent(e) : 부재중인, 없는
à cause de : …때문에,..의 이유로
la maladie : 병, 질환
avoir rendez-vous avec qn : …와 약속이 되어 있다

Doc. 2 CD ▸ UNITÉ3 ▸ LEÇON3 ▸ Unité3 Leçon3 Activité1 Document2.mp3

A Cabinet du docteur Cohen, bonjour!

B Bonjour, madame. Est-ce que le docteur Cohen est là, ce matin? Je voudrais le voir tout de suite car je pense que j'ai une infection urinaire.

A Je suis désolée. Le docteur reçoit seulement l'après-midi de 14h à 19h. Le matin, il travaille à l'hôpital. Il peut vous prendre cet après-midi, si vous voulez.

B Cet après-midi à quelle heure?

A Vous venez à 15h 30 ou 18h 15, comme vous préférez.

B Je passerai à 15h 30.

A Votre nom, s'il vous plaît. Vous êtes monsieur…

B Monsieur Cerdan, C-E-R-D-A-N.

A C'est bien noté. Venez cet après-midi à 15h 30.

B Je vous remercie. Au revoir

A 코헨 박사님 진료실입니다, 안녕하세요!

B 안녕하세요. 코헨 박사님은 오늘 아침에 계시나요? 지금 바로 진료를 하고 싶어요. 왜냐하면 제가 비뇨기에 감염이 된 거 같아요.

A 죄송합니다. 박사님께서는 오후 14시에서 19시까지만 진료를 하십니다. 오전에는 (종합)병원에서 진료를 하세요. 원하시면 오늘 오후에 진료를 받으실 수 있어요.

B 오늘 오후 몇 시에요?

A 15시 30분이나 18시 15분에 원하시는 시간에 오세요.

B 15시 30분에 가겠습니다.

A 당신의 이름을 말씀해 주세요.....

B 세르단입니다, 쎄-으-에흐-데-아-엔.

A 잘 기록되었습니다. 오늘 오후 15시 30분에 오세요.

B 감사합니다. 안녕히 계세요.

vocabulaires

la cabinet du docteur : 의사의 진료실, 진찰실
ce matin : 오늘 아침, 오전
je voudrais + inf : 나는 …하고 싶다
tout de suite : 즉시, 바로
je pense que + ind : 나는 …라고 생각한다
une infection urinaire : 비뇨기의 감염
recevoir : 받다
seulement : 단지, 오직
de + 시간 + à : …에서 …까지
cet après-midi : 오늘 오후
comme vous préférez : 당신이 좋으신대로, 편하신 쪽으로
passer : 지나가다, 들르다
noter : 기록하다, 적다
moment : 순간, 때, 시간
la journée : 하루, 날
se situer : 위치하다, 배치되다, 설정되다
l'appel : 호출, 부름
patient(e) : 환자
annuler un rendez-vous : 예약, 약속을 취소하다
prendre un rendez-vous : 예약, 약속을 잡다
déplacer un rendez-vous : 예약, 약속을 변경하다
consulter : 상담하다, 문의하다, 진찰받다

Doc. 3 CD ▸ UNITÉ3 ▸ LEÇON3 ▸ Unité3 Leçon3 Activité1 Document3.mp3

A Bonjour, madame. Je suis enrhumée. Qu'est-ce que vous me conseillez?
B Vous avez de la fièvre?
A Non, je ne pense pas.
B Dans ce cas, je vais vous donner un médicament contre le rhume. Prenez 3 comprimés par jour avant chaque repas. Et il vous faut aussi de la vitamine C. A croquer ou effervescente?
A Je préfère en comprimés effervescents. Et pour la gorge qu'est-ce que je peux prendre?
B Je vais vous donner des pastilles contre les maux de gorge; c'est plus efficace que le sirop.

A 안녕하세요. 감기에 걸렸어요. 어떻게 해야 할까요?
B 열이 있나요?
A 아니요, 없는 거 같아요.
B 이런 경우라면, 제가 감기약을 드릴께요. 매일 매 식사 전에 3알씩 복용하세요. 그리고, 비타민 C도 드셔야 합니다. 씹어서 먹는 알약으로 드릴까요, 기포성 정제약으로 드릴까요?
A 물약으로 된 약이 더 좋아요. 그리고 목의 경우에 제가 어떤 약을 먹어야 하죠?
B 목 아픈 것을 위한 정제약을 드릴께요, 이것이 시럽보다 더 효과적입니다.

vocabulaires

enrhumé(e) : 감기에 걸린
conseiller : 권하다, 권유하다, 조언하다
avoir de la fièvre : 열이 있다
dans ce cas : 이 경우에
un médicament contre le rhume : 감기를 위한 약
prendre 3 comprimés par jour : 매일 3개의 알약을 먹다, 복용하다
chaque repas : 매 식사마다
il faut + 간접목적어 : …가 필요하다
croquer : 씹다, 와작와작 씹어먹다
effervescente : 기포성의, 끓는
préférer : 더 좋아하다, 선호하다
la gorge : 목
la pastille : 당의정 정제, 트로치
contre : …에 대한, …에 대비하여
le mal(mau) de gorge : 목 아픔
plus … que : …보다 더
efficace : 효과적인
la situation : 상황
se passer : 일어나다, 발생하다
la pharmacie : 약국
guérir : 낫다, 회복하다
le cachet : 정제 캡슐약
l'ampoule : (주사약의)앰플, 앰플제
dégager : (막힌 것을)뚫다, 제거하다
respiratoire : 호흡용의, 호흡의, 호흡에 관련된

✓Activité 2

SAVOIR 알아두기

DOCUMENT 1

rien : 아무것도 …않다

① 사물을 가리키며, 부정의 의미로 ne와 함께 쓰인다. 이때 pas, point은 필요 없다.

- Rien ne me plaît. 아무것도 내 마음에 안든다.
- Il n'a rien. 그는 아무것도 없다.

② 단독으로 쓰이기도 한다.

- Qu'avez-vous? -Rien. 무슨 일이예요? -아무것도 아닙니다.

③ rien에 형용사를 붙일 때는 de를 삽입한다.

- Il n'y a rien de nouveau. 새로운 아무 것도없다.

DOCUMENT 2

전치사 en의 다양한 쓰임

① 상태 : …의 상태의

- en danger 위험에 처해있는
- personne en prière 기도를 드리고 있는 사람
- être en panne 고장이 나있다
- être en vacances 휴가중이다

② 형태, 형상 : …의 형태의

- en triangle 삼각형의
- route en zigzag 구불구불한 길

③ 복장, 착용 : …을 입고 있는

- homme en uniforme 유니폼을 입고 있는 사람
- être en noir 검은 옷을 입고 있다

- être en chapeau 모자를 쓰고 있다

④ 변화의 결과 : …(으)로

- couper qch en trois …을 셋으로 자르다
- transformer un château en l'hôpital 성을 병원으로 개조하다

Entraînez-vous!

Écoutez bien et répondez aux questions en cochant (☒) la bonne réponse ou en écrivant l'information demandée.

DOCUMENT 1 CD ▸ UNITÉ3 ▸ LEÇON3 ▸ Unité3 Leçon3 Activité2 Document1.mp3

1. La scène se passe :

☐ chez le dentiste. ☐ chez le médecin. ☐ à la maison.

2. Il a rendez-vous à :

☐ 14h 40. ☐ 15h 30. ☐ 16h 30.

3. Est-ce que Laurent ira chez le dentiste avec sa mère?

☐ Oui ☐ Non

DOCUMENT 2 CD ▸ UNITÉ3 ▸ LEÇON3 ▸ Unité3 Leçon3 Activité2 Document2.mp3

1. Quel est le nom du cabinet médical?

....

2. À quelle heure le docteur Cavalier reprend-il ses consultations?

☐ 15h ☐ 16h ☐ 17h ☐ 18h

3. Quel numéro faut-il taper, en cas d'urgence?

....

TRANSCRIPTIONS 녹음 텍스트

Doc. 1 CD ▸ UNITÉ3 ▸ LEÇON3 ▸ Unité3 Leçon3 Activité2 Document1.mp3

A Maman, j'ai rendez-vous chez le dentiste à quelle heure? J'ai oublié mon agenda chez Prune, hier soir et je n'arrive plus à me souvenir quand est le rendez-vous.

B Attends, il faut que je cherche dans tous ces papiers qui trainent… Ah! Tu as rendez-vous cet après-midi à 15h 30. Laurent, tu veux que je t'accompagne? Je n'ai rien d'urgent à faire cet après-midi.

A Non, merci maman. C'est gentil mais je peux y aller tout seul.

B Comme tu veux, mais tu sais que ça me fait plaisir de t'accompagner.

A 엄마, 제 치과 예약이 몇 시에요? 제 수첩을 어제 프룬집에 두고 왔어요, 그리고 예약이 몇 시인지 더 이상 기억이 나질 않아요.

B 잠시만, 어질러져 있는 이 모든 종이들에서 찾아야 해.. 아! 너 오늘 오후 15시 30분에 예약이 있구나. 로렁, 내가 같이 가줄까? 나 오늘 오후에는 급한 일이 없어.

A 아니요, 괜찮아요 엄마. 감사합니다. 저 혼자 갈 수 있어요.

B 좋을 대로 하렴, 그런데, 너도 알다시피 너와 같이 가는 게 나는 즐겁단다.

vocabulaires

avoir rendez-vous : 예약이 있다, 약속이 있다
le dentiste : 치과의사
l'agenda : 수첩, 다이어리
arriver à + inf : …하게 되다
ne… plus : 더 이상…않다
se souvenir : 기억하다
il faut que + sub : …해야 한다
tous ces papiers : 모든 종이들, 서류들
traîner : 널브러져 있다, 어질러져 있다
cet après-midi : 오늘 오후
accompagner : 동반하다, 동행하다
ne… rien : 아무것도 …않다
l'urgent à faire : 해야할 긴급한 일
gentil(le) : 친절한, 상냥한
tout(e) seul(e) : 혼자, 혼자서
comme tu veux : 네가 원하는 대로
savoir : 알다
ça me fait plaisir de + inf : …하는 것은 나를 기쁘게 한다
la scène : 장면, 현장, 사건
se passer : 일어나다, 발생하다
chez le médecin : 병원에서

Doc. 2 CD ▸ UNITÉ3 ▸ LEÇON3 ▸ Unité3 Leçon3 Activité2 Document2.mp3

Bonjour. Vous êtes en communication avec le répondeur téléphonique du cabinet médical Rocher. Nous vous informons que ce matin, le docteur Cavalier est en déplacement à l'hôpital. Il reprend ses consultations à 16h. En cas d'urgence, tapez 2 et le docteur Legrand vous rappellera tout de suite. Merci de nous avoir appelé. Au revoir.

안녕하세요. 당신은 호쉐 병원의 자동 응답기에 연결되었습니다. 오늘 오전에 까발리에 의사 선생님은 종합병원에 외진 중임을 알려드립니다. 까발리에 의사 선생님은 오후 4시에 진료를 시작합니다. 위급 시에는 2번 버튼을 눌러주시면, 르그랑 의사 선생님께서 곧바로 응답하실 겁니다. 전화 주셔서 감사합니다. 안녕히 계세요.

vocabulaires

être en communication avec qn : …와 연락이 되다, 통화중이다
le répondeur téléphonique : 전화 자동응답기
le cabinet médical : 개인병원
informer : 알리다, 통지하다
ce matin : 오늘 아침
être en déplacement : 출장중이다, 외근중이다
reprendre : 다시 시작하다, 계속하다
la consultation : 상담, 진찰, 진료
en cas d'urgence : 응급의 경우
taper : 누르다
rappeler : 다시 전화하다
tout de suite : 즉시, 바로
merci de + inf : …해서 감사하다

Unité IV

Se déplacer

Leçon 1

A la gare et à l'aéroport

✓ Activité 1

SAVOIR 알아두기

DOCUMENT 1

감탄문 Comme : "얼마나~, 정말~"

- Comme il est gentil! 그는 얼마나 친절한가!
- Comme ce serait bien d'être sur un plage au soleil! 태양이 내리는 해변가에 있다는 것이 얼마나 좋은가!

trouver / se trouver의 사용법

① trouver + 명사 + 형용사 : ~를 ~하다고 생각하다, 여기다
trouver + que 주어 + 동사 : ~가 ~하다고 생각하다, 여기다

- Je trouve cette fille très gentille. 이 소녀는 매우 친절한 듯하다.
- Je la trouve méchante. 그녀는 심술궂은 것 같다.
- Je trouve qu'elle chante bien. 나는 그녀가 노래를 잘한다고 생각한다.

② se trouver +장소 / 형용사 : (한 장소에) 있다 · 가다 / (어떤 상태로) 있다

- Je me trouverai à la faculté demain matin. 나는 내일 아침에 대학에 있을 거야.
- Elle se trouvera occupée demain matin. 그는 내일 아침에 바쁠 것이다.

③ Il se trouve + 명사 : ~이 있다 (= il existe~, = il y a~)

- Il se trouve des témoins. 목격자들이 있다.

* Il existe des gens qui n'aiment pas les chiens. 개를 좋아하지 않는 사람들이 있다.

기차표 구매(예약) 관련 표현

① Je voudrais réserver une place dans le train. 기차 좌석을 예약하고 싶습니다.

② Je voudrais un aller simple / deux aller simples / un aller-retour s'il vous plaît. 편도 / 편도표 2 장 / 왕복표 1장 주세요.

③ Je voudrais une place non-fumeur (fumeur) s'il vous plaît. 금연석(흡연석)을 원합니다.

④ Puis-je payer par carte / en espèces? 카드 / 현금으로 지불해도 됩니까?

⑤ Quand part le prochain train (le dernier train)? 다음 기차(막차)는 몇 시에 출발합니까?

⑥ Où / A quelle(quel) gare(arrêt) faut-il changer? 어디에서 / 어느 역 (정류장)에서 갈아타야 합니까?

기차역과 관련된 단어

une destination 행선지	une provenance 출발지 / en provenance de
le billet aller-retour 왕복표	un aller simple 편도(표)
l'horaire (기차 · 버스 · 상점) 시간표	une première classe 일등석
une seconde classe 이등석	un fumeur 흡연자
un non-fumeur 비흡연자	l'heure d'arrivée 도착시간
l'heure de départ 출발시간	la couchette 간이침대차
le wagon-restaurant 식당차	le compartiment non fumeurs 금연열차
le compartiment fumeurs 흡연열차	la réduction 할인
le ticket 승차권	le guichet 창구, 매표구
la salle d'attente 대합실	le départ 출발
l'arrivée 도착	le couloir 복도
les renseignements 안내	l'entrée 입구
la sortie 출구	le bureau d'information 안내소
le kiosque à journaux 신문 판매대	le guichet 개찰구
le changement 갈아타기	la correspondance 갈아타는 곳
le bureau des objets 분실물 신고 센터	la consigne 수하물 보관소
le quai 플랫폼	la voie 철도
le couloir 복도	la fenêtre 창문

DOCUMENT 2

부정 의문문에 대한 긍정 대답

Sylvie n'est pas venue?

① 확신이 있을 경우

- Si, bien sûr.
- Bien sûr que si!
- Mais si.

② 확신이 없는 경우

- Si, je pense.
- Je crois que si.

부정대답

긍정 의문문이든 부정 의문문이든 부정 대답은 다음과 같다.
Sylvie est venue? / Sylvie n'est pas venue?

- Non!
- Mais non!
- Bien sûr que non!
- Non, pas du tout.

billet의 다양한 뜻

① 철도, 극장, 복권 따위의 표

prendre un billet 표를 사다, retirer son billet au guichet 매표구에서 예약한 표를 찾다

② 지폐

- préparer un million en billet de cent euros. 100유로 지폐로 백만유로를 준비하다
- La circulation des billets a augmenté. 통화량이 증가했다.

③ 증명서

- billet de santé 건강증명서, billet de retard (학생의) 지각사유 확인서

Entraînez-vous!

Écoutez bien et répondez aux questions en cochant (☒) la bonne réponse ou en écrivant l'information demandée.

DOCUMENT 1 CD ▸ UNITÉ4 ▸ LEÇON1 ▸ Unité4 Leçon1 Activité1 Document1.mp3

1. Choisissez "vrai" ou "faux".

	Vrai	Faux
① Les billets sont à moitié prix.	☐	☐
② Ils partent de la gare de Nice.	☐	☐
③ Le train part à 16h 20.	☐	☐
④ Ils arrivent à 22h 30.	☐	☐

2. Quels problèmes rencontre-t-il en ce moment au travail?

☐ Il y des travailleurs en grève.

☐ Des machines ne fonctionnent pas.

☐ Les chefs ou directeurs sont en conflit avec des employés.

DOCUMENT 2 CD ▸ UNITÉ4 ▸ LEÇON1 ▸ Unité4 Leçon1 Activité1 Document2.mp3

1. A quelle heure la femme arrive-t-elle à Dijon?

☐ 8h ☐ 12h 15 ☐ 13h

2. Quel est le prix en première?

☐ 65 euros ☐ 75 euros ☐ 78 euros

3. La femme achète un billet d' :

☐ aller simple. ☐ aller-retour.

4. Combien d'euros a-t-elle?

☐ 300 euros ☐ 100 euros ☐ 3000 euros

TRANSCRIPTIONS 녹음 텍스트

Doc. 1 CD ▸ UNITÉ4 ▸ LEÇON1 ▸ Unité4 Leçon1 Activité1 Document1.mp3

A Tu as acheté les billets de train?

B Oui. J'ai trouvé des billets à moitié prix pour le 24 avril. On part de la gare de Lyon à 16h 20 et on arrive à Nice à 21h 30.

A Oh super! Comme j'ai hâte de partir quelques jours dans le sud!

B Moi aussi, tu sais. Je suis tellement fatigué en ce moment avec le boulot. Il y a des tensions avec les supérieurs hiérarchiques et j'ai bien l'impression que le syndicat va nous pousser à faire la grève.

A 너는 기차표를 샀니?

B 응. 4월 24일자 절반 가격 표를 찾았어. 우리는 리옹역에서 16시 20분에 출발해서 니스에 21시 30분에 도착해.

A 와 좋아! 내가 얼마나 빨리 남쪽으로 며칠간 떠나고 싶은지!

B 나도 그래, 너도 알잖아. 내가 지금 일 때문에 무척 피곤하잖아. 회사 간부들과 긴장상태이고, 조합에서 우리에게 파업을 추진하도록 할 것 같아.

vocabulaires

le billet de train : 기차표
à moitié : 반값에, 반가격으로
le prix : 가격
la gare : 역
super : 최고의, 훌륭한
comme + ind : …이기 때문에, …하니까
avoir hâte de + inf : 속히 …하고 싶어하다
quelques jours : 며칠
tellement : 그토록, 그처럼, 매우, 아주
fatigué(e) : 피곤한, 지친
en ce moment : 지금, 현재
le boulot : 일, 직업
la tension : 긴장
supérieur(e): 위쪽의, 상부의
l'hiérarchique : 서열의, 위계상의, 계급의
avoir l'impression : …라는 느낌을 가지다
le syndicat : 조합
pousser qn à + inf: …를 …하도록 추진하다, 몰다
faire la grève : 파업을 하다
rencontrer des problèmes : 문제와 직면하다
au travail : 일에서, 직장에서
travailleur(se) : 노동자, 근로자
en grève : 파업중
la machine : 기계
fonctionner : 기능하다, 작동하다
le chef : 사장, 우두머리, 책임자
directeur(tric) : 통솔자, 중역
être en conflit avec qn : …와 충돌이 있다, 갈등이 있다
employé(e) : 직원, 종업원

Doc. 2 CD ▸ UNITÉ4 ▸ LEÇON1 ▸ Unité4 Leçon1 Activité1 Document2.mp3

Dans un hall de gare, au guichet des renseignements.

A Vous avez l'horaire des trains pour Dijon?

B Il est derrière vous.

A Il n'y a pas de train, le matin?

B Si, regardez. Vous avez un train à huit heures. Correspondance à Rennes à douze heures quinze. Vous arrivez à treize heures.

A Quel est le prix en première et en seconde?

B En première classe, c'est 78 euros, en seconde 75 euros.

A Un aller pour Dijon, s'il vous plaît.

B Première ou seconde?

A Seconde.

B Vous n'avez pas cinq euros?

A Non, je regrette, je n'ai pas de monnaie. j'ai seulement trois billets de cent euros.

역내 로비, 정보 안내사무실에서.

A 디종으로 가는 기차 시간표가 있나요?

B 당신 뒤쪽에 있습니다.

A 아침에는, 기차가 없나요?

B 있습니다, 보세요. 8시에 기차가 있습니다. 렌느에서 12시 15분에 갈아타는 기차네요. 오후 1시면 도착하실 겁니다.

A 일등석과 이등석 가격은 어떻게 되지요?

B 일등석은 78유로이고 이등석은 75유로입니다.

A 디종으로 가는 편도표 하나 주세요.

B 일등석으로 드릴까요, 이등석으로 드릴까요?

A 이등석으로 주세요.

B 5유로 따로 없으신가요?

A 아뇨, 유감입니다만 동전이 없네요. 전 딱 100유로짜리 지폐 세 장 밖에 없습니다.

vocabulaires

un hall de gare : 역 로비

le guichet des renseignements : 정보 안내 사무실

l'horaire : 시간표, 일정표

si : 부정의문문의 긍정 대답

la correspondance : 환승

en première : 일등석

en seconde : 이등석

un aller : 편도

Je regrette. : 유감입니다, 안타깝네요.

la monnaie : 동전

le billet : 지폐

✓Activité 2

SAVOIR 알아두기

DOCUMENT 1

지하철 관련 단어

le terminus 종점	l'itinéraire 노선표
le plan du métro 지하철 노선표	le jeton 토큰
le souterrain 지하도	la correspondance 갈아타기(곳)
le bureau des objets trouvés 분실물 신고 센터	la ligne (지하철, 전철)호선
le distributeur automatique 자동판매기	la station de métro 지하철 역
la bouche de métro 지하철 입구	le changement 환승
le guichet 개찰구	le contrôleur 검표원

DOCUMENT 2

수동태

주어가 동작을 받는 형태의 문장을 말한다. 타동사의 직접목적어만 수동태의 주어가 될 수 있다. 형태는 étre + 과거분사 + par (행위가 구체적, 외적, 일시적인 것을 나타낼 때) de (행위가 추상적, 정신적, 지속적인 상태를 나타낼 때)

① 시제

현재	être의 현재 + 과거분사
과거	être의 복합과거 +과거분사
미래	être의 단순미래+과거분사

- 현재: Ce film est réalisé par M. Pierre. 이 영화는 피에르씨에 의해 연출된다.
- 복합과거: Ce film a été réalisé par M. Pierre. 이 영화는 피에르씨에 의해 연출되었다.
- 반과거: Ce film était réalisé par M. Pierre. 이 영화는 피에르씨에 의해 연출되었다.
- 미래: Ce film sera réalisé par M. Pierre. 이 영화는 피에르씨에 의해 연출될 것이다.

② 수동태에서의 과거분사는 주어의 성과 수에 일치시켜야 한다.

- Elle est respectée de tout le monde. 그녀는 모든 사람의 사랑을 받는다.

- Ces plats sont préparés par ma soeur. 이 요리들은 나의 여동생에 의해 준비된다.

③ 수동태에서 동작주 보어가 부정대명사 on인 경우 생략할 수 있다.

- On a fabriqué cette voiture en 2007. → Cette voiture a été fabriquée en 2007. 이 자동차는 2007년도에 만들어졌다.

④ 수동태와 대명동사

수동적 대명동사로 수동적인 의미를 표현하는 경우가 있는데 이때 수동적 대명동사는 진행중인 동작을 나타내며 주로 동작주 보어 없이 사용된다. 반면 수동태는 완료된 상태를 나타낸다.

- La porte s'ouvre. 문이 열린다.
- La porte est ouverte. 문이 열렸다.

⑤ 동일한 의미를 다른 세 가지 방식으로 표현할 수 있다.

- "밀을 판다." : On vent le blé. / Le blé se vent. / Le blé est vendu.

교통 관련 단어

le trafic 교통(량)	l'info-trafic 교통정보
les heures de fort trafic 교통체증 시간대(러시아워)	
le trafic en temps réel 실시간 교통정보	la prévision de trafic 교통정보 예보
le ralentissement 감속	les deux sens (도로) 쌍방향
le véhicule 자동차, 탈것	la visibilité 가시거리

교통 관련 표현

① Ce matin, j'ai eu un accident de voiture. 나는 오늘 아침 자동차사고를 당했어.

② Il m'est arrivé un accident de voiture ce matin. 오늘 아침 내게 자동차 사고가 났어.

③ Un terrible accident de la circulation a eu lieu samedi après-midi. 끔찍한 교통사고가 토요일 오후에 발생했다.

④ Quatre sont morts et sept blessés graves dans cet accident. 이 사고로 네 명이 사망했고 일곱 명이 중상을 입었다.

⑤ Des automobilistes doivent respecter les limitations de vitesse. 자동차 운전자들은 제한 속도를 지켜야 한다.

⑥ Les excès de vitesse sont un délit le plus fréquent. 속도위반은 가장 빈번한 범법행위이다.

Entraînez-vous!

Écoutez bien et répondez aux questions en cochant (☒) la bonne réponse ou en écrivant l'information demandée.

DOCUMENT 1 CD ▸ UNITÉ4 ▸ LEÇON1 ▸ Unité4 Leçon1 Activité2 Document1.mp3

1. Pour aller au Musée du Louvre, nous devons descendre :
☐ à la station St-Michel. ☐ à la station Palais Royal. ☐ à la station Opéra.

2. Pour aller à l'Opéra, vous pouvez prendre :
☐ la ligne 1. ☐ la ligne 3. ☐ la ligne 9.

3. Si vous prenez la ligne 7 pour aller à l'Opéra, vous devez descendre à :
☐ la première station. ☐ la deuxième station. ☐ la troisième station.

DOCUMENT 2 CD ▸ UNITÉ4 ▸ LEÇON1 ▸ Unité4 Leçon1 Activité2 Document2.mp3

1. Il s'agit :
☐ d'une annonce publicitaire.
☐ de l'information sur la circulation routière.
☐ de la prévision météo.

2. Quel est le sujet de cette information?
☐ Un accident de voiture
☐ Une annonce sur les vacances d'été
☐ D'importants bouchons à prévoir

3. Ce week-end, 20 millions de voitures sont prévues sur toutes les routes françaises.

☐ Vrai ☐ Faux ☐ On ne sait pas.

DOCUMENT 3 CD ▸ UNITÉ4 ▸ LEÇON1 ▸ Unité4 Leçon1 Activité2 Document3.mp3

1. Il s'agit :

☐ d'une annonce météo.

☐ d'une coupure des arrêts de bus.

☐ d'une coupure d'électricité.

2. On est sur quelle station radio?

☐ Fun Radio ☐ RTL ☐ France Info

3. La ligne 2 est coupée entre les arrêts GRAND VAL et DIDEROT :

☐ du lundi 25 septembre jusqu'au samedi 30 septembre au matin.

☐ du lundi 25 septembre jusqu'au samedi 30 septembre au soir.

☐ le lundi 25 septembre et le samedi 30 septembre.

DOCUMENT 4 CD ▸ UNITÉ4 ▸ LEÇON1 ▸ Unité4 Leçon1 Activité2 Document4.mp3

Choisissez la proposition exacte.

① ☐ Il y a une grande manifestation dans les stations de métro.
　☐ Il y a une grande manifestation dans les rues de la ville.

② ☐ La manifestation bloque la circulation dans la ville.
　☐ La manifestation bloque les piétons.

③ ☐ Les bus ne circulent pas.
　☐ Quelques bus circulent.

④ ☐ Il y a beaucoup de métros mais il y a peu de gens sur les quais.
　☐ Il y a peu de métro mais il y a beaucoup de gens sur les quais.

⑤ ☐ Aujourd'hui, beaucoup de gens se déplacent à pied.
　☐ Aujourd'hui, les piétons ne sont pas nombreux.

TRANSCRIPTIONS 녹음 텍스트

Doc. 1 CD ▸ UNITÉ4 ▸ LEÇON1 ▸ Unité4 Leçon1 Activité2 Document1.mp3

Votre attention s'il vous plaît. Nous vous informons que pour cause de travaux du tramway, la station St-Michel est actuellement hors service. Pour aller au Musée du Louvre, vous prenez d'abord la ligne 1 et vous descendez à la station Palais Royal. Pour aller à l'Opéra, vous pouvez prendre les lignes 3, 7 et 8. Si vous prenez la ligne 7, vous devez descendre à la deuxième station. Nous vous souhaitons bon voyage.

승객 여러분은 주목하여 주시기 바랍니다(승객 여러분께 알려드립니다). 전차 건설공사로 인해 쌩-미셸 지하철역이 현재 폐쇄되었음을 알려드립니다. 루브르 박물관에 가시려면, 지하철 1호선을 타고 빨레 후와이얄 역에서 내리시기 바랍니다. 오페라에 가시려면, 지하철 3호선과 7호선 그리고 8호선을 이용하실 수 있습니다. 지하철 7호선을 타시면 두 번째 역에서 하차하십시오. 편안한 여행이 되시기 바랍니다.

vocabulaires

l'attention : 주의, 조심, 관심
informer : 알리다, 통지하다
la cause : 원인, 이유
les travaux du tramway : 전철 공사
la station : 정류장, 정거장
actuellement : 현재, 지금
hors service : 서비스 중이 아닌, 이용할 수 없는
le musée : 박물관
prendre : 타다, 이용하다
d'abord : 먼저, 우선
descendre : 내려가다
deuxième : 2번째의
Nous vous souhaitons bon voyage. : 즐거운 여행하시기를 바랍니다.
premier(ère) : 첫 번째의
troisième : 세 번째의

Doc. 2 CD ▸ UNITÉ4 ▸ LEÇON1 ▸ Unité4 Leçon1 Activité2 Document2.mp3

Fun Radio. Information du trafic : aujourd'hui, vendredi 23 décembre, une journée difficile pour la circulation routière. Ce week-end, 20 millions de voitures sont prévues sur toutes les routes françaises. On prévoit d'importants bouchons à Paris et sur d'autres grandes villes comme Lyon, Bordeaux, Lille, etc.

펀 라디오입니다. 교통정보를 말씀드리면, 12월 23일 금요일, 오늘은 도로 교통이 혼잡한 날입니다. 이번 주말에는 전국의 모든 도로에 2천만 대의 차량이 몰릴 것으로 예상됩니다. 빠리 시내와 리옹, 보르도, 릴 등의 대도시에는 큰 교통 정체가 예상됩니다.

vocabulaires

Fun Radio : 펀 라디오(라디오 채널)
l'information du trafic : 교통 정보
une journée : 하루
difficile : 어려운, 힘든, 곤란한
la circulation routière : 도로 교통
prévu(e) : 예상된
la route : 도로, 길
prévoir : 예상하다
important(e) : 대규모의, 다량의, 다수의
le bouchon : 막힘, 교통체증
la grande ville : 대도시
Il s'agit de : …에 관계되다
une annonce publicitaire. : 광고
la prévision météo : 일기 예보
le sujet : 주제
un accident de voiture : 자동차 사고
une annonce : 안내

Doc. 3 CD ▸ UNITÉ4 ▸ LEÇON1 ▸ Unité4 Leçon1 Activité2 Document3.mp3

Il est midi sur France Info, notre info-trafic : en raison des travaux sur le tramway, la ligne 2 du bus est coupée entre les arrêts GRAND VAL et DIDEROT du lundi 25 septembre jusqu'au samedi 30 septembre au matin.

프랑스 엥포의 정오의 교통정보입니다. 전차 공사로 인해, 9월 25일 월요일부터 9월 30일 토요일 아침까지 그랑발 정거장과 디드로 정거장 사이의 구간에서 2번 버스 운행이 중단되었습니다.

vocabulaires

Il est midi.: 정오이다.
l'info-trafic : 교통 정보
en raison de : …의 이유로
les travaux : 작업, 공사
le tramway : 전차
coupé(e) : 중단된, 끊긴, 막힌, 잘린
entre A et B : A와 B사이
l'arrêt : 정류장
jusqu'à : …까지
une annonce météo : 날씨 예고
une coupure des arrêts de bus 버스 운행 중단
une coupure d'électricité : 정전
la station radio : 라디오 방송

Doc. 4 CD ▸ UNITÉ4 ▸ LEÇON1 ▸ Unité4 Leçon1 Activité2 Document4.mp3

Radio capital, bonjour. Quelques informations sur la circulation aujourd'hui.
Les conducteurs de bus et de métro font une grande manifestation qui bloque les rues de la ville. Attention aux embouteillages. Il y a peu de bus qui circulent. Les numéros 118, 115 et 121, qui vont vers le sud-est de la capitale, roulent normalement. Dans les stations de métro, il y a beaucoup de gens qui attendent sur les quais mais il y a peu de métros. Choisissez un autre moyen de transport. Enfin, les piétons, qui sont nombreux aujourd'hui, vont être contents. Il fait très beau dans la capitale.

캐피탈 라디오입니다, 안녕하세요. 오늘의 교통에 관한 몇가지 정보입니다.
버스와 전동차(전철) 기사들이 도시의 거리들을 막고 대형 시위를 하고 있습니다. 교통 혼잡에 조심하세요. 운행하는 버스가 많지 않습니다. 도심 남동쪽으로 향하는 118번, 115번 그리고 121번 버스들만 정상 운행 중입니다. 전철 상황은, 많은 사람들이 플랫폼에서 기다리고 있고 전철은 거의 다니지 않고 있습니다. 다른 교통수단을 선택하세요. 마지막으로, 오늘 수많은 보행자분들은 만족하실 겁니다. 도심은 아주 맑습니다.

vocabulaires

la circulation : 교통, 순환, 통행
le conducteur : 운전기사
faire une grande manifestation : 대규모 시위를 벌이다.
bloquer : 정지시키다, 막다.
attention à + 명사 : …을 조심하다, …에 주의하다
l'embouteillage : (교통, 통신의) 혼잡, 봉쇄
circuler : 통행하다.
le sud-est : 남동쪽
rouler : 굴러가다, (차가) 달리다
le conseil : 조언, 충고
l'automobiliste : 자동차 운전자
le garage : 차고
aller en ville : 도시로 가다
prendre leur vélo : 그들의 자전거를 타다
oublier de + inf : …하는 것을 잊어버리다
les pistes cyclables : 자전거 전용도로
avoir envie de + inf : …을 하고(가지고) 싶다
faire du vélo : 자전거를 타다
les piétons : 보행자들

✓Activité 3

SAVOIR 알아두기

DOCUMENT 1

부정형 : ne…personne, ne…rien, ne…jamais, ne…nulle part

부정의 단어가 한 문장 안에 함께 사용된 부정문의 형태이다. 부정문에 나타난 단어는 화살표 왼쪽의 단어를 부정한 형태이다.

quelqu'un → personne
quelque chose → rien
toujours → jamais
partout → nulle part

- Vois-tu quelqu'un? Je ne vois personne. 누가 보이니? 아무도 안보여.
- Quelque chose est tombé? Rien n'est tombé. 뭔가 떨어졌지? 아무것도 떨어지지 않았어.
- Elle répond toujours. 그녀는 항상 대답한다.
- Elle ne répond jamais. 그녀는 절대 대답하지 않는다.

날짜 묻기와 대답

① • Quel jour est-ce aujourd'hui? 오늘은 무슨 요일입니까?
  • Quel jour sommes-nous? / Nous sommes quel jour? 무슨 요일입니까?

② • Nous sommes le combien? 며칠입니까?
  • Quel jours du mois est-ce aujourd'hui? / Le combien est-ce aujourd'hui? 오늘 몇 월 며칠 입니까?

Aujourd'hui, c'est c'est aujourd'hui	le	premier deux trois quatre . . .	janvier. 1월 février. 2월 mars. 3월 avril. 4월 mai. 5월 juin. 6월 juillet. 7월

		.	août. 8월
		.	septembre. 9월
		.	octobre. 10월
		trente	novembre. 11월
		trente et un	décembre. 12월

✎ 월일을 표현할 때는 우리말과 순서를 거꾸로 쓰고, 날짜 앞에는 정관사 le를 붙인다.

• Nous sommes le 15 mars. 3월 15일입니다.

✎ 날짜 앞에는 관사 le를 붙이지만 요일 앞에는 관사를 붙이지 않는다.

DOCUMENT 2

부정 형용사 및 부정 대명사 : certain(s) / certaine(s)

① 부정형용사 : "어떤, 약간의, 몇몇의"를 의미한다. 부정형용사로서는 항상 명사 앞에 오고, 단수로는 성질이나 정도를, 복수로는 '수'를 막연히 규정한다. (✶certain이 명사 뒤에 오면 품질형용사로서 '확실한'의 뜻이 된다.)

• C'est un fait certain. 그것은 확실한 사실이다.

✶ un + certain + 명사 : "어느, 어떤"

• un certain jour 어느 날, dans un certain sens 어떤 의미로는

✶ certain(e)s + 복수 명사 : "몇몇의"

• dans certains pays 몇몇 나라에서, certaines personnes 몇몇 사람들은

✶ un(e) + certain + 추상 명사 : "얼마만큼의, 상당한"

• un nombre de gens 상당수의 사람들, dans une certaine mesure 어느 정도는

② 부정대명사 : certain(s) / certaine(s)··· d'autre(s) ···어떤 사람(들) / 것(들), ··· 다른 사람(들) / 것(들)

✎ 단독으로 쓰이는 경우에는 남성 복수로 사람을 가리킨다.

• Certains disent que cela est vrai. 어떤 이들은 그것이 사실이라고 말한다.

✎ 관련된 명사가 있는 경우에는 남녀성 복수로 사람, 사물을 가리킨다.

• Certains de ses amis étaient là. 그의 친구 중의 몇 몇 사람이 거기 있었다.

chaque

① "각각의, 모든, …마다"의 의미로 쓰이며 항상 단수로서 명사 앞에 놓인다.

- Il va à la pêche chaque samedi. 그는 토요일마다 낚시를 하러 간다.
- Je connais le titre de chaque roman. 나는 모든 소설의 제목을 안다.
- Il me salue chaque fois qu'il me voit. 그는 나를 볼 때마다 내게 인사를 한다.

  *chaque fois que + ind : …할 때마다

전치사 sur / à / pour + 장소

① sur (~에) : 해당 장소에 위치해 있는 경우에 사용한다.

- Je suis sur les Champs-Elysées. 나는 샹젤리제 거리에 있다.

② à (~에, 으로) : 해당 장소와 동떨어진 상황에서 그곳으로 향하는 경우에 사용한다.

- Je vais aux Champs-Elysées. 나는 샹젤리제 거리로 가고 있는 중이야.

③ pour + 도시 (~으로) : partir 동사와 함께 사용한다.

- Je pars pour ma ville natale. 나는 내 고향도시로 떠나고 있다.
- Je pars à Paris. 나는 빠리로 떠난다.

  *최근에는 partir 동사가 pour만 아니라, 상황에 따라서 à, sur와 같은 전치사를 동반하여 사용되기도 한다.

DOCUMENT 3

권유의 표현

① inviter qn à + 명사 / inf : ~에게 ~하도록 권유하다

- Je vous invite à vous asseoir. 앉으세요.

② prier qn de + inf : ~에게 ~하도록 청하다

- Les passagers sont priés de patienter en salle d'embarquement. 승객·여러분들께서는 탑승대기실에서 기다려주시기 바랍니다.

③ merci de (bien) vouloir + nf : ~하여 주시면 (대단히) 감사하겠습니다

- Merci de bien vouloir montrer votre passeport. 여권을 보여주시면 감사하겠습니다.

④ Vous devriez + inf : ~해 주세요.

- Vous devriez partir demain. 내일 떠나주기 바랍니다.

⑤ Il vaut mieux + inf / que 주어 + 동사 : ~하는 편이 더 낫다

- Il vaut mieux rester à la maison que sortir. 외출하는 것보다 집에 있는 편이 더 낫다.

⑥ Je vous conseille de + inf : ~할 것을 권합니다.

- Je vous conseille d'aller voir le docteur. 의사에게 갈 볼 것을 권한다.

비행기와 관련된 표현

① L'avion décolle à 7 heures et atterrira à 9 heures. 비행기는 7시에 이륙해서 9시에 도착합니다.

② Est-il direct? 직행입니까?

③ Vous devez payer un supplément. 추가 요금을 더 내야겠습니다.

④ Quelles sont les escales? 경유지는 어디입니까?

⑤ A quelle heure se fait l'enregistrement? 몇 시에 체크인 합니까?

⑥ Combien pèsent-ils? 무게가 얼마나 됩니까?

⑦ Avez-vous des bagages en cabine? 들고 들어가는 짐도 있습니까?

Entraînez-vous!

Écoutez bien et répondez aux questions en cochant (☒) la bonne réponse ou en écrivant l'information demandée.

DOCUMENT 1 CD ▸ UNITÉ4 ▸ LEÇON1 ▸ Unité4 Leçon1 Activité3 Document1.mp3

1. La situation se passe :

☐ dans une agence de voyage. ☐ à l'aéroport. ☐ au téléphone.

2. Il s'agit de :

☐ l'achat d'un billet. ☐ la modification d'une réservation.

☐ l'enregistrement des bagages.

3. Quels sont la destination et le numéro du vol en question?

....

4. Ce vol était prévu pour le :

☐ 1er juillet. ☐ 2 juillet. ☐ On ne sait pas.

DOCUMENT 2 CD ▸ UNITÉ4 ▸ LEÇON1 ▸ Unité4 Leçon1 Activité3 Document2.mp3

1. La situation a lieu :

☐ dans une agence de voyage. ☐ à un guichet de l'Air France.

☐ dans un avion.

2. Le programme Flying Blue permet d'obtenir :

☐ un billet d'avion gratuit. ☐ un cadeau.

☐ une réduction sur un billet d'avion.

3. Pour être membre, il faut :

☐ s'inscrire par téléphone à Flying Blue.

☐ faire une demande écrite à Flying Blue.

☐ adresser un formulaire à Flying Blue.

4. Avec la carte de fidélité, on reçoit une prime de bienvenue de :

☐ 2000 miles ☐ 12000 milles ☐ 22000 miles

DOCUMENT 3 CD ▸ UNITÉ4 ▸ LEÇON1 ▸ Unité4 Leçon1 Activité3 Document3.mp3

1. L'embarquement immédiat est annoncé.

☐ Oui ☐ Non

2. Quelle est la destination du vol?

....

3. Pour quelle raison y a-t-il un retard d'une demie heure?

En raison ....

TRANSCRIPTIONS 녹음 텍스트

Doc. 1 CD ▸ UNITÉ4 ▸ LEÇON1 ▸ Unité4 Leçon1 Activité3 Document1.mp3

A Bonjour, excusez-moi, est-ce que l'enregistrement des bagages pour le vol KT 407 pour Lyon est déjà terminé? Je ne vois personne.

B Mais madame, ce vol n'est pas programmé pour aujourd'hui!

A Comment? Ce n'est pas possible! Tenez, voici mon billet et ma réservation. Lisez vous-même : vol KT 407 pour Lyon, à une heure du matin le 1er juillet.

B Mais madame, nous sommes déjà le 2 juillet! Ce vol était programmé hier, vous vous êtes trompée de jour. Vous avez vingt-quatre heures de retard!

A Et que dois-je faire maintenant? Ce billet, il n'est plus remboursable!

B Il faut attendre 8 heures du matin, pour voir avec l'agence où vous avez pris votre billet.

A 안녕하세요, 실례합니다만, 리옹 가는 비행기 KT 407번 짐 수속이 벌써 끝났나요? 아무도 보이지가 않아서요.

B 저 부인, 그 비행기는 오늘 프로그램에 속해 있지 않아요!

A 뭐라고요? 말도 안돼요! 자, 여기 내 표랑 예약권이예요. 읽어보세요 : 7월 1일 아침 한시 리옹으로 떠나는 KT 407번 비행기.

B 그렇지만 부인, 오늘은 벌써 7월 2일이예요! 이 비행기는 어제 프로그램이었어요. 날짜를 착각하셨군요. 24시간 늦으신 겁니다!

A 그러면 제가 지금 무엇을 해야 하죠? 이 표는, 환불받을 수 없을텐데요!

B 부인께서 표를 사신 여행사에 문의하려면 아침 8시까지 기다리셔야 합니다.

vocabulaires

l'enregistrement des bagages : 짐 수속
terminer : 끝마치다, 종료하다.
ne··· personne : 아무도 ··· 않다
programmer : 프로그래밍되다, 예정하다
la réservation : 예약 (예약권)
Nous sommes le 2 juillet. : 오늘은 7월 2일입니다.
se tromper de + 명사 : ···에 관해서 잘못 생각하다
vingt-quatre heures de retard : 24시간 지각하다. (늦다.)
remboursable : 상환할 수 있는 / 환불 받을 수 있는
l'agence : 대리점

Doc. 2 CD ▸ UNITÉ4 ▸ LEÇON1 ▸ Unité4 Leçon1 Activité3 Document2.mp3

A Bonjour, madame! Je voudrais avoir des informations sur le programme Flying Blue.

B Bien sûr, monsieur. C'est une carte de fidélité proposée par Air France. A chaque vol sur cette compagnie, vous gagnez des miles. Lorsque vous avez totalisé un certain nombre de miles, un billet d'avion vous est offert.

A Que dois-je faire pour être membre?

B C'est très simple. Il vous suffit de remplir ce formulaire d'adhésion et de l'adresser au service Flying Blue. Vous recevrez en retour votre carte de membre et les 2000 miles de bienvenue. A chaque fois que vous voyagerez, vous présentrerez cette carte lors de la réservation. Vos miles seront automatiquement compatibilisés.

A 안녕하세요, 부인! 저는 플라잉 블루 프로그램에 관한 정보를 좀 알고 싶습니다.

B 물론이지요, 선생님. 그건 에어 프랑스에서 제안하는 일종의 적립카드입니다. 매번 비행기로 여행할

때마다, 마일리지를 쌓는 것이지요. 어느 정도의 마일리지가 모였을 때, 비행기표 하나가 선생님께 제공됩니다.

A 가입하려면 어떻게 해야 하나요?

B 아주 간단합니다. 이 가입서를 써서 플라잉 블루 서비스점에 보내주시면 됩니다. 가입 환영 2000마일리지와 함께 멤버 카드를 답장을 통해 받아 보실 수 있으실 겁니다. 매번 여행하실 때마다, 예약시 이 카드를 제시하시면 됩니다. 마일리지는 자동적으로 쌓일 것입니다.

vocabulaires

une carte de fidélité : 적립카드
chacun de + 명사 : 각각의 …
gagner : 벌다, 얻다, 획득하다
totaliser : 합산하다, 총계하다, 총계에 이르다
un certain nombre de miles : 어느 정도의 마일리지
offert(e) : 제공된
Il suffit de + inf à+ qn : …이 …하는 것이면 충분하다
remplir : 채우다
le formulaire d'adhésion : 가입서
adresser à qn : …에게 보내다
le service : 서비스 센터
recevoir en retour : 답장을 통해 받다
les 2000 miles de bienvenue : 가입 환영 2000 마일리지
A chaque fois que + ind : 매번 …할 때마다
présentrer : 보이다, 제시하다
lors de : …할 때

Doc. 3 CD ▸ UNITÉ4 ▸ LEÇON1 ▸ Unité4 Leçon1 Activité3 Document3.mp3

Les passagers du vol 488 à destination de Séoul sont invités à se présenter en porte B pour un embarquement immédiat. En raison des chutes de neige, nous prévoyons un retard d'environ 30 minutes. Nous vous remercions de votre compréhension.
서울행 비행기 488편 승객분들은 즉시 탑승을 위하여 B게이트로 와주시기 바랍니다. 폭설로 인하여, 약 30분 지체될 것이라 예상합니다. 양해해주시면 감사하겠습니다.

vocabulaires

le passager : 손님, 승객
le vol : 비행, 비행편
la destination : 도착지, 행선지
inviter à + inf : …하도록 권하다, 권고하다. 이끌다
se présenter : 나타나다, 나타내다
un embarquement : 탑승
immédiat(e) : 즉시, 곧, 당장
en raison de : …의 이유로
la chute de neige : 폭설, 강설
prévoir : 예상하다
un retard de + 시간 : …만큼의 지체, 늦음
environ : 약, 대략
Nous vous remercions de votre compréhension. 이해, 양해해주시기 바랍니다.

Leçon 2

A l'office de tourisme ou à l'agence de voyage

✓Activité 1

SAVOIR 알아두기

➡ DOCUMENT 1

TOUT의 다양한 용법

① 품질형용사인 경우 (관사, 소유, 지시형용사를 동반함) : '모든', '온', '전'이라는 뜻을 나타낸다.

- tous ces cahiers. 이 모든 공책들
- Tous mes amis sont venus. 내 모든 친구들이 왔다.
- Toute la ville a brûlé. 온 도시가 불탔다.

② 부정대명사일 경우에는 형태가 tout, toutes, tous만 있다. 단수형인 tout는 중성대명사로 '모든 것'이라는 뜻이며 tous와 toutes는 사람이나 사물 모두를 지칭한다.

- Nous avons des cousins espanols ; tous parlent français. 우리는 스페인 사람인 사촌들이 있다. 그들은 모두 프랑스어로 말한다.
- Tout est prêt. 모든 것이 준비되었다.

시간의 표현 : dans les + 숫자 / dans + 숫자

① dans les 5 jours : 오늘부터 1, 2, 3, 4 일째 되는 어느 날이든

② dans 5 jours : 오늘부터 5일째 되는 날에

- Je pars pour la France dans les 5 jours. 난 (오늘부터)5일 안에 프랑스로 것이다.
- Je vais partir pour la France dans 5 jours. 난 (오늘부터)5일이 지나면 프랑스로 갈것이다.

☞ 소요기간 표현 : pendant / en + 숫자

① en 2 ans : 2년 안에 어떤 행위가 끝날 때 사용함.

② pendant 2 ans : 2년 동안에 어떤 행위가 끝나는지 아닌지와는 관계없이 다만 2년 동안 지속됨을 뜻함.

- Aujourd'hui, on peut aller de Paris à Séoul en 11 heures. 오늘날엔 빠리에선 서울까지 11시간 만에 갈 수 있다.
- Chaque jour, il travaille pendant 8 heures. 매일 그는 8시간 일한다.

☞ 관광과 관련된 표현

① Y a-t-il des visites de groupes à Paris? 파리 단체 관광이 있습니까?

② Pouvez-vous me conseiller une visite? 관광할 곳 한 군데 권해주실 수 있습니까?

③ Pouvez-vous me conseiller des sites touristiques à visiter? 방문할만한 관광지를 권해주실 수 있습니까?

④ Où a lieu le départ (le retour)? 출발은(귀가는)어디입니까?

⑤ A quelle heure est le départ (le retour)? 몇 시에 출발(돌아옵니까)합니까?

⑥ Combien de temps le voyage dure-t-il? 여행은 얼마나 걸립니까?

⑦ Quels sont les monuments les plus intéressants? 가장 가볼 만한 기념물은 어떤 것입니까?

⑧ Avez-vous un plan de la ville? 시내지도를 갖고 있습니까?

⑨ Je voudrais acheter des reproductions de… ~의 복사품을 사고 싶습니다.

⑩ Je voudrais acheter des souvenirs. 기념품을 사고 싶습니다.

⑪ On voit le feu d'artifice / le défilé militaire / le bal. 불꽃놀이를 / 군인행렬 / 무도회를 본다.

DOCUMENT 2

문장의 순서 : 선후에 따라 정리하는 말 - "처음엔… 그러다가… 마침내…"

1) d'abord / au début / quand / lorsque 2) et puis / alors / ensuite / au bout d'un moment / plus tard / peu de temps après / un peu après 3) enfin / finalement / en fin de compte / à la fin / pour finir	우선 / 처음엔 / 할 땐… / 하는데… 그러다가 / 그래서 / 그리고나서 / 다음 순간에 / 다음에 / 그 다음에 / 좀 있다가 마침내 / 결국은 / 결국은 / 끝에 가서는 / 끝에는

- Au début, j'ai été contre ça et puis... Je passe tous les jours devant. Enfin je m'y suis fait maintenant. Ça me dérange pas, pas du tout.
  처음엔 난 이것이 마음에 안들었어요. 그러다가 매일 이 앞을 지나가게 되었어요. 마침내 지금 이것에 익숙해졌어요. 전혀 나에게 지장을 주지 않아요
- Demandons-lui d'abord son avis, nous déciderons ensuite.
  먼저 그의 의견을 물어보고 그 다음에 결정하자.
- On va d'abord prendre le dîner et puis sortir pour aller au cinéma.
  우리는 먼저 저녁식사를 하고 그리고 나서 영화관에 가기 위해 외출할 것이다.

조언하기

① Je vous conseille le musé du Louvre. 난 당신에게 루부르 박물관을 추천하겠습니다.

② Je pense / je crois que le musé du Louvre est le meilleur. 나는 루브르 박물관이 최고라고 생각합니다 / 믿습니다.

③ À mon avis, le musé du Louvre est bien / mieux. 내 생각엔 루부르 박물관이 좋습니다 / 낫습니다.

④ À votre place, je prendrais le musé du Louvre. 내가 당신이라면, 루브르 박물관을 선택하겠습니다.

DOCUMENT 3

다양한 기후

- Les climats tropicaux : 열대기후
- Les climats tempérés : 온화한 기후
- Les climats polaires : 극지기후

Entraînez-vous!

Écoutez bien et répondez aux questions en cochant (☒) la bonne réponse ou en écrivant l'information demandée.

DOCUMENT 1 CD ▸ UNITÉ4 ▸ LEÇON2 ▸ Unité4 Leçon2 Activité1 Document1.mp3

1. Choisissez "vrai" ou "faux".

	Vrai	Faux
① L'avion va atterrir dans 5 minutes.	☐	☐
② Ils vont à Pékin.	☐	☐
③ Ils sont partis depuis 6 mois.	☐	☐
④ Des amis viennent chercher leurs amis à l'aéroport.	☐	☐

2. La conversation se passe :

☐ dans l'avion. ☐ à l'aéroport. ☐ dans le taxi.

DOCUMENT 2 CD ▸ UNITÉ4 ▸ LEÇON2 ▸ Unité4 Leçon2 Activité1 Document2.mp3

1. Quelle sont les destinations proposées?

☐ San Francisco
☐ Montréal
☐ L'Alaska
☐ L'Algérie
☐ Le Maroc
☐ La Tunisie
☐ L'Italie
☐ La Grèce
☐ Venise
☐ Le Québec

2. Où faut-il aller pour découvrir les forêts magnifiques?

....

3. Pour aller au Canada, a-t-on besoin d'un visa?

☐ Oui ☐ Non

DOCUMENT 3 CD ▸ UNITÉ4 ▸ LEÇON2 ▸ Unité4 Leçon2 Activité1 Document3.mp3

1. A quels pays la France touche-t-elle l'est?

....

2. Par quelle mer est-elle baignée au sud?

....

3. Est-elle baignée d'une mer à l'est?

☐ Oui ☐ Non

4. Quel climat a-t-elle?

Elle a ....

TRANSCRIPTIONS 녹음 텍스트

Doc. 1 CD ▸ UNITÉ4 ▸ LEÇON2 ▸ Unité4 Leçon2 Activité1 Document1.mp3

A Quel avion ont-t-ils pris?
B Ils ont pris le vol Air France AF396. L'avion doit atterrir dans 20 minutes.
A Je suis contente de les revoir. Ils sont restés combien de temps en Chine?
B Ils ont passé 6 mois à Pékin et puis ensuite, ils ont voyagé dans tout le pays pendant les 6 autres mois.
A Allez, viens. On va les attendre à l'entrée. Ils vont bientôt arriver!

A 그들은 어떤 비행기를 탔니?
B 에어프랑스 AF396편을 탔어. 비행기가 20분후에 착륙할꺼야.
A 그들을 다시 보게 되어 기쁘다. 그들은 중국에 얼마동안 머물렀지?
B 북경에서 6개월 보냈고, 그리고 나머지 6개월 동안 중국 전체를 여행했지.
A 자, 가자, 그들을 입구에서 기다리자. 그들이 곧 도착할꺼야!

vocabulaires

prendre l'avion : 비행기를 타다
le vol : 비행, 비행편
atterrir : 착륙하다
dans + 사간 : …후에
être content(e) de + inf : …하여서 기쁘다, 만족스럽다
revoir : 다시 보다
rester : 머무르다
en Chine : 중국에서
passer : (시간을)지내다, 보내다
tout le pays : 전국
autre : 다른
le mois : 달
avoir + inf : …해야 한다
attendre : 기다리다
l'entrée : 출입구
depuis + 시간 : …부터
venir + inf : 이동동사 : …하러 오다, 가다
la conversation : 대화
se passer : 일어나다, 발생하다

Doc. 2 CD ▸ UNITÉ4 ▸ LEÇON2 ▸ Unité4 Leçon2 Activité1 Document2.mp3

A Aujourd'hui sur notre antenne nous discutons de voyages... Eh bien d'abord je vous conseille un voyage organisé de dix jours au Canada. Vous arrivez à Montréal, puis vous allez au sud pour voir les lacs. Ensuite vous partez au nord du pays pour découvrir les forêts magnifiques et enfin vous allez au Québec.
B Est-ce qu'on a besoin d'un visa?
A Non pas pour le Canada. Pour avoir des renseignements, adressez-vous à l'agence de voyage "Grand Nord".
B Un autre voyage à nous proposer?
A Oui, l'agence "En route" vous propose un week-end en Italie, à Venise, très romantique ou alors trois jours au Maroc pour découvrir les splendeurs de l'architecture des mosquées.

A 오늘 저희 지사에서는 여행에 대해서 얘기 나눠 보겠습니다… 어, 먼저 저는 여러분께 캐나다로의 10일 여정의 여행을 추천합니다. 여러분이 몬트리올에 도착하면, 호수를 보기위해 남쪽으로 갑니다. 그리고 나서, 너무나 멋진 숲을 보기위해서 캐나다의 북쪽으로 떠나시고, 마침내 퀘백에 가게 됩니다.
B 비자가 필요한가요?
A 아니요, 캐나다의 경우는 아닙니다. 정보가 필요하시면 '그랑노르' 여행사에 문의해주세요.
B 저희에게 제안하실 또 다른 여행이 있나요?

A 네, '앙 루뜨' 여행사에서 매우 낭만적인 이탈리아 베니스로 이번 주말여행을 제안합니다. 또는 회교사원 건축의 화려함을 볼 수 있는 모로코로의 3일여행도 있습니다.

vocabulaires

l'antenne : 방송국, 지사, 지부
discuter de : …에 대해서 토의하다, 논의하다
d'abord : 우선, 먼저
conseiller : 권하다, 충고하다
un voyage organisé : 편성된, 조직된 여행
puis : 그리고
le lac : 호수
ensuite : 그리고 나서, 곧이어
partir : 떠나다
découvrir : 찾아내다, 발견하다
la forêt : 숲
magnifique : 매우 아름다운, 멋진, 장관의
avoir besoin de + 명사 : …가 필요하다
le renseignement : 정보, 자료
s'adresser à : …에게 문의하다, 말하다
l'agence de voyages : 여행사
un voyage à proposer : 추천할 여행
romantique : 낭만적인
la splendeur : 화려함
l'architecture des mosquées : 회교사원 건축물, 건축양식
ainsi que : 그리고 또, 및, …와 같이, …처럼
fabuleux(se) : 전설의, 신화의
l'artisanat : 가내수공업
la destination : 행선지, 목적지
il faut + inf : …해야 한다

Doc. 3 CD ▸ UNITÉ4 ▸ LEÇON2 ▸ Unité4 Leçon2 Activité1 Document3.mp3

Chers auditeurs, bonjour! Aujourd'hui, on va vous parler de la France.
La France est située au centre de l'Europe. A l'est, elle touche la Belgique, l'Allemagne, la Suisse et l'Italie. Au sud elle est séparée de l'Espagne par les Pyrénées. Elle est baignée par la mer sur trois côtés : au nord par la Manche et la mer du nord, à l'ouest par l'océan Atlantique, au sud par la mer Méditerranée. Grâce à sa situation maritime, la France a un climat tempéré. Une partie de sa population vit de la pêche. Elle possède une marine de commerce très importante.

친애하는 청취자 여러분, 안녕하세요! 오늘은 프랑스에 대해 설명해드리겠습니다.
프랑스는 유럽의 중심부에 위치해있습니다. 동쪽으로는 벨기에, 독일, 스위스 그리고 이탈리아와 접촉해 있습니다. 남쪽으로는 피레네 산맥에 의해 스페인과 나누어져있습니다. 프랑스는 삼면이 바다로 되어 있습니다. : 북쪽은 망슈 (영불)해협과 북해에 의해, 서쪽은 대서양에 의해, 남쪽은 지중해에 의해 둘러쌓여 있습니다. 이러한 해상 위치 덕분에, 프랑스는 온화한 기후를 유지하고 있습니다. 그리고 전체 인구 중 일부는 어업으로 생을 영위하고 있습니다. 프랑스는 해상무역에 아주 중요한 위치를 차지하고 있습니다.

vocabulaires

auditeur : 청취자
situé(e) : 위치한
au centre de : 중심부에
toucher : 인접하다
séparé(e) de : …과 갈라지다
les Pyrénées : 피레네 산맥
baigner : 감싸다
le côté : 면
la Manche : 영불해협
la mer du nord : 북쪽 바다
l'océan Atlantique : 대서양
la mer Méditerranée : 지중해
grâce à : …덕분에
maritime : 해상의
un climat tempéré : 온화한 기후
une partie de : …부분
la population : 인구
vivre de qch : ~으로 삶을 영위하다
la pêche : 고기잡이, 어업
posséder : 가지다, 점유하다.
une marine de commerce : 해상무역

✓ Activité 2

SAVOIR 알아두기

DOCUMENT 1

시간, 달, 년도, 계절 표현

① "~에" 라는 의미를 표현할 경우에 시간과 월 앞에는 전치사 à가 오지만, 날짜 앞에는 정관사 le만 사용한다.

- Je pars à 15 heures. 나는 15시에 떠난다.
- Nous sommes au mois de décembre. 지금은 12월입니다.
- Nous partons le 15 février. 우리는 2월 15일에 떠난다.

② en + 달 : Nous sommes en juillet. 지금은 7월이다.
en + 년도 : Je suis né(e) en 1985. 나는 1985년에 태어났다.
en / au + 계절 : en + été, automne, hiver / au + printemps

- Au printemps, le temps est doux. 봄은 날씨가 온화하다.
- En été, il fait très chaud. 여름은 매우 덥다.

DOCUMENT 2

거리 표현 : à + 거리 / 시간 + de + 장소 : ~에서 ~만큼 떨어진

- Ma maison est située à 10 km d'ici. 우리 집은 여기서 10킬로나 떨어져 있어.
- L'appartement est à 5min à pied de la faculté des Lettres. 그 아파트는 문과대학에서 걸어서 5분 거리에 있다.
- Mon université se trouve à 30min en voiture de ma maison. 우리 대학은 우리 집에서 자전거로 30분 거리에 위치해 있다.

중성대명사 y

중성대명사 y는 변화하지 않으며 장소를 나타내는 전치사나 à 뒤에 나오는 명사, 부정법, 절 등을 대신하며 동사 앞에 놓인다.

① 장소를 나타내는 전치사 (à, dans, sur, en, vers, dedans) + 명사

- Est-il dans sa chambre? - Oui, il y est. 그는 방에 있습니까? 네, 그는 거기에 있습니다.
- Vas-tu vers le lac? Oui, j'y vais. 너는 호수 쪽으로 가니? 응 나는 거기로 가.

② à + 명사, 대명사, 부정법, 절

- Obéit-il à sa conscience? - Oui, il y obéit. 그는 양심에 복종합니까? 네, 그는 그것에 복종합니다.
- Pensez à ce que vous dites! - Pensez-y. 당신이 말하는 것을 생각하십시오. 그것을 생각하십시오.

③ 주의

- Il pense au cinéma. - Il y pense. (au cinéma를 대신하는 중성 대명사로 y가 사용됨)
- Il pense à son ami. - Il pense à lui. (à 뒤에 사람이 왔으므로 강세형인칭대명사가 사용됨)
- Il donne un livre à Paul. - Il lui donne un livre. (à 뒤에 Paul이 간접 목적 보어이므로 간접목적보어인칭 대명사 lui가 사용됨)

Entraînez-vous!

Écoutez bien et répondez aux questions en cochant (☒) la bonne réponse ou en écrivant l'information demandée.

DOCUMENT 1 CD ▸ UNITÉ4 ▸ LEÇON2 ▸ Unité4 Leçon2 Activité2 Document1.mp3

Cochez "vrai" ou "faux".

	Vrai	Faux
① Elle part en voyage avec un ami.	□	□
② Ils ne sont jamais allés en Asie.	□	□
③ Elle a visité une fois l'Asie avec son mari.	□	□
④ Ils partent en automne.	□	□

2. La cliente a-t-elle déjà voyagé en Asie avec son mari?

....

DOCUMENT 2 CD ▸ UNITÉ4 ▸ LEÇON2 ▸ Unité4 Leçon2 Activité2 Document2.mp3

1. Choisissez "vrai" ou "faux".

	Vrai	Faux
① Le responsable de l'agence de location de voitures travaille jusque minuit.	☐	☐
② Il réserve deux chambres pour l'ensemble de leur séjour.	☐	☐
③ L'hôtel Old Mansion se trouve à deux heures de Dublin.	☐	☐

2. Combien de chambres sont reservées?

....

TRANSCRIPTIONS 녹음 텍스트

Doc. 1 CD ▸ UNITÉ4 ▸ LEÇON2 ▸ Unité4 Leçon2 Activité2 Document1.mp3

A Bonjour, monsieur. Nous aimerions voyager en Asie avec mon mari. Pourriez-vous nous conseiller?

B Oui, quand souhaitez-vous partir?

A Cet automne, en septembre ou en octobre.

B Avez-vous déjà visité des pays asiatiques?

A Non, c'est la première fois que nous voyagerons sur ce continent.

B En automne, la Thailande est très appréciée de notre clientèle, le climat est agréable. Nous travaillons exclusivement avec les habitants qui proposent des chambres d'hôtes et pour les visites les agences locales sont nos partenaires.

A Très bien, nous allons réfléchir.

A 안녕하세요. 저희는 제 남편과 함께 아시아로 여행을 가고자 합니다. 저희에게 조언을 해주실 수 있나요?

B 네, 언제 떠나기를 원하십니까?

A 이번 가을에, 9월이나 10월에요.

B 예전에 아시아 나라에 가보셨나요?

A 아니요, 이 대륙으로 여행가는게 이번이 처음이에요.

B 가을에는, 태국이 저희 고객분들이 많이 좋아하세요, 기후가 참 좋죠. 저희는 숙박을 제공하는 현지인들하고만 일을 하고, 관광을 위해서는 그 지역의 지사가 저희 파트너입니다.

A 좋습니다. 생각해보겠습니다.

vocabulaires

nous aimerions + inf : 우리는 …하기를 원한다, 하고자 한다
voyager en Asie : 아시아로의 여행
conseiller : 권하다, 조언하다
souhaiter + inf : …하기를 바라다, 소망하다
cet automne : 이번 가을, 올 가을
visiter : 방문하다, 관람하다
des pays asiatiques : 아시아 국가들
c'est la première fois que + ind : ….하는 것이 처음이다
ce continent : 이 대륙
en automne : 가을에
apprécié(e) : 높이 평가되는, 호평받은
la clientèle : 손님, 고객
le climat : 기후, 풍토
agréable : 마음에 드는, 기분 좋은, 쾌적한
exclusivement : 단지, 배타적으로
les habitants : 거주자, 주민
proposer : 제안하다
la visite : 방문, 내방, 손님맞이
l'agence locale : 지사, 지역 사무소
partenaire : 파트너, 짝, 상대
réfléchir : 생각하다, 깊이 생각하다
partir en voyage : 여행을 떠나다
ne… jamais : 전혀…아니다
une fois : 한번
le mari : 남편

Doc. 2 CD ▸ UNITÉ4 ▸ LEÇON2 ▸ Unité4 Leçon2 Activité2 Document2.mp3

A Voilà les billets d'avion et ça c'est la location de la voiture.
B Merci, mais à minuit, nous allons trouver quelqu'un à l'aéroport pour la voiture?
A Oui, le responsable de l'agence. Il y reste jusqu'à deux heures du matin.
B Très bien, je voudrais réserver aussi 2 chambres d'hôtel pour les deux premières nuits.
A Vous avez l'hôtel Old Mansion, 3 étoiles, très confortable dans le centre de Dublin. Et pour le reste du séjour, vous voulez réserver?
B Non, nous allons loger chez des amis. Ils vivent dans une ferme à deux heures de Dublin.

A 여기 비행기표이구요, 이것은 자동차 렌트입니다.
B 감사합니다, 그런데 자정에, 자동차를 받기 위해 공항에서 누군가를 만날 수 있을까요?
A 네, 렌트사 책임자가 있어요. 그는 새벽 2시까지 그 곳에 있습니다.
B 좋습니다, 첫 이틀 밤을 묵을 호텔 방 두개 또한 예약을 하고 싶습니다.
A 더블린 시내 중심에 매우 편안한 별3개짜리 올드 맨션이란 호텔이 있습니다. 나머지 날들은 예약을 하실건가요?
B 아니요, 우리는 친구집에 머무를 거예요. 그들은 더블린에서 2시간정도 거리에 있는 농장에 살아요.

vocabulaires

les billets d'avion : 비행기 표
la location de la voiture : 자동차대여, 자동차 렌트
minuit : 자정
l'aéroport : 공항
le responsable : 책임자
l'agence : 사무소, 대리점
rester : 남아 있다, 남다
jusqu'à : …까지
deux heures du matin : 새벽 2시
Je voudrais + inf : …하고 싶다, …하기를 원하다
réserver : 예약하다
les deux premières nuits : 처음 이틀밤
3 étoiles : 별 3개의 호텔
confortable : 편안한, 안락한
le reste du séjour : 체류기간의 나머지 날, 기간
loger : 묵다, 숙박하다
vivre : 살다
une ferme : 농장, 농가
l'ensemble : 전체, 전부
se trouver : 있다, 존재하다

Leçon 3
Vive les vacances

✓Activité

SAVOIR 알아두기

DOCUMENT 1

감정표현

① 긍정 표현

- C'est vachement bien / superbe / magnifique / joli / (super / hyper) cool.
  기가 막히게 좋아 / 훌륭하다 / 굉장하다 / 대단하다 / (엄청나게) 쿨하다.

② 부정 표현

- C'est horrible / terrible / décevant / pénible / dégueulasse / sacré / dingue.
  끔직해 / 무시무시해 / 실망스러워 / 괴로워 / 역겨워 / 굉장해(경멸조) / 미쳤어(미친 짓이야.)

③ 의욕이나 의지가 저하됨 표현

- J'en ai assez! / J'en ai marre! / J'en ai ras-le-bol! / Je suis découragé(e) / Je n'en peux plus. 이젠 질렸어! / 지긋지긋해! / 신물이나! / 나 실망했어. / 더 이상은 못하겠다.

관광 관련 단어

les sites touristiques 관광지	l'agence de voyage 여행사
le voyage en groupe(=organisé) 단체여행	le prix forfaitaire 세트요금, 패키지 투어 가
le touriste 관광객	la brochure 안내책자
l'auberge de jeunesse 유스호스텔	le terrain de camping 야영지
la croisière 크루즈, 항해유람	la randonnée 도보 여행

기타 단어

le centre ville 중심가	le musée 박물관
le jardin public 공원	la cathédrale 대성당
le château 성	la tombe 무덤
l'opéra 오페라극장	l'église 성당, 교회
la ruine 유적	le temple 절
la tour 탑	la galerie 화랑
le zoo 동물원	l'hôtel de Ville 시청
la mairie 시청	le théâtre (연극)극장
le mémorial 기념관	la fontaine 분수

DOCUMENT 2

chez의 다양한 표현

① ~집에 : J'ai passé chez mon ami. 나는 친구 집에 들렀다.

② ~상점에 : chez le coiffeur 이발소에, chez le dentiste 치과에

③ ~나라에 : chez nous (vous) 우리나라(너희나라)에 * 문장의 문맥에 따라서 "우리 집"이란 뜻도 가능

④ ~에 있어서 : chez les Français 프랑스 사람들에게서, chez les animaux 동물들에게서

⑤ ~작품에서 : chez Camus 까뮈 작품에서, chez Justin Timberlake 저스틴 팀버레이크의 음악에서

⑥ 기타표현

- Fais comme chez toi. (Faites comme chez vous.) 편하게 있어(친구나 손님이 방문했을 때 하는 표현)
- Je suis venu(e) de chez Sophie. 나는 소피 집에서 왔어.

  * chez는 전치사임에도 불구하고 다른 전치사(de, comme)를 동반할 수 있음.

주의해야 할 형용사와 부사의 비교급 형태

	원급	비교급
형용사	bon	meilleur
	mauvais	pire (plus mauvais)
	petit	moindre (plus petit)
부사	bien	mieux
	mal	pis (plus mal)
	peu	moins
	beaucoup	plus

- Ce café est pire que le thé. 커피는 홍차보다 유해하다. (추상적)

＊ Ce café est plus mauvais que l'autre. 이 커피는 다른 것보다 맛이 나쁘다. (구체적)

- Il travaille mieux que son frère. 그는 동생보다 열심히 공부한다.

DOCUMENT 3

최상급

비교급 앞에 정관사를 붙여 최상급을 만든다. 정관사는 형용사의 성, 수에 일치시킨다. 부사인 경우는 불변이다.

우등최상급	le, la, les plus + 형용사 + de… (…중에서)
	le plus + 부사 + de
열등최상급	le, la, les moins + 형용사 + de… (…중에서)
	le moins + 부사 + de

- La rose est la plus belle des fleurs. 장미는 꽃들 중에서 가장 예쁘다.
- Il explique le moins clairement de ses amis.
  그는 그의 친구들 중에서 가장 불분명하게 설명한다.
- Ils ont les plus sérieuses difficultés. 그들은 가장 심각한 어려움을 갖고 있다.

DOCUMENT 4

manquer 동사

① 자동사로 쓰이는 경우

- "없다, 부족하다": Le temps nous manque. 우리는 시간이 없다.
  Il manque (à qn / qch) + 명사 : Il lui manque un véritable ami. 그에게는 진정한 친구가 없다.
- "결석하다, 불참하다": Cet élève manque trop souvent. 그 학생은 결석이 너무 잦다.
- "보고 싶다, 아쉽다": Ses enfants lui manquent. 그는(그 여자는) 자식들을 무척 그리워한다.

② 간접 타동사로 쓰이는 경우

- [~ de] "…이 없다, …을 갖지 않다": Il ne manque de rien. 그 애는 아무것도 부족한 것이 없다.
- [~ à qch] "저버리다": Il manque à son devoir. 그는 의무를 저버리다.
- [~ (de) + inf] "…할 뻔하다": Elle avait manqué (de) mourir. 그 여자는 죽을 뻔 했었다.

③ 타동사로 쓰이는 경우

- "실패하다, 그르치다": Il manque une photo. 사진을 잘못 찍다.
- "(기차, 버스 따위를) 놓치다, (기회 따위를) 잃다": J'ai manqué une bonne occasion. 나는 좋은 기회를 놓쳤다.

Entraînez-vous!

Écoutez bien et répondez aux questions en cochant (☒) la bonne réponse ou en écrivant l'information demandée.

DOCUMENT 1 CD ▸ UNITÉ4 ▸ LEÇON3 ▸ Unité4 Leçon3 Activité Document1.mp3

1. Où est-elle partie en vacances?

....

2. Chochez "vrai" ou "faux".

	Vrai	Faux
① Elle est partie seule et a rejoint son amie en Espagne.	☐	☐
② Elles ont visité des temples à Athènes.	☐	☐
③ Elles sont restées une semaine dans un camping avec des copains.	☐	☐

DOCUMENT 2 CD ▸ UNITÉ4 ▸ LEÇON3 ▸ Unité4 Leçon3 Activité Document2.mp3

1. Qui téléphone?

....

2. Pourquoi ne sont-ils pas allés à Jaipur?

Parce qu'..

3. Où ont-ils dormi?

☐ Dans de petits hôtels

☐ Dans des auberges de jeunesse

☐ Chez l'habitant.

DOCUMENT 3 CD ▸ UNITÉ4 ▸ LEÇON3 ▸ Unité4 Leçon3 Activité Document3.mp3

1. Combien de pays Daniel a-t-il visité?

.... pays.

2. Quel temps faisait-il là-bas?

....

3. Où veut-il repartir cet hiver?

☐ Au Venezuela	☐ En Argentine
☐ Au Chili	☐ Au Pérou

DOCUMENT 4 CD ▸ UNITÉ4 ▸ LEÇON3 ▸ Unité4 Leçon3 Activité Document4.mp3

1. Où travaille Alice pendant les vacances?

☐ Dans un théâtre

☐ Dans un camping

☐ Dans un festival

2. Est-ce qu'elle profite de la montagne?

☐ Oui ☐ Non

3. A quel âge et avec qui est-elle allée pour la première fois à Avignon?

....

TRANSCRIPTIONS 녹음 텍스트

Doc. 1 CD ▸ UNITÉ4 ▸ LEÇON3 ▸ Unité4 Leçon3 Activité Document1.mp3

A Ouah, tu es toute bronzée! Tu es partie à la mer, toi?

B Oui, j'ai passé 2 semaines en Grèce. C'était génial!

A Tu en as de la chance. Tu es partie avec qui?

B Je suis partie avec mon amie espagnole Adela. Nous sommes restées 1 semaine à Athènes. Nous sommes allées au musée archéologique et on a visité beaucoup de temples. C'était superbe.

A Et vous avez voyagé un peu dans le pays?

B La deuxième semaine on a voyagé dans le Péloponnèse et on a rejoint des copains dans un camping à Epidauretrois dans les derniers jours.

A 아, 너 엄청 구릿빛으로 그을렸다! 너 바다에 갔었어?

B 어, 나 그리스에 2주 동안 있었어. 너무 좋았어.

A 운이 좋구나. 누구랑 같이 갔었니?

B 스페인 친구 아델라와 함께 갔었어. 우리는 1주일간 아테네에 있었지. 우리는 고고학 박물관에 갔었고, 많은 사원들을 방문했었어. 정말 좋았지.

A 너희들은 다른 나라도 여행했니?

B 2번째 주에 우리는 펠로폰네소스로 여행했고, 마지막 날에 에피도르트와에서 친구들과 캠핑장에서 다시 만났지.

vocabulaires

tout(e) : 전부, 모든
bronzé(e) : 그을린
la mer : 바다
passer : (시간을)보내다
en Grèce : 그리스에(서)
génial(e) : 멋진, 훌륭한
avoir de la chance : 운이 좋다
espagnol(e) : 스페인의, 스페인 사람
rester : 머무르다, 있다
le musée archéologique : 고고학 박물관
le temple : 사원, 사찰, 절
superbe : 화려한, 멋진, 아주 좋은
le pays : 나라
la deuxième semaine : 두 번째 주
rejoindre : 다시 만나다, 합류하다
copain(copine) : 친구
dernier jour : 마지막 날
seul(e) : 혼자, 홀로
en Espagne : 스페인에(서)

Doc. 2 CD ▸ UNITÉ4 ▸ LEÇON3 ▸ Unité4 Leçon3 Activité Document2.mp3

A Allô, Joseph. C'est Zoé. Alors raconte-moi un peu tes vacances.

B Oh, le voyage s'est très bien passé. On a voyagé dans le nord de l'Inde. On a dormi chez l'habitant. C'est un pays extraordinaire, magnifique.

A Vous êtes allés à Jaipur finalement?

B Non, on a décidé de rester dans les petits villages pour rester fidèles au thème de notre reportage: la ruralité. Evelyne a réalisé des portraits superbes des gens que nous avons rencontrés. Ecoute, passe ce soir à la maison, je te raconterai mieux ce fabuleux voyage qu'au téléphone.

A Ok, je passerai après le boulot.

A 조셉. 나 조에야. 네 휴가 얘기를 좀 해봐.
B 아, 여행은 너무 좋았어. 우리는 북 인도를 여행했어. 그리고 민박집에서 잤어. 너무 멋있고, 굉장한 나라야.
A 너희는 마지막에 자이푸르에 갔었니?
B 아니, 우리는 우리 탐방기사 주제인 '시골풍'에 충실하기 위해서 작은 마을에 머무르기로 결정했었어. 에블린은 우리가 만났던 사람들의 멋진 초상화를 그렸어. 오늘 저녁에 집에 와. 내가 이 엄청난 여행을 전화보다 더 잘 얘기해줄께.
A 알았어, 일이 끝난 후에 갈게.

vocabulaires

allô : (전화상) 여보세요.
raconter : 이야기하다
se passer : 일어나다, 발생하다
le nord de l'Inde : 북 인도
dormir : 잠을 자다
chez l'habitant : 민박집에서
un pays : 나라
extraordinaire : 기이한, 멋진
magnifique : 웅장한, 매우 아름다운, 멋진
finalement ; 결국, 마침내, 최후로
décider de + inf : …하기로 결정하다, 결심하다
le village : 마을, 촌락
rester + 형용사 : …한 채로 남아있다
fidèle : 충성스러운, 충실한, 믿을 수 있는
le thème de notre reportage : 우리의 탐방기사의 주제
la ruralité : 시골풍, 농촌풍
réaliser : 실행하다, 실현하다
le portrait : 초상화
superbe : 아주 멋진, 화려한
des gens : 사람들
ce soir : 오늘 저녁
mieux : 더 잘, 더 많이
fabuleux(se) : 대대한, 멋진, 전설적인
le boulot : 일, 직업
l'auberge de jeunesse : 유스 호스텔

Doc. 3 CD ▸ UNITÉ4 ▸ LEÇON3 ▸ Unité4 Leçon3 Activité Document3.mp3

A Alors, Daniel, ton voyage? Comment ça s'est passé?
B Pas mal, mais il a fait une chaleur étouffante. Plus de 30°C.
A Tu as visité beaucoup de pays?
B Je suis parti du Venezuela et je suis descendu jusqu'à l'extrème sud du Chili. J'ai vu 5 pays.
A Ça a dû être un sacré voyage?
B Un de mes plus beaux voyages, je pense. J'ai vu des sites magnifiques et j'ai rencontré des gens formidables. D'ailleurs, je compte repartir cet hiver au Chili. Ça te dirait de voyager avec moi?

A 다니엘, 네 여행은? 어땠어?
B 나쁘지 않았어, 그런데, 너무나 더웠어. 30도가 넘었어.
A 많은 나라에 갔었니?
B 나는 베네수엘라를 출발해서 칠레의 최남단까지 내려갔었어. 다섯 나라를 돌아봤어.
A 성스러운 여행이었겠는데?
B 나의 가장 아름다운 여행 중의 하나였다고 생각해. 난 아주 웅장한 경관들을 봤고, 굉장한 사람들을 만났어. 게다가, 나는 이번 겨울에 칠레로 다시 떠날까 생각해. 나랑 함께 여행하는 거 어떻게 생각하니?

vocabulaires

Comment ça s'est passé? : 어떻게 되었니? 어땠니?
Pas mal. : 나쁘지 않다.
Il fait une chaleur étouffante.: 숨이 막히는 더위였다.
plus de + 숫자 : …이상의
descendre : 내려가다, 내리다
jusqu'à : …까지
l'extrême sud : 최남단
un sacré voyage : 성스러운 여행
un de mes plus beaux voyages : 나의 가장 아름다운 여행들중 하나
des sites magnifiques : 굉장히 멋진 경관
rencontrer : 만나다
les gens : 사람들
formidable : 굉장한, 엄청난, 놀라운
d'ailleurs : 게다가, 더구나
compter + inf : …이리라 생각하다
cet hiver : 이번 겨울, 올 겨울
au Chili : 칠레로
Ça te dirait de voyager avec moi? : 나와 함께 여행하는 것을 너는 어떻게 생각하니?
au Venezuela : 베네수엘라로
en Argentine : 아르헨티나로
au Pérou : 페루로
là-bas : 그곳에(서), 저기에(서)

Doc. 4 CD ▸ UNITÉ4 ▸ LEÇON3 ▸ Unité4 Leçon3 Activité Document2.mp3

A Bonjour, qu'aimez-vous faire en vacances?

B Bonjour, je m'appelle Alice. Je suis célibataire et étudiante. Pendant les vacances, je travaille dans un camping en Bretagne. Comme ça je profite de la mer et de la campagne. Avec des copains on part souvent dans le sud pour faire les festivals de musique, théâtre de rue, cirque. Je ne manque jamais le festival d'Avignon! La première fois que j'y suis allée, c'était avec mes parents, j'avais 5 ans.

A 안녕하세요, 당신은 방학에 무엇을 하고 싶으세요?

B 안녕하세요, 제 이름은 앨리스입니다. 저는 미혼이고 학생입니다. 휴가동안, 저는 부르따뉴 캠핑장에서 일합니다. 이렇게 함으로써 바다와 시골을 즐길 수 있습니다. 친구들과 종종 음악 축제, 길거리 공연, 써커스를 보기 위해서 남부지방으로 떠납니다. 저는 아비뇽 축제를 놓친 적이 없어요! 처음에 제가 그곳에 갔던 것은 부모님과 함께였고, 제가 5살 때입니다.

vocabulaires

célibataire : 미혼의
pendant : 동안
un camping : 캠핑, 야영, 캠핑장
en Bretagne : 부르따뉴에서
profiter de : …을 이용하다
la mer : 바다
la campagne : 시골, 농촌
un copain : 친구
les festivals de musique : 음악 축제
le théâtre de rue : 길거리 연극, 공연
le cirque : 써커스
manquer : …이 부족하다, 없다
ne…jamais : 결코 …않다, 한번도 …않다
la première fois : 처음
un camping : 캠핑, 야영, 캠핑장
la montagne : 산

Leçon 4

Le bulletin météo

✓ Activité

SAVOIR 알아두기

DOCUMENT 1/2/3

날씨 표현

① Il fait beau / mauvais / bon / doux / chaud / froid / frais / sec / clair / sombre / lourd.
날씨가 화창하다 / 나쁘다 / 좋다 / 따뜻하다 / 덥다 / 춥다 / 신선하다 / 건조하다 / 날이 밝다 / 날이 어둡다 / 후덥지근하다.

② Il fait du vent / du soleil / du brouillard / de la pluie / des nuages.
바람이 불다 / 햇볕이 난다 / 안개가 낀다 / 비가 내린다 / 구름이 낀다.

③ Il fait jour / nuit. 날이 밝아오다 / 저물다.

④ Il y a de l'orage / des éclairs / un vent affreux / du soleil / des nuages / du brouillard. 소나기가 오다 / 번개가 친다 / 바람이 무섭게 분다 / 햇볕이 난다 / 구름이 낀다 / 안개가 낀다.

⑤ Il vente. / Il neige. / Il gèle. / Il pleut. / Il bruine.
바람이 분다 / 눈이 온다 / 얼음이 언다 / 비가 온다 / 가랑비가 온다.

⑥ Le temps est humide / sec / couvert. 날씨가 눅눅하다 / 건조하다 / 날씨가 흐리다.

기타 날씨 설명

- C'est un déluge. 홍수가 났다.
- C'est une averse. 소나기다.
- Il tombe des cordes! 장대 같은 비가 내린다.

- Le temps se met au beau. 날씨가 좋아진다.
- Il y a des éclaircies. 날이 갠다.
- Le ciel se dégage. 하늘이 갠다.
- Le ciel se couvre. 하늘이 흐려진다.
- Le temps se met à la pluie. 비가 오기 시작한다.
- La pluie a cessé. 비가 그쳤다.

기온 표현

- Il fait 24 (degrés). 24도이다.
- Il fait 4 (degrés) au dessous de zéro. 영하 10도이다.
- Il fait moins 10 (degrés). 마이너스 10도이다.
- Les températures montent. / remontent. / sont en hausse. 기온이 상승한다.
- Les températures baissent. / descendent. / sont en baisse. 기온이 내려간다.

바람 표현

- Il fait du vent. 바람이 분다.
- Le vent souffle faiblement / fort / violemment. 바람이 약하게 / 강하게 / 거세게 불다.
- Le vent souffle du nord à l'est. 바람이 북쪽에서 동쪽으로 불다.

Entraînez-vous!

Écoutez bien et répondez aux questions en cochant (☒) la bonne réponse ou en écrivant l'information demandée.

DOCUMENT 1 CD ▸ UNITÉ4 ▸ LEÇON4 ▸ Unité4 Leçon4 Activité Document1.mp3

1. Cette prévision météo est :

☐ régionale. ☐ nationale. ☐ internationale.

2. Demain, les températures seront :

☐ en hausse. ☐ en baisse. ☐ On ne sait pas.

3. L'heure du lever du soleil est 05h 43.

☐ Vrai ☐ Faux ☐ On ne sait pas.

DOCUMENT 2 CD ▸ UNITÉ4 ▸ LEÇON4 ▸ Unité4 Leçon4 Activité Document2.mp3

1. Ce bulletin météo annonce :

☐ le beau temps. ☐ la neige. ☐ la pluie.

2. Choisissez "vrai" ou "faux".

	Vrai	Faux
① Il y aura des nuages sur tout le pays l'après-midi.	☐	☐
② Le matin le temps sera nuageux dans le sud.	☐	☐
③ Les nuages arriveront par l'est.	☐	☐

DOCUMENT 3 CD ▸ UNITÉ4 ▸ LEÇON4 ▸ Unité4 Leçon4 Activité Document3.mp3

Choissisez "Vrai" ou "faux".

	Vrai	Faux
① Il donne la météo de toute la France.	☐	☐
② Il ne fait pas beau sur le nord.	☐	☐
③ A l'ouest il ne faut pas oublier son parapluie.	☐	☐
④ Il va neiger cette nuit dans l'est.	☐	☐
⑤ Il n'y a pas de neige sur les Aples.	☐	☐
⑥ Dans le sud le temps n'est pas beau.	☐	☐
⑦ Dans le sud il fait moins 12 degrés ce matin.	☐	☐
⑧ Cet après-midi il va faire 7 degrés.	☐	☐
⑨ Dans le sud la journée va être belle.	☐	☐

TRANSCRIPTIONS 녹음 텍스트

Doc. 1 CD ▸ UNITÉ4 ▸ LEÇON4 ▸ Unité4 Leçon4 Activité Document1.mp3

8h 10 sur Radio France. Aujourd'hui, le jeudi 5 mars, la météo annonce du beau temps sur l'ensemble du pays. Demain, il y aura un changement de temps : des nuages couvriront d'abord la Côte d'Azur et donneront des pluies sur tout le pays. Les températures seront en baisse de 2 à 3 degrés.
Heure du lever du soleil : 05h 43. Heure du coucher du soleil : 17h 41.

8시 10분 라디오 프랑스입니다. 3월 5일 목요일 오늘 기상청은 전국이 맑겠다고 내다봤습니다. 내일은 날씨 변화가 있겠습니다. 구름이 코트다쥐르 연안만을 뒤덮다가, 전국에 비를 뿌릴 것입니다. 기온은 2-3도 낮아지겠습니다.
일출 시간 : 05시 43분
일몰 시간 : 17시 41분

vocabulaires

la météo : 기상예보
annoncer : 알리다, 예고하다
le beau temps : 맑은 날씨, 좋은 날씨
l'ensemble du pays : 전국
un changement de temps : 기상 변화, 날씨 변화
le nuage : 눈
couvrir : 덮다, 뒤덮다
la Côte d'Azur : 코드 다쥐르(프랑스 지중해 연안)
donner des pluies : 비를 뿌리다
tout le pays : 전국
en baisse : 하락중인
le lever du soleil : 일출
le coucher du soleil : 일몰
régionale : 지역의
nationale : 전국의
internationale : 국제의
la température : 온도
en hausse : 상승중인
en baisse : 하락중인

Doc. 2 CD ▸ UNITÉ4 ▸ LEÇON4 ▸ Unité4 Leçon4 Activité Document2.mp3

Le beau temps est fini. Demain les nuages arriveront par l'ouest. Le matin le temps sera couvert du milieu de la France jusque dans le Nord et les nuages couvriront tout le pays dans l'après-midi. Le temps sera humide et les températures resteront fraîches pour la saison. Préparez vos parapluies!

맑은 날씨는 끝이 났습니다. 내일은 서쪽지방에 구름이 몰려오겠습니다. 오전에는 프랑스 중부에서 북부 지방까지 날씨가 흐릴 것이고, 구름은 오후에 전국적으로 끼겠습니다. 날씨가 습할 것이고 기온은 계절에 비해 서늘할 것입니다. 우산을 준비하세요!

vocabulaires

le beau temps : 맑은 날씨
finir : 끝나다
les nuages : 구름
arriver : 도달하다, 도착하다
par l'ouest : 서쪽에, 서쪽으로
le temps : 날씨
couvert(e) de : …으로 덮인
le milieu de : …의 중간에, 중앙에
jusque : …까지
le Nord : 북쪽
couvrir ; 덮다, 가리다, 뒤덮다
tout le pays : 전국
humide : 습한, 습기찬

la température : 온도
rester + 형용사 : …한 채로 남아있다, 여전히 …하다
frais(fraîche) : 시원한, 서늘한
la saison : 계절
préparer : 준비하다
le parapluie : 우산
le bulletin météo : 기상예보
annoncer : 알리다, 예고하다
la neige : 눈
la pluie : 비
le sud : 남쪽
nuageux : 구름이 낀, 흐린

Doc. 3 CD ▸ UNITÉ4 ▸ LEÇON4 ▸ Unité4 Leçon4 Activité Document3.mp3

Le journaliste: 8h 30, c'est l'heure de notre bulletin météo. Il fait gris sur tout le nord de la France et la région parisienne. Il y a beaucoup de nuages sur cette partie du pays et il va y avoir des orages cet après-midi. Sur la partie ouest, il pleut ce matin et il va faire mauvais toute la journée, alors n'oubliez pas votre parapluie. Il a neigé cette nuit dans l'est et sur les Alpes, donc ce week-end vous allez trouver une belle neige sur ces montagnes. Et enfin dans le sud il y a du vent, donc il n'y a pas de nuage. Il fait très beau. Mais attention, il fait froid, moins 2° ce matin. La température va monter un peu cet après-midi, il va faire 7° et il va y avoir du soleil toute la journée.

기자 : 지금은 8시30분 일기예보 시간입니다. 수도권과 프랑스 북부 전체는 날씨가 흐리고 구름이 많이 끼겠습니다. 그리고 오후에 소나기가 내리겠습니다. 서쪽지방에는 오늘 아침 비가 내리고 있으며 하루 종일 날씨가 좋지 않을 것입니다. 그러니 우선을 잊지 마세요. 동쪽지방과 알프스산맥 지역에서는 밤에 눈이 내려 이번 주말에는 산맥 위에 쌓인 아름다운 눈을 볼 수 있을 것입니다. 끝으로 남쪽지방은 바람이 불고 구름 한 점 없이 아주 좋은 날씨입니다. 그러나 주의하세요. 오늘 아침 영상 2도로 추운 날씨입니다. 기온은 오후에 조금 올라 영상 7도가 될 것이고 하루 종일 맑겠습니다.

vocabulaires

le bulletin météo : 일기예보, 기상통보
la région : 지방, 지역
Il y a beaucoup de nuages : 구름이 많이 꼈다.
la partie : 부분, 일부
des orages : 천둥치는 심한 비바람, 뇌우
cet après-midi : 오늘 오후
toute la journée : 하루 종일
oublier : 잊다
le parapluie : 우산
les Alpes : 알프스 산맥
la neige : 눈
le vent :바람
le nuage : 구름
l'attention : 조심, 주의
moins : 더 적게, 덜
la température : 기후, 온도
monter : 오르다, 올라가다

Unité V

Se loger

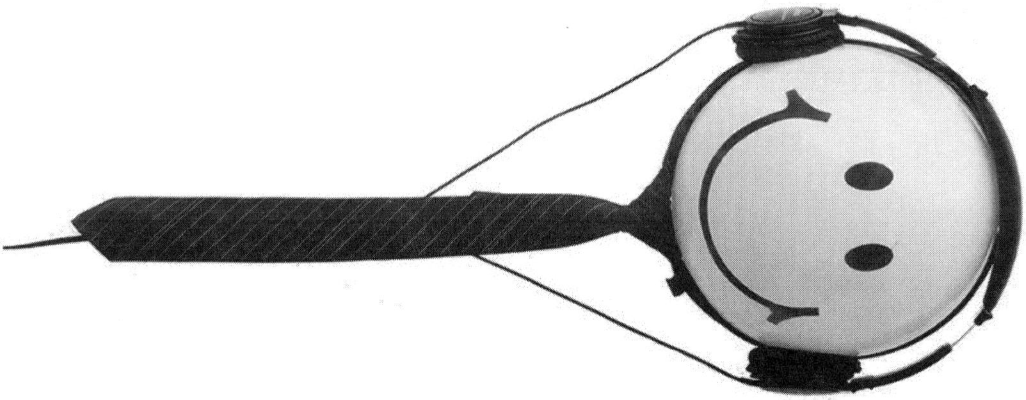

Leçon 1

A l'agence immobilière

✓Activité 1

SAVOIR 알아두기

DOCUMENT 1

위치 표현

① en ville / au centre-ville / en banlieue 도시에 / 중심가에 / 교외에

② dans un quartier calme / dans un village 조용한 동네에 / 작은 마을에

③ à la mer / à la campagne / à la montagne 바다에, 시골에, 산에

주택 내부 관련 단어

l'ascenseur 엘리베이터	le balcon 발코니	la cave 지하창고
la chambre 방	la cheminée 벽난로, 굴뚝	la cuisine 부엌
l'entrée 현관	l'escalier 계단	le garage 차고
le grenier 다락방	le placard 벽장	la salle à manger 식당
la slle de bain 욕실	les toilettes (=WC)화장실	l'interphone 인터폰

la kitchenette (스탠드바 식) 간이 부엌	le parking privé 전용 주차장
la salle de bain (de douche) 욕실 (샤워실)	le salon = la salle de séjour 거실
le chauffage 난방	le chauffage central 중앙난방
le chauffage électrique 전기난방	le chauffage individuel au gaz 가스 개인난방
la chaudière 보일러	le chauffe-eau 온수기
l'ascenseur 엘리베이터	l'escalier 계단

DOCUMENT 2

변화하는 지시대명사

	남성단수	여성단수	남성복수	여성복수
단순형	celui	celle	ceux	celles
복합형	celui-ci celui-là	celle-ci celle-là	ceux-ci ceux-là	celles-ci celles-là

① 앞에서 언급한 명사 대신 쓰이며, 명사의 중복을 피한다. 관계대명사나 전치사 앞에서만 사용된다.

- Donne-moi celui qui est sur la table (un livre)! 책상 위에 있는 것을 나한테 줘!
- Voici ma place et celle de Sophie. 여기에 내 자리와 소피의 자리가 있다.

② 지시대명사 복합형은 한정보어 없이 단독으로 사용되며, 가깝고 먼 것을 지시할 때나 전자 또는 후자의 의미로 사용할 수 있다.

- Paul et Jean parlent bien coréen. Celui-ci est américain et celui-là est français.
  폴과 쟝은 한국말을 잘한다. 후자는 미국인이고, 전자는 프랑스인이다.

DOCUMENT 3

가구명

l'armoire 옷장	la bibliothèque 책장	la canapé (다인용) 안락의자
le fauteuil (1인용)소파	la chaise 의자	le lit 침대
la commode 서랍장	une étagère 선반	le placard 붙박이장
la table 탁자	un bureau 책상	la table de nuit 머리맡 탁자

가전제품

l'aspirateur 청소기	le téléviseur 텔레비전
le lecteur de DVD DVD 플레이어	le magnétoscope 비디오플레이어
la photo numérique 디카	le baladeur MP3 엠피3

le radio-réveil 알람 라디오	le fer (=～ à repasser électrique) 다리미
la souris 마우스	l'ordinateur (=l'ordi) 컴퓨터
l'ordinateur portable (=le portable) 노트북	l'imprimante 프린터기
le téléphone portable / mobile 핸드폰 (=le portable/le mobile)	
le téléphone sans fil 무선전화기	le casque 헤드폰
le ventilateur 선풍기	le climatiseur 에어콘
le réfrigérateur (=frigo) 냉장고	le congélateur 냉동고
la cuisinière (à gaz) 가스레인지	le micro-ondes 전자레인지
la lave-vaisselle 식기세척기	la sèche-linge (빨래) 건조기
la lave-linge (=la machine à laver) 세탁기	le grille-pain 토스트기

주택 묘사 형용사

- grand(e) / petit(e) 큰 / 작은
- calme / bruyant(e) 조용한 / 시끄러운
- clair(e) / sombre 밝은 / 어두운
- moderne / ancien 현대식의/오래된
- propore / sale 깨끗한 / 더러운
- meublé(e) / vide (전세 집에 침대·옷장 등의 기본) 가구가 갖추어진 / 가구가 없는
- agréable / confortable 쾌적한, 편안한

기타 주택 관련 단어

- un studio (방 하나로 된) 단칸 아파트
- un appartement → un F1 : une pièce + une cuisine, une salle de bains, des toilettes un F2, un F3 ···
- une pièce (방 · 거실 등 독립공간을 지칭) 방
- la maison individuelle sans étage 단층 주택
- une agence immobilière 부동산 중개소
- un agent immobilier (부동산)직원
- un mètre carré 평방미터
- les charges 관리비
- charges comprises 관리비 포함
- le locataire 세입자
- la caution 보증금

Entraînez-vous!

Écoutez bien et répondez aux questions en cochant (☒) la bonne réponse ou en écrivant l'information demandée.

DOCUMENT 1 CD ▸ UNITÉ5 ▸ LEÇON1 ▸ Unité5 Leçon1 Activité1 Document1.mp3

1. Anne et Jean sont :

☐ amis. ☐ voisins. ☐ collègues dans la société.

2. Jean habite en ce moment :

☐ avec son amie. ☐ avec ses parents. ☐ seul.

3. L'appartement de Jean est composé de :

☐ une chambre, un salon et une cuisine.

☐ trois chambres, un salon et une cuisine.

☐ deux chambres, deux salons et une cuisine.

4. Jean propose à Anne de :

☐ travailler à Paris.

☐ chercher un autre appartement.

☐ visiter la chambre.

DOCUMENT 2 CD ▸ UNITÉ5 ▸ LEÇON1 ▸ Unité5 Leçon1 Activité1 Document2.mp3

1. Cochez "vrai" ou "faux".

	Vrai	Faux
① Le studio mesure 37 mètres carré.	☐	☐
② Il y a deux studios à louer dans la rue de Jessieu.	☐	☐
③ Il y a peu de demandes de studios en ce moment.	☐	☐

2. A quelle heure se fait la visite des studios?

…………………………………………………….

3. La caution est de :

☐ 600 euros. ☐ 800 euros. ☐ 900 euros.

DOCUMENT 3 CD ▸ UNITÉ5 ▸ LEÇON1 ▸ Unité5 Leçon1 Activité1 Document3.mp3

1. Que cherche le jeune garçon?

☐ L'hôtel ☐ La chambre ☐ L'hôpital ☐ La bibliothèque

2. Qu'est-ce qu'il n'y a pas dans la chambre?

☐ La chaise ☐ La table ☐ Le rideau ☐ Le placard

3. La chambre est :

☐ grande. ☐ sombre. ☐ propre. ☐ calme.

4. Le loyer est à :

☐ 650 euros. ☐ 670 euros. ☐ 680 euros.

TRANSCRIPTIONS 녹음 텍스트

Doc. 1 CD ▸ UNITÉ5 ▸ LEÇON1 ▸ Unité5 Leçon1 Activité1 Document1.mp3

A Tiens, Anne! Ça fait longtemps qu'on ne s'est pas vu.

B Salut, Jean. J'ai travaillé à Paris pendant les vacances. Je suis en ce moment chez mes parents, situé à 10 km d'ici. Mais je cherche un logement près de la faculté.

A Tu cherches quel logement?

B Une chambre vide.

A Ça tombe bien. Je partage un appartement avec une amie. Il y a trois chambres, un salon et une cuisine. Mais une chambre est actuellement libre. L'appartement est à 5 min à pied de la fac.

B On partagera donc en trois le loyer, l'électricité et le gaz, n'est-ce pas?

A Oui, c'est ça. Si tu es libre après le dernier cours, on peut aller la voir.

A 어이, 안나! 우리 못 본지 꽤 오래됐지.

B 안녕, 쟝. 난 방학동안 빠리에서 일을 했어. 지금은 여기서 10킬로 떨어진 곳에 있는 부모님 집에 기거하고 있고. 대학 근처에 위치한 집을 알아보고 있는 중이야.

A 어떤 집을 찾고 있는데?

B 방 하나.

A 그거 잘 됐네. 난 여자 친구와 함께 아파트를 공동으로 사용하고 있어. 방이 세 개, 거실 하나 그리고 부엌이 있지. 현재 방 하나가 비어있어. 아파트는 대학에서 걸어서 5분 거리에 있어.

B 그러면 세 명이 집 월세와 전기와 가스 요금을 공동 부담하는 건가?

A 그래, 그렇지. 네가 마지막 강의 끝나고 시간이 있으면, 방을 보러 갈 수 있어.

vocabulaires

Ça fait longtemps que + ind : …한지 오랫만이다
se voir : 서로 보다, 만나다
en ce moment : 지금, 현재
situé(e) : 위치한
un logement : 거주, 주거, 숙소
près de : …의 근처에, 가까이에
la faculté : 학부, 단과대학
vide : 빈, 비어있는
Ça tombe bien. : 잘됐다.
partager qch avec qn : …와 …를 나누다, 분배하다
un salon : 거실
actuellement : 현재, 지금
libre : (자리가) 비어있는, 틈이 있는, 자유로운, 독립한
à pied : 걸어서, 도보로
partagera qch en trois : 세 개로 나누다, 분배하다
le loyer : 집세, 임대료
l'électricité : 전기, 전력
le dernier cours : 마지막 강의
aller + inf : (이동동사) …하러 가다
voisin(e) : 이웃
collègue : 동료, 친구
la société : 사회
seul(e) : 혼자, 홀로
composé(e) de : …로 구성되어 있는
propose à qn de + inf : …에게…하도록 제안하다
visiter : 방문하다

Doc. 2 CD ▸ UNITÉ5 ▸ LEÇON1 ▸ Unité5 Leçon1 Activité1 Document2.mp3

A Bonjour, monsieur. J'ai vu une annonce qui m'intéresse. C'est le studio de 35 mètres carré dans la rue de Jessieu.

B Alors dans cette rue, nous avons deux studios à louer, celui de 35m^2 et un autre plus petit mais qui vient d'être complètement refait.

A Est-ce qu'il est possible de les visiter demain?

B Tout à fait, demain à 14 heures. Je fais une visite des studios. Si vous êtes intéressée, apportez tous les documents nécessaires et le chèque de caution car il y a beaucoup de demandes en ce moment.

A La caution, c'est combien?

B 2 mois de loyer sans les charges, c'est-à-dire 800 euros.

A Très bien, à demain monsieur.

A 안녕하세요. 흥미로운 광고 하나를 봤어요. 그것은 쥬시외 거리에 있는 35미터 꺄레의 스튜디오입니다.

B 그 길에는, 2개의 임대 스튜디오가 있어요, 35미터 꺄레의 것과, 다른 하나는 좀 더 작은 거예요. 하지만 최근에 완전히 새로 보수했어요.

A 내일 그 곳들을 볼 수 있을까요?

B: 그럼요, 내일 14시에요. 제가 스튜디오들을 방문해요. 만약 관심이 있으시면, 필요한 모든 서류와 보증금 수표를 가져 오세요. 왜냐하면 현재 수요가 많아요.

A: 보증금은 얼마인가요?

B: 관리비 없이 2달치 집세에요, 즉 800유로입니다.

A: 좋습니다. 내일 뵙겠습니다.

vocabulaires

une annonce : 광고문
s'intéresser : 관심을 갖다
la rue : 길
35 mètres carré : 35미터 꺄레
deux studios à louer : 2개의 임대 스튜디오
celui(celle) de : …의 것,…한 것
plus… que : …보다 …더 …한
venir de + inf : (근접과거) 방금 …하다
complètement : 완전히, 전부, 철저하게
refait(e): 보수한
il est possible de + inf : …하는 것은 가능하다
faire une visite : 방문하다
apporter : 가져오다, 지참하다
le document nécessaire : 필요한 서류
le chèque de caution : 보증금에 대한 수표
car : 왜냐하면
la demande : 요구, 요청
en ce moment : 지금, 현재
la caution : 보증금
deux mois de loyer : 2달치 집세
sans : …없이
le charge : 관리비
mesurer : (길이, 넓이, 양) …이다
se faire : 만들어지다, 형성되다, …하게 되다, …보이게 하다

Doc. 3 CD ▸ UNITÉ5 ▸ LEÇON1 ▸ Unité5 Leçon1 Activité1 Document3.mp3

A Je suis bien chez Madame Leblanc?
B Oui, vous désirez?
A Avez-vous encore une petite chambre à louer?
B Oui. Entrez donc…Voici la chambre. Elle n'est pas grande, mais claire et propre. Il y a un lit, un tapis, une armoire, une étagère… Il y a aussi un lavabo.
A En effet, elle est assez propre. Et j'aime la grande armoire. Il n'y a pas de placard?
B Non, pas de placard.
A Bon, j'achète une petite commode. Y a-t-il beaucoup d'étudiants dans l'immeuble?
B Non, il n'y a pas beaucoup de jeunes ici. L'immeuble est assez calme.
A Très bien. Je préfère ça. Alors, le loyer?
B 650 euros.
A Euh… La chambre est bien, mais elle est un peu chère. j'ai besoin de réfléchir.
B Réfléchissez bien. La chambre est agréable. Et le quartier est très calme, près de l'université.

A 르블랑 부인 집이 맞나요?
B 네, 무엇을 원하시죠?
A 세 놓은 작은 방 하나가 아직 있나요?
B 네, 들어오세요… 여기가 방입니다. 크지는 않지만 밝고 깨끗합니다. 침대 하나가 있고, 양탄자, 장롱, 선반이 있어요… 세면대도 있고요.
A 정말이지, 방은 깨끗하군요. 저는 큰 장롱이 좋습니다. 벽장은 없나요?
B 벽장은 없습니다.
A 좋아요, 제가 작은 서랍장 하나 사지요. 건물 안에 학생들이 많이 있나요?
B 아니오, 여기에 젊은이들은 별로 없어요. 조용한 건물이랍니다.
A 아주 좋아요. 저는 그 편이 더 좋아요. 집세는 얼마죠?
B 650유로예요.
A 아… 방은 좋지만 조금 비싸네요. 조금만 더 생각해봐야겠습니다.
B 잘 생각해보세요. 방은 쾌적하답니다. 대학 근처의 아주 조용한 동네이고요.

vocabulaires

Vous désirez? : 무엇을 원하세요? (무엇을 도와드릴까요?)
une chambre à louer : 세놓은 방
clair(e) : 밝은
propre : 깨끗한
un tapis : 양탄자
une armoire : 장롱
une étagère : 선반
un lavabo : 세면대
en effet : 사실
le bureau : 책상
l'immeuble : 건물
les jeunes : 젊은 사람들
calme : 조용한
le loyer : 집세
avoir besoin de + inf : …이 필요하다
réfléchir : 곰곰이 생각하다

✓Activité 2

SAVOIR 알아두기

DOCUMENT 1

sans + 명사 / inf : …없이, …없는, …하지 않는다면(조건), …함이 없이

① sans + 명사 / 대명사

- Il boit son café sans sucre. 그는 설탕 없이 커피를 마신다.
- Sans toi, j'étais mort(e). 네가 없었더라면, 나는 죽었을 것이다.

② sans + inf : 부정법이 올 때는 주절의 주어와 부정법의 주어가 동일 할 때 사용한다.

- Il est parti sans dire un mot. 그는 한마디 말도 없이 떠났다.

③ 기타 표현

- sans arrêt 멈추지 않고
- sans rien faire 아무 것도 하지 않고
- sans faute 틀림없이
- sans quoi 그렇지 않으면
- sans appel 결정적으로

DOCUMENT 2

다양한 장소 부사

① à droite 오른쪽에 / à gauche 왼쪽에

② en arrière 뒤로 / en avant 앞으로 / en bas 아래로 / en haut 위로

③ ici 여기에(서) / là 저기에(서) / là-bas 저기에(서)

④ dedans 안에, 안으로 / dehors 밖에, 밖으로

⑤ arrière 뒤에 / avant 앞에

⑥ ailleurs 다른 곳에(서) / autour 주위에 / contre 향하여 / partout 도처에

⑦ loin de ~의 멀리에 / près de ~의 가까이에 / en face de …의 맞은편에

- Continuez tout droit et tournez à droite. 똑바로 계속 가서 오른쪽으로 도십시오.
- Il y a une pharmacie en face de la station de métro. 지하철 역 맞은편에 약국이 있다.

주의해야할 의문문 형태

주어가 1인칭 단수일 경우 ai-je, dis-je, dois-je, puis-je, suis-je, vais-je? 등은 단순도치로 물어볼 수 있지만 다른 동사들과 함께 쓰인 경우에는 est-ce que를 사용해서 질문한다. * je peux의 도치는 항상 puis-je를 사용한다.

- Est-ce que je pars? 내가 떠나는 걸까?
- Est-ce que je sors? 내가 외출하는 걸까?

Entraînez-vous!

Écoutez bien et répondez aux questions en cochant (☒) la bonne réponse ou en écrivant l'information demandée.

DOCUMENT 1 CD ▸ UNITÉ5 ▸ LEÇON1 ▸ Unité5 Leçon1 Activité2 Document1.mp3

1. A quel étage se situe l'appartement?

....

2. Cochez "vrai" ou "faux".

	Vrai	Faux
① Il n'y a pas d'ascenseur.	☐	☐
② Il est disponible à partir du 1er janvier.	☐	☐
③ Ils peuvent visiter l'appartement le lendemain.	☐	☐

DOCUMENT 2 CD ▸ UNITÉ5 ▸ LEÇON1 ▸ Unité5 Leçon1 Activité2 Document2.mp3

1. Cochez “vrai” ou “faux”.

	Vrai	Faux
① Ils cherchent un appartement avec terrasse.	☐	☐
② Ils préfèrent un quartier calme.	☐	☐
③ Il y a des garages à louer.	☐	☐

2. Combien de chambres y a-t-il?

....

3. Quel jour a lieu le marché?

....

TRANSCRIPTIONS 녹음 텍스트

Doc. 1 CD ▸ UNITÉ5 ▸ LEÇON1 ▸ Unité5 Leçon1 Activité2 Document1.mp3

A Bonjour, nous cherchons un grand appartement à louer.
B En centre-ville?
A Oui, de préférence mais dans un quartier calme.
B En ce moment, il y a un F5 dans la rue de Wazemmes. L'appartement se situe au 3ème étage sans ascenseur, il est très lumineux et très spacieux. Il est disponible à partir du 1er février.
A Et le loyer, c'est combien?
B Le loyer, c'est 1300 euros sans les charges.
A Très bien. Quand pouvons-nous le visiter?
B Je vais vous donner un rendez-vous pour la semaine prochaine.

A 안녕하세요. 저희는 큰 임대 아파트를 찾고 있습니다.
B 중심가에서요?
A 네, 되도록이면요. 하지만, 조용한 구역으로요.
B 현재 와젬므 거리에 F5가 있습니다. 아파트는 3층이고 엘리베이터가 없어요. 햇빛이 잘 들고 매우 넓습니다. 2월 1일부터 입주 가능하구요.
A 집세는 얼마죠?
B 집세는 관리비 없이 1,300유로 입니다.
A 좋습니다. 언제 방문해 볼 수 있죠?
B 첫째 주로 약속을 잡아드리겠습니다.

vocabulaires

un grand appartement à louer : 세놓을 큰 아파트
le centre-ville : 중심가
de préférence : 되도록이면, 특히
un quartier calme : 조용한 구역, 동네
en ce moment : 지금, 현재
se situer : 있다, 위치하다
l'etage : 층
sans : …없이
l'ascenseur : 엘리베이터
lumineux(se) : 빛이 잘 드는, 밝은
spacieux(se) : 넓은, 넓직한
disponible : 사용할 수 있는, 입주 가능한
à partir de : …부터
le loyer : 집세
le charge : 관리비
visiter : 방문하다
donner un rendez-vous : 약속을 잡아주다
le lendemain : 다음날

Doc. 2 CD ▸ UNITÉ5 ▸ LEÇON1 ▸ Unité5 Leçon1 Activité2 Document2.mp3

A Bonjour, que puis-je pour vous?
B Nous cherchons une maison à louer avec jardin ou terrasse dans un quartier sympa près de la rivière. Nous aimerions vivre dans un quartier animé avec des boutiques ou près d'un marché.
A J'ai quelque chose qui doit correspondre à vos attentes. C'est une petite maison qui se situe entre la place Cézanne et la rue Saint-Pierre. C'est un quartier très animé et il y a un marché tous les mercredis sur la petite place Cézanne.
B Combien de chambres y a-t-il?
A Il y a 2 chambres à l'étage.
B Est-ce que c'est facile de se garer dans cette rue?
A Ce n'est pas évident mais il y a des garages à louer dans le quartier.
B Peut-on le visiter très prochainement?

A 안녕하세요, 무엇을 도와드릴까요?
B 저희는 강 근처에 있는 좋은 동네에 정원이나 테라스가 있는 집을 찾고 있습니다. 근처에 상점과 시장이 있는 활기찬 동네가 좋아요.
A 당신의 기대에 맞는 집이 하나 있습니다. 그것은 세잔 광장과 생 삐에드 길 사이에 위치한 작은 집이에요. 굉장히 활기찬 구역이고 작은 세잔광장에서 매주 수요일마다 시장이 열려요.
B 방은 몇 개가 있나요?
A 한 층에 2개의 방이 있어요.
B 그 거리에 주차하는 것은 쉬운가요?
A 그것은 확실하지는 않지만 그 구역에 임대할 수 있는 주차장이 있어요.
B 조만간 방문할 수 있나요?

vocabulaires

Que puis-je pour vous? : 무엇을 도와드릴까요?
une maison à louer : 임대할 수 있는 집
le jardin : 정원
un quartier sympa : 좋은 동네
près de : …옆에, 근처에
la rivière : 강
nous aimerions + inf : 우리는 …하고 싶다
vivre : 살다
animé(e) : 활기찬, 생기있는, 활발한
un marché : 시장
à côté : 옆에, 근처에
quelque chose : 무엇인가, 어떤 것(일)
correspondre à : …에 일치하다, 부합하다
l'attente : 기대, 예상, 기다림
C'est … qui : (강조용법) …한 것은 바로…이다
se situer : 있다, 위치하다
entre … et : …와 …사이에
la place : 장소, 곳
tous les mercredis : 매주 수요일
c'est facile de + inf : …하는 것은 쉽다, 용이하다
se garer : 주차하다
évident(e) : 명백한, 확실한
le garage à louer: 임대가능한 주차장
prochainement : 머지않아, 곧
préférer : 더 좋아하다, 선호하다
avoir lieu : 열리다

Leçon 2
S'instaler

✓ Activité

SAVOIR 알아두기

DOCUMENT 1

불규칙 최상급을 갖는 형용사, 부사

	원급	최상급
형용사	bon	le(la, les) meuilleur(e, (es))
	mauvais	le(la, les) pire(s) le(la, les) plus mauvais(e, (es))
	petit	le (la, les) moindre(s) le, (la, les) plus petit(e, (es))
부사	bien mal peu beaucoup	le mieux le pis (le plus mal) le moins le plus

- Le désespoir est le pire de tous les maux. 절망은 모든 불행 중 가장 나쁜 것이다.
- Louise est la meilleure amie de ma soeur. 루이즈는 내 누나의 제일 친한 친구다.

관계대명사 dont

선행사로 de + 명사를 취한다.

① 명사의 보어

- Il y a <u>une maison dont</u> le toit est bleu. (=le toit de cette maison est bleu.)
  지붕이 파란 집이 한 채 있다.

- Ce monsieur, dont je connais les enfants, habite New York. 내가 그 자녀를 알고 있는 이 신사는 뉴욕에 산다.

② 동사의 보어

- C'est une maison dont je te parle. (parler de + 명사) 이것이 내가 너에게 말한 집이다.
- C'est un livre dont je me souviens très bien. (se sourenir de + 명사) 이것은 내가 아주 잘 기억하는 책이다.

③ 형용사의 보어

- Voilà l'élève dont je suis content. (content de l'élève) 저기 내가 만족해하고 있는 학생이 있다.

④ 주의

de를 동반한 전치사구에서는 de + 명사를 dont으로 대신할 수 없기 때문에 선행사에 따라 복합형, duquel, de laquelle, desquels, desquelles을 사용한다.

- Le parc près duquel j'habite est magnifique. 내가 사는 근처에 있는 공원은 멋지다.

DOCUMENT 2

apprendre의 다양한 표현

① 배우다, 습득하다

- ~ qch avec qn : J'ai appris l'anglais avec un professeur anglais. 나는 영국인 선생님으로부터 영어를 배웠다.
- ~ qch dans qch : Avez-vous appris cela dans un livre? 당신을 그것을 책에서 배웠습니까?
- ~ à + inf : Il apprend à lire. 그는 읽기를 배운다.
- ~ + 간접의문절: J'ai appris comment nager. 나는 어떻게 수영하는지를 배웠다.

② (배워서, 들어서, 읽어서) 알다

- ~ qch de qn : Il l'a appris de son père. 그는 그것을 그의 아버지에게서 들었다.
- ~ (de / par qn) que + ind : J'ai appris que vous étiez rentré de voyage. 나는 당신이 여행에서 돌아왔다는 소식을 들었다.
- ~ (de / par qn) + inf : J'ai appris de la concierge avoir oublié la clef chez elle. 나는 관리인으로부터 내가 그녀의 집에 열쇠를 두고 왔음을 알았다.

③ 가르치다

- ~qch à qn : Il apprend la grammaire aux élèves. 그는 학생들에게 문법을 가르친다.
- ~à qn à + inf : Elle apprend à un enfant à lire. 그녀는 어린 아이에게 읽는 것을 가르친다.

④ 알려주다

- ~qch à qn : Il m'a appris la mort de son père. 그는 내게 자기 아버지의 사망소식을 알려 왔다.
- ~à qn que + ind : Je viens vous apprendre qu'il est arrivé. 그가 도착했다는 것을 당신에게 알리러 왔습니다.
- ~à qn + inf : Je lui ai appris avoir vendu ma voiture. 나는 그에게 내 차를 팔았음을 알려 주었다.

Entraînez-vous!

Écoutez bien et répondez aux questions en cochant (☒) la bonne réponse ou en écrivant l'information demandée.

DOCUMENT 1 CD ▸ UNITÉ5 ▸ LEÇON2 ▸ Unité5 Leçon2 Activité Document1.mp3

1. Où se trouve la petite ville de Raymond?

☐ à la compagne. ☐ dans la banlieue de Paris.

☐ au village. ☐ au centre ville.

2. Combien y a-t-il de membres à la dernière réunion de la famille?

☐ plus de trente ☐ moins de trente

☐ plus de quarante ☐ moins de quarante

3. Choisissez "vrai" ou "faux".

	Vrai	Faux
1. La maison est verte.	☐	☐
2. Son père a fait bâtir la maison.	☐	☐
3. Les parents vont à Paris avec les enfants.	☐	☐
4. Pierre va au lycée de jeunes filles.	☐	☐

DOCUMENT 2 CD ▸ UNITÉ5 ▸ LEÇON2 ▸ Unité5 Leçon2 Activité Document2.mp3

1. Les personnes parlent :

☐ de la maison de leurs parents. ☐ de la famille. ☐ de leur logement à Paris.

2. Dans quel arrondissement vivent-ils?

Ils vivent ______________________.

3. Sang Su vit :

☐ en colocation avec des amis coréens.

☐ dans un petit studio.

☐ dans une petite maison avec un jardin.

TRANSCRIPTIONS 녹음 텍스트

Doc. 1 CD ▸ UNITÉ5 ▸ LEÇON2 ▸ Unité5 Leçon2 Activité Document1.mp3

J'habite la petite ville de Raymond dans la banlieue de Paris. Ma famille possède une grande maison blanche. C'est mon grand-père qui a fait bâtir cette maison. Elle a deux étages et un jardin avec beaucoup d'arbres. Il y en a une trentaine dont le plus vieux est un chêne qui a plus de cent ans. Ma famille est très grande. A la dernière réunion de famille, il y avait plus de trente membres. Mon frère, Pierre va au lycée de garçons et Cécile, ma soeur, au lycée de jeunes filles. Le lycée de Pierre est une des meilleures écoles de France. Pierre n'y est pas le meilleur mais il n'est pas non plus le pire. Ma famille va très souvent à Paris. Mon père y va plus souvent que les autres puisqu'il y travaille. Le plus souvent, nous y allons avec nos parents. Si vous nous demandez quelle est la plus belle ville du monde, nous répondrons certainement que c'est Paris.

나는 파리 근교 레이몽이라는 작은 도시에 산다. 나의 가족은 큰 하얀 집을 가지고 있다. 나의 할아버지가 이 집을 짓게 했다. 많은 나무들이 어우러진, 정원이 있는 3층 집이다. 30여 그루가 있는데 그중에 가장 오래된 나무는 100년 이상이 된 참나무이다. 우리는 대가족이다. 근래에 있었던 가족모임에 30명 이상이 모였다. 나의 형 삐에르는 남자 고등학교에 다니고 나의 여동생 세실은 여자 고등학교에 다닌다. 삐에르가 다니는 고등학교는 프랑스의 가장 좋은 학교 중의 하나이다. 삐에르는 가장 뛰어난 학생은 아니지만 그렇다고 가장 저조한 학생도 아니다. 나의 자족은 자주 빠리에 간다. 나의 아버지는 빠리에서 일을 하기 때문에 다른 가족보다 더 자주 가신다. 만약 우리에게 이 세상에서 가장 아름다운 도시가 어디냐고 묻는다면, 빠리라고 분명하게 대답할 것이다.

vocabulaires

la banlieue : 교외, 시외, 근교
posséder : 소유하다, 점유하다
faire + inf : ~하게하다, ~시키다
bâtir : 세우다, 건축하다
une trentaine : 약 30
un chêne : 떡갈나무, 참나무
plus de + 숫자 : ~이상의
la réunion : 모임, 집회
le meilleur : 최고의, 최상의
non plus : ~도 ~아니다
le pire : 최악의
plus··· que : ~보다 더 ~하다
le plus souvent : 더 자주 (빈도의 수)
demander : 요구하다, 부탁하다,
répondre : 대답하다, 회답하다
certainement : 확실히, 틀림없이

Doc. 2 CD ▸ UNITÉ5 ▸ LEÇON2 ▸ Unité5 Leçon2 Activité Document2.mp3

A Salut Sang-Su! Où habites-tu maintenant? Claire m'a appris que tu avais déménagé.
B J'habite au 135 boulevard Michelet dans le 15ème arrondissement. Je loue une petite maison avec un jardin. C'est très agréable en été. Et toi tu vis où?
A Moi aussi, j'habite dans le quinzième. Je vis en colocation avec des étudiants coréens. j'aime beaucoup ce quartier, c'est tranquille.

A 안녕 상수야! 너는 지금 어디에 살아? 끌레흐가 너 이사했다고 말해줬어.
B 나는 15구에 미슐레 거리 135번지에 살아. 정원이 있는 작은 집을 임대했어. 여름에는 너무나 예뻐. 너는 어디에 사니?
A 나도 15구에 살아. 한국 학생들과 같이 살아. 나는 이 구가 너무 좋아, 조용해.

vocabulaires

maintenant : 지금, 현재
apprendre : 배우다, 터득하다, 알다
déménager : 이사하다
l'arrondissement : (프랑스 시의) 구
louer : 임대하다, 세들다
agréable : 좋은,기분좋은, 유쾌한, 쾌적한
en été : 여름에
vivre : 살다
quinzième : 15의
être en colocation : 공동으로 세들다
le quartier : 동네, 구역
tranquille : 조용한

Unité VI

Vivre au quotidien

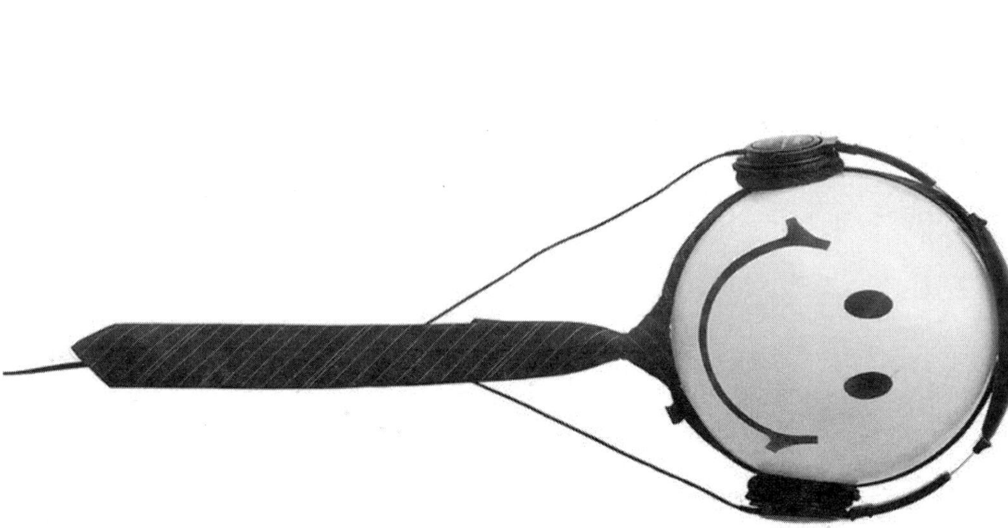

Leçon 1

La vie culturelle

✓Activité 1

SAVOIR 알아두기

DOCUMENT 1

trouver + 명사 + 형용사 : ~를 ~하다고 생각하다

- Je trouve le film + drôle / génial / pas mal / intéressant / nul / émouvant.
  나는 그 영화가 재미있다고 / 멋지다고 / 괜찮다고 / 흥미롭다고 / 시시하다고 / 감동적이라고 생각한다.

영화 종류

Quel genre préfères-tu? 어떤 종류의 영화를 선호하니?

- Je préfère les films de science fiction / les films d'aventure / les films d'action / les films d'amour / les films d'espionage. 난 S.F영화 / 모험영화 / 액션영화/애정영화/스파이 영화를 좋아해.
- Je préfère les films policiers / les films érotiques / les films d'horreur / les comédies / les drames / les dessins animés. 나는 / 스파이영화 / 형사영화 / 에로영화 / 공포영화 / 코미디영화 / 드라마 / 만화를 좋아해.

DOCUMENT 2

관심 / 흥미 표현

① A quoi tu t'intérresses? 넌 무엇에 관심이 있니?

- Je m'intéresse au cinéma. 나는 영화에 관심이 있어.
- Je suis intéressé(e) par le cinéma. 나는 영화에 흥미를 느껴.
- Le cinéma, ça m'intéresse. 나는 영화에 흥미가 있어.

② Tu aimes le cinéma? 너 영화를 좋아하니?

- Non, le cinéma ne me dit pas grand chose. 아니, 난 영화는 별로야.
- Oui, j'apprécie. 그래, 난 영화를 즐겨봐.

③ Est-ce que tu préfères les films d'Hollywood aux films français? 넌 프랑스 영화보다 헐리우드 영화를 더 좋아하니?

- Non, pas tellement. 아니, 그렇게 좋아하지는 않아.

④ Ça me tente. 나는 이것에 흥미있어.

- Ça m'attire. 이것에 끌려.
- Ça me plaît. 이것이 좋아.
- Ça m'intéresse. 이것에 흥미가 있어.

⑤ 기타 표현

- Avec qui Lelouch tourne-t-il comme acteurs? 르뤼쉬는 어떤 배우들과 영화를 찍었지?
- Avec Jean-Paul Belmondo et Anouk Aimée. 장뽈 벨몽도와 아눅 깨메하고 찍었지요.

DOCUMENT 4

전치사 sur : être sur… "~에 연결되어 있다, 접속되어 있다"

- Vous êtes sur le répondeur de Nicolas. 당신은 현재 니콜라의 자동응답기에 연결되어 있습니다.
- Vous êtes sur le messagerie de n° 06 88 10 53 39. 당신은 06 88 10 53 39번의 음성사서함에 연결되어 있습니다.

Entraînez-vous!

Écoutez bien et répondez aux questions en cochant (☒) la bonne réponse ou en écrivant l'information demandée.

DOCUMENT 1 CD ▸ UNITÉ6 ▸ LEÇON1 ▸ Unité6 Leçon1 Activité1 Document1.mp3

1. Qu'est-ce qu'elles ont fait après les cours?

Elles sont d'abord allées (....) Et ensuite (....
.)

2. Quel est le titre du film que Joëlle et Margo sont allées voir?

....

3. Comment Joëlle a-t-elle trouvé le film?

☐ Ennuyeux ☐ Extraordinaire ☐ Peu intéressant

DOCUMENT 2 CD ▸ UNITÉ6 ▸ LEÇON1 ▸ Unité6 Leçon1 Activité1 Document2.mp3

1. Pourquoi ne peuvent-ils pas aller au cinéma?

☐ Le cinéma est en travaux.

☐ Le film ne passe plus.

☐ Elle trouve que cette idée est banale.

2. Ce soir ils vont :

☐ au cinéma. ☐ au théâtre. ☐ à l'opéra. ☐ au concert.

3. Que feront-ils après le spectacle?

....

DOCUMENT 3 CD ▸ UNITÉ6 ▸ LEÇON1 ▸ Unité6 Leçon1 Activité1 Document3.mp3

1. Cochez "vrai" ou "faux".

	Vrai	Faux
① Le film se termine à 13h 50.	☐	☐
② La place de cinéma coûte 7 euros.	☐	☐
③ Si on est chômeur, la place de cinéma coûte moins chère.	☐	☐

2. Quel film va-t-il voir :

☐ le film russe. ☐ le film coréen. ☐ le film argentin.

3. Combien paie-t-il pour les deux places?

☐ 7,50 euros ☐ 12,20 euros ☐ 13,20 euros

DOCUMENT 4

CD ▸ UNITÉ6 ▸ LEÇON1 ▸ Unité6 Leçon1 Activité1 Document4.mp3

1. Vous voulez connaître la liste des films actuels dans les salles. Sur quelle touche appuyez-vous?

☐ La touche 1 ☐ La touche 2 ☐ La touche 3

2. Vous voulez réserver deux places. Sur quelle touche appuyez-vous?

☐ La touche 1 ☐ La touche 2 ☐ La touche 3

DOCUMENT 5

CD ▸ UNITÉ6 ▸ LEÇON1 ▸ Unité6 Leçon1 Activité1 Document5.mp3

1. Vous appelez pour connaître les horaires :

☐ des émissions de radio.

☐ d'une salle de concert.

☐ d'un théâtre.

☐ des films.

2. Quel film peut-on voir le samedi à 15h?

☐ Huit et demi ☐ Coffee and cigarettes ☐ A ma sœur

TRANSCRIPTIONS 녹음 텍스트

Doc. 1 CD ▸ UNITÉ6 ▸ LEÇON1 ▸ Unité6 Leçon1 Activité1 Document1.mp3

A Allô, salut Joëlle. C'est Daniel. Je t'ai appelée hier soir. Tu étais sortie?
B Oui, après les cours, je suis allée au cinéma avec Margo, à la séance de 18h 10. Après on a dîné dans un restaurant coréen. Je suis rentrée vers 22h 30.
A Qu'est-ce que vous êtes allées voir?
B "Bienvenue chez les Ch'tis".
A C'est de qui?
B Dany BOON. C'est une comédie française qui vient de sortir.
A C'était bien?
B Margo ne l'a pas du tout aimé mais moi, je l'ai trouvé extraordinaire.

A 여보세요, 안녕 조엘. 나 다니엘. 어제 너에게 전화 했었어. 너 어제 외출했었니?
B 응, 수업 끝나고 마르고와 6시 10에 상영하는 영화 보러 갔었어. 그런 다음, 한국 식당에서 저녁을 먹었지. 집에는 저녁 10시 30에 귀가했어.
A 뭘 보러 갔었는데?
B 비엥베뉴 쉐 레 티스(슈티의 집).
A 어떤 감독의 영화인데?
B 대니붐. 최근에 개봉된 프랑스 코메디 영화야.
A 괜찮았어?
B 마르고는 그 영화를 전혀 좋아하지 않았는데, 나는 그 영화가 매우 재미있었어.

vocabulaires

allô : (전화상) 여보세요
sortir : 나가다, 외출하다
le cours : 수업, 강의
la séance : 상영, 상영시간
rentrer : 돌아오다, 들어오다
vers + 시간 : 약, 대략..시에
aller + inf :이동동사 …하러 가다
C'est de qui? : 누구의 것인가?
la guerre coréenne : 한국 전쟁
venir de + inf : (근접과거) 막 …하다
sortir : 출간되다, 발매되다, 개봉하다
ne… pas du tout : 전혀 …않다
trouver + qch + 형용사: …를 …하다고 생각하다
extraordinaire : 예외적인
d'abord : 우선, 먼저
ensuite : 그리고 나서, 이후에
le titre du film : 영화제목
trouver : 찾다, (라고)생각하다
ennuyeux(se) : 지루한
peu intéressant(e) : 흥미롭지 않은

Doc. 2 CD ▸ UNITÉ6 ▸ LEÇON1 ▸ Unité6 Leçon1 Activité1 Document2.mp3

A Ce soir on va sortir pour fêter notre rencontre. Tu veux aller au théâtre ou au cinéma?

B Le théâtre, ça me plaît toujours mais demain, j'y vais avec des amis et le cinéma c'est un peu banal. Tu ne trouves pas?

A Ça dépend de quel film on voit et de dans quel cinéma on va. Moi j'aimerais beaucoup retourner voir un film au Max Linder!

B C'est une excellente idée. Hélas, en ce moment il y a des travaux de rénovation et le cinéma est fermé pendant 1 mois! Ce soir, je t'invite au théâtre des Bouffes du Nord, Il y a une création musicale de Pierre Henry.

A Ouah génial et après on pourrait aller dîner en amoureux au bord de la Seine.

B OK. Tu t'occupes de la réservation du resto pour ce soir? Moi, il faut que je file à la Fac!

A A ce soir, je viendrai te chercher en voiture.

A 오늘 저녁에 우리의 만남을 축하하기 위해 외출할꺼야. 연극을 볼래 영화를 볼래?

B 연극 보는 것은 항상 좋지만 내일 친구들과 함께 영화 보러가. 그리고 영화는 좀 평범해. 너는 그렇게 생각하지 않니?

A 어떤 영화를 보느냐에 따라 다르고 어떤 극장에 가느냐에 따라 다르지. 나는 막스 린더에서 상영하는 영화를 보러 가고 싶어.

B 정말 좋은 생각이야. 아, 지금 개축 공사 중이고 극장은 한 달 동안 문을 닫는구나! 오늘 저녁은 내가 너를 부프 뒤 노르의 연극에 초대할께. 삐에르 앙리의 음악작품 초연이 있어.

A 아 좋아. 그리고 연극 본 후에 세느 강가에서 저녁식사 하러 갈까 하는데.

B 좋아. 오늘 저녁 네가 레스토랑을 예약할래? 나는 수업 들으러 가야해!

A 저녁에 봐, 내가 차로 데리러 갈께.

vocabulaires

ce soir : 오늘 저녁
fêter : 축하하다
la rencontre : 만남
Ça me plaît. : 나를 만족시킨다, 나를 기분좋게 한다.
banal(e) : 평범한, 진부한
trouver : 찾다, 발견하다,(라고) 생각하다
dépendre : …에 달려있다
retourner + inf : …하러 되돌아가다
excellent(e) : 훌륭한
une idée : 생각
Hélas : 아!..유감이군!
en ce moment ; 지금, 현재
des travaux de rénovation : 개축공사, 개조공사
inviter qn à : …를 …에 초대하다
une création musicale : 음악작품의 초연
génial(e) : 훌륭한, 멋진
aller + inf : (이동동사) …하러 가다
en amoureux : 사랑으로, 애정이 있는
au bord de : …의 가, 가장자리, 기슭
s'occuper de + qch : …을 돌보다, 관심을 두다, 걱정하다
la réservation : 예약
il faut que + sub : …해야 한다
filer : 떠나다, 가다
la Fac : 단과대학, 학부
venir + inf : …하러 오다
en voiture : 차로, 자동차로
ne… plus : 더 이상…않다
passer ; 지나가다, 상연하다, 공연하다
Il trouve que + ind : 그는 …라고 생각한다
le spectacle : 공연

Doc. 3 CD ▸ UNITÉ6 ▸ LEÇON1 ▸ Unité6 Leçon1 Activité1 Document3.mp3

A Bonjour, une place pour "Rome plutôt que Vous" à 13h 50, s'il vous plaît.
B Désolée, c'est la fête du cinéma, alors il n'y a plus de places pour ce film. Toutes les places sont vendues.
A Oh non! Quel film y a-t-il à 13h 50?
B Il reste des places pour le film coréen de Lee Chang Dong et le film russe de Sokourov.
A Bien, alors deux places pour le film coréen, le film de Sokourov, je l'ai vu hier.
B Oui, vous êtes étudiants ou chômeurs.
A Moi, j'ai une carte d'étudiant.
B Alors, 7 euros tarif normal et 6,20 euros tarif étudiant, ça fait 13 euros 20.
A Voici.

A 안녕하세요, 13시 50분의 'Rome plutôt que Vous' 한 자리 주세요.
B 죄송합니다, 영화축제라 이 영화는 자리가 더 이상 없어요, 모든 자리가 다 판매되었어요.
A 아 이런! 13시 50분에는 어떤 영화가 있나요?
B 이창동의 한국 영화가 남아있습니다.
A 좋아요. 그럼, 한국 영화로 두 자리주세요, 소쿠로브의 영화는 어제 봤어요.
B 네, 학생인가요 실업중이신가요?
A 저는 학생증이 있어요.
B 그럼, 일반가격 7유로와 학생가격 6,20유로이고, 전부 13유로 20생팀입니다.
A 여기 있습니다.

vocabulaires

une place : 자리, 좌석
désolé(e) : 애석한, 유감스러운, 미안한
la fête du cinéma : 영화 축제
ne··· plus : 더 이상 ···않다
vendu(e) : 팔린, 판매된
Il reste : 있다, 남아있다
russe : 러시아의, 러시아인
coréen(ne) : 한국의, 한국인
chômeur(se) : 실업자, 실업중인, 실직중인
une carte d'étudiant : 학생증
le tarif normal : 일반 가격
le tarif étudiant : 학생 가격
se terminer : 끝나다, 종료하다
coûter : 값이 ···이다
moins : 덜
cher(ère) : 비싼
argentin(e) : 아르헨티나의, 아르헨티나인

Doc. 4 CD ▸ UNITÉ6 ▸ LEÇON1 ▸ Unité6 Leçon1 Activité1 Document4.mp3

Le cinéma Lido, bonjour. Cette ligne est l'accueil d'information vocale. Pour connaître la liste des films actuellement à l'affiche, tapez 3. Pour obtenir l'information sur les prochains films, tapez 1. Si vous souhaitez réserver vos places, tapez 2. Vous pouvez également obtenir des renseignements sur notre site : www.CG.fr. Merci et à bientôt.

안녕하세요, 리도 영화관입니다. 이 전화는 자동음성 안내 서비스입니다. 현재 상영중인 영화들을 알고 싶으면 3번 버튼을 누르세요. 개봉 예정인 영화에 대한 정보를 원하시면 1번 버튼을 누르세요. 좌석을 예매하시려면 2번 버튼을 누르세요. 영화 정보는 www.CG.fr 에서도 확인하실 수 있습니다. 감사합니다. 또 이용해 주세요.

vocabulaires

l'accueil d'information vocale : 자동음성안내 서비스
connaître : 알다
la liste des films : 상영중인 영화목록
actuellement : 현재, 지금
l'affiche : (공연,상연)프로그램, 게시문
taper : 누르다, 두드리다
obtenir : 얻다
prochain(e) : 다음의, 다음번의
souhaiter + inf : …하기를 바라다
réserver : 예약하다
la place : 좌석, 자리
également : 똑같이, 마찬가지로
le renseignement : 정보, 자료
appuyer sur : 누르다
l'enregistrement : 녹음, 취입
l'expression : 표현
écrire : 쓰다

Doc. 5 CD ▸ UNITÉ6 ▸ LEÇON1 ▸ Unité6 Leçon1 Activité1 Document5.mp3

Bonjour, vous êtes sur le serveur vocal du cinéma "Les Variétés". Voici les horaires des films tous les jours à 18h et 20h 30: "Huit et demi" de Federico Fellini. Lundi, mardi et vendredi à 15h 45 "Coffee and cigarettes" de Jim Jarmush. Mercredi, jeudi et samedi à 15h "A ma sœur!" de Catherine Breillat.

안녕하세요, 여러분은 레 바리에떼 극장 음성 서비스에 연결되셨습니다. 영화시간표를 알려 드리겠습니다: 18시와 20시 30분에 페데리꼬 펠리니의 "8과 1/2", 월요일, 화요일 그리고 금요일 15시 45분에는 짐 자르뮈슈의 "커피와 담배" 수요일, 목요일 토요일 15시에는 카트린느 브레일라의 "나의 여동생에게!"가 상영됩니다.

vocabulaires

le serveur vocal : 음성 서비스
les horaires des films : 영화 상영시간
tous les jours : 매일
connaître : 알다
une émission de radio : 라디오 방송
une salle de concert : 콘서트홀, 음악회 연주홀
un théâtre : 연극

✓Activité 2

SAVOIR 알아두기

DOCUMENT 1

종속접속사 및 접속사구

① 목적절을 유도하는 종속접속사 : que, si

- Je ne sais pas qu'il est arrivé. 나는 그가 도착했는지를 알지 못한다.
- Elle me demande si je suis libre ce soir. 그녀는 나에게 오늘 저녁 시간이 있는지 묻는다.

② 목적절을 이끄는 종속접속사구 : (접속법을 이끈다.) pourque, afin que

- Je vais porter le radio chez le marchant pourqu'il la répare. 나는 라디오를 수리하기 위해 상점에 가져간다.
- Nous ne buvons pas d'alcool afin que nous travaillions pendant la nuit. 우리는 밤에 공부를 하기 위해서 술을 마시지 않는다.

③ 원인 또는 이유의 절을 이끄는 종속접속사 : comme, puisque, parce que

- Comme il n'était pas là, je suis retourné. 그가 없었기 때문에 나는 돌아왔다.
- Vous êtes heureux, puisque vous avez gagné un loto. 당신은 복권에 당첨되어 기뻐합니다.
- Elle est méchante, parce qu'elle est malheureuse. 그녀는 심술궂은데, 왜냐하면 그녀는 불행하기 때문이다.

④ 조건이나 가정절을 이끄는 종속접속사 : si

- S'il fait beau, j'irai vous voir. 내일 날씨가 좋으면 당신을 보러 가겠다.

⑤ 양보 또는 대립의 절을 이끄는 종속접속사 : bien que, tandis que

- Vous reculez, tandis qu'il faudrait avancer. 당신은 전진해야하는데, 후퇴를 한다.
- On ne peut pas compter sur elle, bien qu'elle l'ait promis. 그녀가 그것을 약속하기는 했지만 그녀를 믿을 수는 없다.

⑥ 시간의 의미를 갖는 종속접속사 : quand, lorsque, comme, dès que, après que, pendant que 등

- Je suis retourné à la maison quand j'avais fini mon travail. 나는 일을 마쳤을 때 집으로 돌아갔다.

- Je suis arrivée comme elle est sortie. 나는 그녀가 나갈 때 도착했다.
- Nous avons commencé à dîner lorsque le film est fini. 영화가 끝났을 때 우리는 저녁식사를 했다.

부사 tout

부사로 '매우, 완전히'라는 뜻으로 쓰이며 원칙적으로는 불변이지만 자음이나 유음 h로 시작하는 여성형용사 앞에서는 변화한다. 명사, 형용사, 부사, 동사를 수식한다.

- Le ciel est tout gris. 하늘이 온통 회색빛이다.
- Ces filles sont toutes honteuses. 이 소녀들은 모두 수줍어한다.

DOCUMENT 2

미술 관련 단어

la peinture 회화	le portrait 초상화	la sculpture 조각
la peinture à l'huile 유화	la peinture à l'eau 수채화	la peinture abstraite 추상화
la peinture figurative 구상화	la peinture murale 벽화	le tableau 그림
la statue 동상	La photo 사진	la copie 모조(품)
l'original 원작 원본		

DOCUMENT 3

음악과 악기 종류

① 음악 종류

Quelle musique tu aimes? 어떤 음악을 좋아하니?

- J'aime la musique contemporaine / la musique classique / la musique folkorique / le jazz / le rock / la pop / le rap. 난 현대음악 / 고전음악 / 민속음악 / 재즈 / 록 / 팝 / 랩을 좋아한다.

② 악기 종류

Quel instrument sais-tu jouer? 어떤 악기를 연주할 줄 아니?

- Je sais jouer de l'orgue / de l'accordéon/de la flûte / du saxophone / de la trompette

/ de la guitare classique / de la guitare acoustique / de la guitare électrique / du violon / du violoncelle / de la batterie / de la contrebasse. 나는 오르간 / 아코디언 / 플룻 / 색소폰 / 트럼 / 클래식기타 / 어쿠스틱 기타/전기기타/바이올린/첼로/드럼/콘트라베이스를 연주할 줄 알아.

③ 기타

- Tu sais qulle chanson est la plus connue? / la plus à la mode? 너는 어떤 노래가 가장 유명한지 아니? / 유행하는지 아니?

영화와 음악회에 쓰이는 단어

① le film 영화

- le rôle principal 주연
- le rôle secondaire 차역
- la vedette 스타
- metteur en scène 연출자
- la version originale sous-titrée 자막을 넣은 원어판 영화
- le film en version française 프랑스어버젼 영화
- le grand écran 대화면, 와이드 스크린

② le concert 음악회

- la répétition: (연극, 음악의) 리허설
- le chef d'orchestre 지휘자
- le compositeur 작곡가
- le mélomane 음악 애호가

Entraînez-vous!

Écoutez bien et répondez aux questions en cochant (☒) la bonne réponse ou en écrivant l'information demandée.

DOCUMENT 1 CD ▸ UNITÉ6 ▸ LEÇON1 ▸ Unité6 Leçon1 Activité2 Document1.mp3

1. L'appartement de Julien se compose de :

☐ 2 chambres et un salon.

☐ une chambre, un salon et un bureau.

☐ une chambre, un atelier et un salon.

2. Julien habite :

☐ seul. ☐ avec des amis. ☐ avec Satoko.

3. Julien habite dans l'appartement depuis :

☐ trois mois. ☐ quatre mois. ☐ cinq mois.

4. Dans deux semaines que va-t-il organiser?

....

DOCUMENT 2 CD ▸ UNITÉ6 ▸ LEÇON1 ▸ Unité6 Leçon1 Activité2 Document2.mp3

1. Quel est le thème de l'exposition en cours?

☐ La gravure sur bois ☐ La peinture moderne ☐ Les estampes françaises

2. Jusqu'à quand peut-on voir l'exposition?

Jusqu'au ....

DOCUMENT 3 CD ▸ UNITÉ6 ▸ LEÇON1 ▸ Unité6 Leçon1 Activité2 Document3.mp3

1. Cochez les cases correspondantes si les expressions suivantes ont été employées.

☐ Je veux t'inviter au restaurant ce soir.

☐ Je préfère aller au concert.

☐ Je la trouve nulle.

☐ Passer un moment agréable.

☐ Je n'aime pas beaucoup.

☐ J'aime beaucoup la comédie musicale.

☐ On pourrait aller dîner.

2. Quelle affiche correspond au sujet de la conversation de deux personnes?

☐ La vie en rose ☐ Le concert de Céline Dion

☐ Notre Dame de Paris

TRANSCRIPTIONS 녹음 텍스트

Doc. 1 CD ▸ UNITÉ6 ▸ LEÇON1 ▸ Unité6 Leçon1 Activité2 Document1.mp3

A Tiens Julien! Ça fait longtemps qu'on s'est pas vu. Tu habites dans le quartier?

B Oui, avec Satoko, on a trouvé un super appartement tout près d'ici, il y a trois mois. Un deux-pièces avec un grand salon, une chambre très lumineuse et surtout un atelier pour Satoko. Tu sais bien qu'elle est peintre.

A Oui. C'est très bien pour elle. Maintenant, tu habites tout près de chez moi! Alors, quand est-ce que tu me montres ton appartement? Et puis j'aimerais beaucoup voir ce que peint Satoko. Sa dernière expo à la galerie Monvert m'avait vraiment beaucoup plu.

B Une amie qui travaille dans l'édition lui a acheté une toile. Sa peinture a beaucoup de succès! Ecoute, on pense organiser une grande fête dans deux semaines pour la pendaison de crémaillère, tu viendras?

A Oui avec plaisir!

A 줄리앙! 우리가 못 본지 오래되었네. 너 이 동네에 사니?

B 응, 사토코와 함께, 3달 전에 여기서 정말 가까운 곳에 멋진 아파트를 찾았어. 큰 거실과 2개의 방이 있고, 방은 정말 해가 잘 들고, 특히 사토코가 쓰는 아뜰리에가 그래. 너는 그녀가 화가라는 것을 알고 있지.

A 응, 그녀에게 아주 잘 된 일이네. 이제, 너는 우리 집에서 아주 가까운 곳에 사는구나! 언제 너의 아파트를 나에게 보여줄거야? 그리고, 사토코가 그린 그림도 정말 보고 싶어. 몽베르 갤러리에서의 지난 전시가 정말 맘에 들었었어.

B 출판업에 일하는 친구 하나가 그녀의 그림 한 점을 샀어. 그녀의 그림은 정말 성공했어! 우리는 2주 후에 집들이를 위한 파티를 열 생각인데, 너 올꺼지?

A 응, 기꺼이!

vocabulaires

le quartier : 구역, 구획
tout près de : …에서 매우 가까운
la pièce : 방
un grand salon : 큰 거실
lumineux(se) : 빛이 잘 드는, 밝은
surtout : 특히
peindre : 그림을 그리다
montrer : 보여주다, 보이다
j'aimerais + inf : 나는 …하고 싶다
dernier(ère) : 마지막의, 지난, 최근의
l'expo : 전시
vraiment : 정말로
plaire à qn : …의 마음에 들다
l'édition : 출판, 발행, 출판업
une toile : 그림, 캔버스
la peinture : 그림 그리기, 미술, 그림
le succès : 성공
organiser : 기획하다, 구상하다, 준비하다
une fête : 축제, 파티
dans + 시간 : …후에
la semaine : 주
le pendaison de crémaillère : 집들이를 하다
se composer de : …으로 이루어지다, 구성되다
seul(e) : 홀로, 혼자

Doc. 2 CD ▸ UNITÉ6 ▸ LEÇON1 ▸ Unité6 Leçon1 Activité2 Document2.mp3

A J'ai vu qu'il y avait une exposition d'estampes françaises mais je ne sais pas où ça se trouve. Pouvez-vous me renseigner?

B L'exposition a eu lieu à la Galerie Enviedart mais elle s'est terminée la semaine dernière. Par contre, depuis hier il y a une très belle exposition sur la gravure sur bois. Vous pouvez y aller jusqu'au 8 mai.

A D'accord. Et pour aller à la Galerie Enviedart, comment dois-je faire?

B C'est très simple, je vais vous expliquer.

A 프랑스 판화전시회가 열렸던 것을 보았는데, 그것이 어디에서 열리는지를 모르겠어요. 저한테 알려주실 수 있나요?

B 그 전시회는 앙비다르 화랑에서 열렸는데, 하지만 그것은 지난주에 끝났어요. 어제부터 목판화에 대한 아주 좋은 전시회가 있어요. 5월 8일까지 전시회가 열립니다.

A 좋습니다. 앙비다르 화랑에 가려면, 어떻게 가야하죠?

B 굉장히 쉬워요. 제가 설명해 드릴께요.

vocabulaires

une exposition d'estampes : 판화 전시회
se trouver : 있다, 위치하다
se renseigner : 문의하다, 알아보다
avoir lieu : 열리다, 개최되다
la gallerie : 화랑, (예술품의) 진열실
se terminer : 끝이 나다, 종료되다
la semaine dernière : 지난 주
par contre : 반대로
depuis hier : 어제부터
la gravure sur bois : 목판화
jusqu'à : …까지
Comment dois-je faire? : 제가 어떻게 해야 합니까?
C'est très simple. : 그것은 매우 쉽다, 간단하다.
expliquer : 설명하다
le thème de l'exposition : 전시의 주제, 테마
en cours : 진행중의, 현행의
la peinture moderne : 현대 미술

Doc. 3 CD ▸ UNITÉ6 ▸ LEÇON1 ▸ Unité6 Leçon1 Activité2 Document3.mp3

A Allô, Julie? C'est papa. Pour ton anniversaire, je veux t'inviter au restaurant ce soir. Tu es d'accord?

B Oui, pourquoi pas··· mais je préfère aller au concert. Il y a le concert de Céline Dion. Je la trouve très géniale!

A Mais j'aimerais passer un moment agréable entre père et fille. Le bon film français "La vie en rose" vient de sortir au cinéma Gaumont.

B Bof! Je n'aime pas beaucoup.

A Ah, bon··· Et une comédie musicale? Il y a "Notre Dame de Paris".

B Tu sais bien que je déteste la comédie musicale.

A Bon, c'est ton anniversaire. On va au concert.

A 여보세요, 줄리니? 아빠다. 네 생일이라서, 오늘 저녁 레스토랑에 너를 초대하고 싶구나. 그렇게 할래?

B 네, 좋아요···, 하지만 저는 음악 공연에 가는 것이 더 좋아요. 셀린 디옹의 공연이 열리거든요. 나는 그녀가 매우 대단하다고 생각해요!

A 그런데 나는 부녀지간에 오붓한 시간을 보내고 싶은데. "라 비앙 로즈"란 훌륭한 프랑스 영화가 고몽 영화관에서 막 상연을 시작했단다.

B 별로 좋아하지 않아요.

A 아 그러니··· 그러면 뮤지컬은 어떠니? "빠리의 노트르담"의 공연이 있거든.

B 제가 뮤지컬을 무척 싫어하는 걸 잘 아시잖아요.

A 좋아, 네 생일이지. 음악공연에 가자꾸나.

vocabulaires

l'anniversaire : 생일, 기념일
inviter qn au restaurant : ···를 식사초대하다, 식당에 초대하다
ce soir : 오늘 저녁
Pourquoi pas : 왜 아니겠어, 왜 안되겠어.
préférer + inf : ···하는 것을 더 좋아하다, 선호하다
le concert : 음악회, 콘서트
trouver qch + 형용사 : ···를 ···하다고 생각하다
génial(e) : 훌륭한, 멋진
j'aimerais + inf : 나는 ···하고 싶다
passer un moment agréable : 즐거운 시간을 보내다
entre A et B : A와 B사이에
le fils : 아들
venir de + inf : (근접과거) 막 ···하다, 방금 ···하다
sortir : 나가다, 외출하다
Bof! : 어휴, 어이구!
une comédie musicale : 뮤지컬
savoir que + ind : ···하는 것을 알다
détester : 싫어하다
l'affiche : 상연, 공연프로그램, 포스터, 게시문
correspondre à : ···에 상응하다, 일치하다, 부합하다
le sujet de : ···의 주제
la conversation : 대화

Leçon 2

Au club de sport

✓ Activité

SAVOIR 알아두기

DOCUMENT 1

운동 종류

Quel sport tu aimes? 어떤 운동을 좋아하니?

① J'aime le football / le rugby / le cyclisme / la formule 1 / la course automobile / le basket ball / le volley ball / le hand ball / le tennis / le ping-pong.
나는 축구 / 럭비/자전거 경주 / 포뮬러원 / 자동차 경주 / 농구 / 배구 / 핸드볼 / 테니스 / 탁구를 좋아해.

② J'aime faire de la course à pied / de la natation / de l'équitation / du golf.
나는 달리기 / 수영 / 승마 / 골프 치는 것을 좋아해.

DOCUMENT 2

체조와 관련된 표현

① s'allonger 눕다 ≠ se lever 일어나다

② tendre le bras 팔을 당기다 ≠ relâcher 풀다

③ plier le bras 팔을 구부리다 ≠ allonger le bras 팔을 펴다

④ lever la jambe 발을 들다 ≠ baisser la jambe 발을 내리다

⑤ inspirer 숨을 들이쉬다 ≠ souffler 숨을 내쉬다

⑥ avoir des courbatures 관절의 통증이 있다. 근육통이 있다.

faire와 함께

① faire + 부분관사 + 운동명

- faire du sport 스포츠를 하다
- faire de la gym 체조를 하다
- faire de la musculation 보디빌딩을 하다
- faire des abdominaux 복부 근육 운동을 하다
- faire du yoga 요가를 하다

② faire + 부분관사 + 악기명

- faire du violon 바이올린을 연주하다
- faire de la guitare 기타를 연주하다
- faire de la musique 음악을 하다

③ 기타

- faire des études 공부를 하다
- faire de la politique 정치를 하다
- faire du jardinage 정원일을 하다

Entraînez-vous!

Écoutez bien et répondez aux questions en cochant (☒) la bonne réponse ou en écrivant l'information demandée.

DOCUMENT 1 CD ▸ UNITÉ6 ▸ LEÇON2 ▸ Unité6 Leçon2 Activité Document1.mp3

1. Choisissez "vrai" ou "faux".

	Vrai	Faux	On ne sait pas.
① Mélina a déjà pris des cours.	☐	☐	☐
② Mélina adore le sport.	☐	☐	☐
③ Elle travaille.	☐	☐	☐
④ Elle a des enfants.	☐	☐	☐
⑤ Son adresse est 13, rue de saint Saporta.	☐	☐	☐
⑥ Sa date de naissance est le le 25 janvier 1978.	☐	☐	☐
⑦ Chaque cours coûte 5 euros.	☐	☐	☐

2. Mélina s'inscrit à des cours de :

☐ yoga. ☐ gym. ☐ natation.

3. A quelle heure est-elle libre le soir?

....

4. Complétez son numéro de téléphone :

06 ( ) 23 ( ) 87

DOCUMENT 2 CD ▸ UNITÉ6 ▸ LEÇON2 ▸ Unité6 Leçon2 Activité Document2.mp3

1. Quelle activité cherche la personne?

☐ Le judo ☐ Le yoga ☐ La natation

2. Y a-t-il un site internet?

☐ Oui ☐ Non

3. Quand peut-elle revenir pour s'inscrire?

....

DOCUMENT 3 CD ▸ UNITÉ6 ▸ LEÇON2 ▸ Unité6 Leçon2 Activité Document3.mp3

1. Cochez les expressions que l'on entend.

☐ Levez le bras droit. Baissez-le.

☐ Tendez les bras.

☐ Respirez à fond.

☐ N'oubliez pas de souffler.

☐ Asseyez-vous par terre, les mains croisées derrière la nuque.

2. Une fois allongées que vont-ils faire?

☐ Des pompes ☐ Des abdominaux ☐ Se reposer

TRANSCRIPTIONS 녹음 텍스트

Doc. 1 CD ▸ UNITÉ6 ▸ LEÇON2 ▸ Unité6 Leçon2 Activité Document1.mp3

A Bonjour.
B Bonjour, madame. Je peux vous renseigner?
A Oui, je voudrais des informations sur la piscine.
B C'est pour des cours?
A Oui, voilà, je ne sais pas nager.
B C'est la première fois que vous suivez des cours, c'est ça?
A Oui, en effet.
B Pas de problème, nous proposons des cours pour débutants.
A Ah très bien!
B Vous êtes libre quand?
A Je travaille toute la journée du lundi au vendredi mais je suis libre le soir à partir de 18 heures. Et le samedi, je m'occupe de mes enfants.
B Alors pour les cous débutants, il y a un cours le lundi de 18h 30 à 19h 30 et un autre le vendredi midi.
A Le lundi soir me convient très bien. Combien coûtent les cours?
B Chaque cours coûte 15 euros et nous prêtons les lunettes. Ça vous va?
A Très bien.
B Je vais prendre votre nom et votre prénom.
A Je m'appelle Mélina Douchy.
B Douchy?
A Oui, D.O.U.C.H.Y.
B Bien, votre adresse s'il vous plaît?
A 3, rue de Saint-Saporta à Aix.
B Votre date de naissance?
A Je suis née le 25 janvier 1978.
B Le 25 janvier 1978…. Vous avez un numéro de téléphone?
A Oui, c'est le 06 73 23 77 87.
B Je répète 06 73 23 77 87. Vous payez comment?
A En espèces. Tenez. 15 euros.
B Merci.

A 안녕하세요.
B 안녕하세요, 무엇을 안내해 드릴까요?
A 네, 수영장에 관한 정보를 알고 싶어서요.
B 수업이요?
A 네, 저는 수영할 줄 모르거든요
B 수업을 듣는 것이 이번이 처음이신 거죠?
A 네, 맞아요.
B 별 문제 없습니다. 기초반 추업을 추천하지요.
A 좋습니다.
B 언제 시간이 되세요?
A 월요일에서 금요일까지는 하루 종일 일하지만 저녁 6시 이후로 시간이 되요. 그리고 토요일은 아이들을 돌봐야해요.
B 기초반이 월요일 6시 반에서 7시 반까지 하는 게 하나 있고요 다른 것은 금요일 정오에 있어요.

A 월요일 저녁 수업이 좋겠어요. 수강료가 얼마죠?
B 각 수업은 15유로구요. 안경은 빌려드려요. 괜찮으세요?
A 아주 좋아요.
B 이름하고 성 좀 적을께요.
A 제 이름은 메리나 두쉬입니다.
B 뒤쉬요?
A 네, 데.오.위.쎄.아쉬.이그렉.
B 알겠습니다. 주소는요?
A 엑스시 쌩싸포르타 거리 3번지요.
B 그리고 생년월일은요?
A. 1978년 1월 25일에 태어났어요.
B 1978년 1월 25일. 핸드폰 번호 있으세요?
A 네 06 73 23 77 87이예요.
B 06 73 23 77 87, 어떻게 지불하시겠어요?
A 현금으로요. 여기 15유로예요.
B 감사합니다.

vocabulaires

renseigner : 정보를 제공하다, 알리다, 가르쳐 주다
la piscine : 수영장
savoir + inf : …할 줄 알다
nager : 수영하다
c'est la première fois que + ind : …한 것이 처음이다
suivre des cours : 강의를 듣다, 계속 수강하다
proposer : 제안하다, 제출하다
des cours pour débutants : 초보자를 위한 강의
de… à : ~부터~까지
à partir de : ~로 부터
s'occuper de + qn : ~(을) 돌보다
convenir à qn : …의 상황(처지)에 맞다
chaque : ~마다, 매, 각각의
prêter : 빌려주다, 제공하다
les lunettes : 안경
la date de naissance : 출생월일
répéter : 다시 말하다, 반복하다
Vous payez comment? : 어떻게 지불하시겠어요?
en espèces : 현금으로
Tenez : 가지세요, (물건을 건넬 때) 자.

Doc. 2 CD ▸ UNITÉ6 ▸ LEÇON2 ▸ Unité6 Leçon2 Activité Document2.mp3

A Madame, je peux vous renseigner?
B Oui, je voudrais des renseignements sur votre association sportive. Est-ce que vous avez une brochure?
A Bien sûr. Voici une brochure avec toutes nos activités.
B Est-ce que vous avez un site internet?
A Non pas encore.
B Je cherche un stage de Yoga pour les mois de juillet et d'août.
A Le professeur de Yoga organise des stages pendant la période d'été. Consultez la brochure et revenez à partir du premier juin pour vous inscrire.
B D'accord, je vous remercie, Monsieur.
A Au revoir, madame.

A 무엇을 도와드릴까요?
B 네, 저는 스포츠 단체(동호회)에 대하여 정보를 얻고 싶습니다. 팜플렛이 있나요?
A 물론입니다. 모든 활동이 나와 있는 팜플렛이 여기 있습니다.
B 인터넷 싸이트도 있으신가요?
A 아직 없습니다.
B 저는 7월과 8월에 하는 요가 연수를 하고 싶습니다.
A 요가 선생님이 여름 기간 동안 하는 연수프로그램을 만듭니다. 팜플렛을 참고 하시고 6월 1일부터 등록을 하니 다시 오십시오.
B 좋습니다. 감사합니다.
A 안녕히 가세요.

vocabulaires

se renseigner : 문의하다, 알아보다
je voudrais + 명사 : 저는 …를 원합니다
le renseignement : 정보, 자료
l'association sportive : 스포츠 단체, 동호회
une brochure : 소책자, 팜플렛
un site internet : 인터넷 싸이트
un stage : 연수, 실습
le mois de juillet : 7월
organiser : 구성하다, 조직하다, 준비하다
la période d'été : 여름 기간
consulter : 문의하다, 상담하다
à partir de : …부터
s'inscrire : 등록하다
Je vous remercie, Mademoiselle.: 감사합니다.
l'activité : 일, 활동, 업무
la personne : 사람

Doc. 3 CD ▸ UNITÉ6 ▸ LEÇON2 ▸ Unité6 Leçon2 Activité Document3.mp3

A Tendez les bras…relâchez!
B Ouh. C'est fatigant!
A Soufflez. Levez la jambe droite. Baissez-la! Vous allez faire le même mouvement dix fois de suite.
B 10 fois!
A N'oubliez pas de souffler maintenant, allongez-vous par terre les pieds au sol.
B Ça fait du bien de s'allonger, je suis crevée.
A Très bien nous allons faire quelques abdominaux.

A 팔을 펴세요. 긴장을 푸세요.
B 아, 너무 힘들어요!
A 숨을 내쉬세요. 오른쪽 다리를 들어 올리세요. 내리세요! 같은 동작을 연속으로 10번 하세요.
B 10번이요!
A 숨을 내쉬는 것을 잊지 마시고, 이제 바닥에 누워서 발을 내려놓으세요.
B 누우니까 좋다, 완전 녹초가 되었어요.
A 아주 좋습니다. 이제 복부운동을 하겠습니다.

vocabulaires

tendre : 펴다
le bras : 팔
relâcher : 긴장을 풀다, 완화하다
fatigant(e) : 피곤한, 지치게 하는, 힘든
souffler : 숨을 내쉬다, 입김을 내불다
lever : 들다, 들어올리다
la jambe : 다리
droit(e) : 오른쪽의
baisser : 내리다, 낮추다
le même mouvement : 같은 동작
dix fois de suite : 연속적으로 10회
oublier de + inf : …하는 것을 잊어버리다
s'allonger : 몸을 쭉 펴고 눕다
par terre : 바닥에
le pied : 발
le sol : 땅바닥, 지면
Ça fait du bien de + inf : …하는 게 좋다
crevé(e) : 녹초가 된, 완전히 지친
quelque : 어떤 것, 무엇인가
les abdominaux : 복부, 배
l'expression : 표현
entendre : 듣다
respirer : 숨쉬다, 호흡하다
à fond : 깊게, 완전히, 철저히
s'asseoir : 앉다
la main : 손
croisé(e) : 교차한, 십자형의
derrière : …뒤의, 뒤로
la nuque : 목덜미
une fois : 한번
allongé(e) : (길게)누워있는
des pompes : 팔굽혀펴기
se reposer : 쉬다, 휴식하다

Leçon 3
Au téléphone

✓Activité

SAVOIR 알아두기

DOCUMENT 1/2/3/4

전화번호 말하기

프랑스의 전화번호는 총 10개의 숫자로 구성되어 있다.

① 일반전화 및 핸드폰 : 일반적으로 두 자리씩 묶어서 읽는다.

- 04 16 80 60 53: zéro-quatre, seize, quatre-vingts, soixante, cinquante-trois
- 06 71 10 42 28 : zéro-six, soixante et onze, dix, quarante-deux, vingt-huit

② 상업전화 및 Numéro Vert (무료전화) : 다양한 방식으로 조합하는 경우

- 0 800 20 87 97 : zéro, huit cents, vingt, quatre-vingt-sept, quatre-vingt-dix-sept
- 0 800 123 124 : zéro, huit cents, cent-vingt-trois, cent-vingt-quatre quatre-vingts(80)에서 vingts은 일반적으로 복수로 사용하지만 그 뒤에 다른 숫자가 오면 단수로 사용함.

자동응답기에 메시지를 남기라는 다양한 표현

① Vous êtes chez Pierre Douchy. Nous sommes absents pour le moment. Laissez un message après le bip sonore. Merci. 삐에르 두쉬 입니다. 지금은 부재중이오니 신호음이 울리면 메시지를 남겨주시기 바랍니다.

② Bonjour, vous êtes sur le répondeur de Annie Delaune, je ne suis pas disponible pour le moment mais vous pouvez me laisser un message. 안녕하세요, 당신은 아니 드론의 응답기에 연결되었습니다, 저는 지금은 부재중이오니 메시지를 남겨주세요.

자동응답기 표현

① **Vous avez un message sur le répondeur.** 자동응답기에 한통의 메시지가 있습니다.

② **Un appel a été enregisté à 10h.** 10시에 한 통의 전화가 입력되어 있습니다.

③ **Sur votre ligne, aucun numéro de correspondant n'est enregistré.** 당신의 전화에는 어떤 전화번호도 입력되어 있지 않습니다.

④ **Aucun message reçu.** 수신된 메시지가 전혀 없습니다.

⑤ **Vous êtes sur le répondeur de Nicolas.** 당신은 현재 니콜라의 자동응답기에 연결되어 있습니다.

⑥ **Vous êtes sur le messagerie de n° 06 88 10 53 39.** 당신은 06 88 10 53 39번의 음성사서함에 연결되어 있습니다.

Entraînez-vous!

Écoutez bien et répondez aux questions en cochant (☒) la bonne réponse ou en écrivant l'information demandée.

DOCUMENT 1 CD ▸ UNITÉ6 ▸ LEÇON3 ▸ Unité6 Leçon3 Activité Document1.mp3

1. Un appel a été enregistré à :

☐ 9h. ☐ 19h. ☐ 21h.

2. Un appel est provenu du numéro :

01 30 ☐☐ ☐☐ 22.

3. Pour effacer les appels reçus, sur quelle touche appuyez-vous?

☐ La touche 1 ☐ La touche 2 ☐ La touche 3

DOCUMENT 2 CD ▸ UNITÉ6 ▸ LEÇON3 ▸ Unité6 Leçon3 Activité Document2.mp3

1. Marie habite à Paris.

☐ Vrai ☐ Faux ☐ On ne sait pas.

2. Le jeudi, Marie a un rendez-vous :

☐ professionnel. ☐ amical. ☐ On ne sait pas.

3. Marie demande à Pierre de l'appeler :

☐ seulement chez elle. ☐ seulement sur son téléphone portable.

☐ chez elle ou sur son téléphone portable.

4. Notez le numéro de téléphone.

....

DOCUMENT 3 CD ▸ UNITÉ6 ▸ LEÇON3 ▸ Unité6 Leçon3 Activité Document3.mp3

1. Quel est le numéro de téléphone du correspondant

....

2. Le message a été reçu à :

☐ 18h 20. ☐ 16h 20. ☐ 7h 20.

3. Si on tape sur la touche 3 on peut :

☐ écouter ses messages. ☐ modifier son annonce.

☐ gérer ses options.

DOCUMENT 4 CD ▸ UNITÉ6 ▸ LEÇON3 ▸ Unité6 Leçon3 Activité Document4.mp3

1. Qui appelle?

C'est ....

2. Cochez "vrai" ou "faux".

	Vrai	Faux
① Celui qui appelle laisse un message sur le répondeur.	☐	☐
② La personne appelée est en rendez-vous.	☐	☐
③ Elle doit rappeler dès que possible.	☐	☐

TRANSCRIPTIONS 녹음 텍스트

Doc. 1 CD ▸ UNITÉ6 ▸ LEÇON3 ▸ Unité6 Leçon3 Activité Document1.mp3

Vous êtes sur le service de 6161. Aujourd'hui à 9h, vous avez reçu un appel provenant du numéro 01 30 54 60 22. Pour rappeler ce correspondant, appuyez sur la touche 2 de votre téléphone. Pour effacer les appels reçus, appuyez sur la touche 1.

당신은 6161 음성 전화서비스에 접속되셨습니다. 오늘 9시에 01 30 54 60 22에서 발신된 전화 한통을 받았습니다. 상대 발신자에게 응답 전화를 하려면 전화기의 2번 버튼을 누르세요. 수신된 전화들을 삭제하시려면 1번 버튼을 누르세요.

vocabulaires

le service : 서비스, 봉사
recevoir un appel : 전화를 받다
provenir de : …에서 유래하다, 기원하다
rappeler : 다시 부르다, 다시 전화하다
le correspondant : 전화상대
appuyer sur : …에 갖다 대다, 누르다
la touche : 버튼, 단추, 키
effacer : 삭제하다, 지우다
enregistrer : 입력되다, 기록하다, 녹음하다

Doc. 2 CD ▸ UNITÉ6 ▸ LEÇON3 ▸ Unité6 Leçon3 Activité Document2.mp3

Allô, Pierre, c'est Marie. Bon, tu n'es pas là mais j'espère que tu vas trouver mon message rapidement. Voilà je t'explique, je dois venir à Paris la semaine prochaine. J'ai un rendez-vous pour un nouveau travail le jeudi, mais c'est à 8 heures du matin, et je ne veux pas arriver en retard. Est-ce que je peux venir dormir chez toi le mercredi soir? Ça me rendrait vraiment service. Sois gentil, rappelle-moi dès que tu peux, tu as mon numéro à la maison ; ou bien appelle-moi sur mon téléphone portable, c'est le 06 78 35 29 47. Merci beaucoup. A bientôt, Je t'embrasse.

여보세요, 피에르, 나 마리야. 네가 지금 집에 없구나. 네가 내 메시지를 빨리 받아볼 수 있길 바래. 그럼 설명할게. 나 파리에 다음주에 가야해. 목요일에 새 일자리를 구하기 위해 미팅이 잡혔어. 그런데 그게 아침 여덟시야, 나는 늦게 도착하고 싶지 않아. 혹시 수요일 저녁에 너희 집에서 잘 수 있을까? 그렇게 해주면 정말 도움이 될거야. 부탁해. 가능하면 바로 전화해줘. 우리 집 전화 번호 가지고 있지? 아니면 핸드폰으로 해줘도 좋아. 06 78 35 29 47야. 고마워. 곧 보자.

vocabulaires

espérer que + ind : …하기를 바란다
rapidement : 빠르게
expliquer : 설명하다
la semain prochaine : 다음 주
avoir un rendez-vous : 만남(약속)이 있다
arriver en retard : 늦게 도착하다
venir dormir : 자러 가다
Ça me rendrait vraiment service. : 그건 내게 정말 도움이 될 거야.
Sois gentil! : 친절을 부탁해!
rappeler : 다시 전화하다
dès que + ind : …하자마자

Doc. 3 CD ▸ UNITÉ6 ▸ LEÇON3 ▸ Unité6 Leçon3 Activité Document3.mp3

Vous avez un message et un correspondant a cherché à vous joindre. Message du 06.75.50.50.29, reçu aujourd'hui à 16h 20. Pour écouter vos messages tapez 2, pour modifier votre annonce, tapez 3, pour gérer vos options personnelles tapez 4. Pour revenir au menu principal appuyez sur la touche étoile.

한 개의 메시지가 있고, 상대방이 당신과 연결되기를 시도하였습니다. 오늘 16시 20분에 남겨진 06.75.50.50.29의 메시지입니다. 메시지를 들으시려면 2번을 누르시고, 안내를 변경하시려면 3번을 누르시고, 개인적 옵션을 관리하시려면 4번을 누르세요. 처음 메뉴로 돌아가시려면 별표 버튼을 누르세요.

vocabulaires

un message : 메세지
un correspondant : 전화상대
chercher à + inf : …하려 애쓰다, 원하다
joindre : 연결하다, 만나다, 접촉하다
reçu(e) : 받은
taper : (버튼) 누르다
modifier : 변경하다
l'annonce : 안내, 알림
gérer : 관리하다
l'option : 옵션, 선택사양
personnel(le) : 개인적인, 개인의
revenir : 다시 오다
le menu principal : 처음 메뉴, 기본 메뉴
appuyer sur : …을 누르다
la touche étoile : 별표 버튼

Doc. 4 CD ▸ UNITÉ6 ▸ LEÇON3 ▸ Unité6 Leçon3 Activité Document4.mp3

A Bonjour, vous êtes sur le répondeur d'Annie Delaune, je ne suis pas disponible pour le moment mais vous pouvez me laisser un message.
B Salut Annie, c'est moi Marc. Je t'appelle car il faut absolument que je te vois avant Samedi, c'est urgent. Rappelle-moi dès que tu as mon message, merci. Salut et à bientôt.

A 안녕하세요, 당신은 아니 드론의 응답기에 연결되었습니다, 지금은 부재중이오니 메시지를 남겨 주세요.
B 안녕 아니, 나 마크야. 토요일 전에 너를 꼭 봐야해서 전화했어, 급한 일이야. 네가 내 메시지를 받는 대로 나한테 전화를 해줘, 고마워. 안녕, 또 보자.g

vocabulaires

le répondeur : 자동 응답기
disponible : 사용가능한, 한가한, 여유가 있는
pour le moment : 지금은, 지금으로서는, 당장은
laisser qch à qn : …에게 …를 남기다
un message : 메시지, 전갈
appeler : 전화하다
car : 왜냐하면
il faut que : …해야 한다
absolument : 절대적으로, 꼭
voir : 보다, 만나다
urgent : 긴급한, 급한
rappeler : 다시 전화하다
dès que + ind : …하자마자
être en rendez-vous : 약속이 있다
dès que possible : 가능한 대로

Leçon 4

La vie quotidienne

✓Activité

DOCUMENT 1 CD ▸ UNITÉ6 ▸ LEÇON4 ▸ Unité6 Leçon4 Activité Document1.mp3

1. Quel jour de la semaine sommes-nous?

☐ Lundi ☐ Mardi ☐ Jeudi ☐ Mercredi

2. Quel temps fait-il aujourd'hui?

☐ Il pleut. ☐ Il fait beau. ☐ Il neige.

3. Comment va-t-il à l'école?

☐ A pied ☐ En bus ☐ En moto ☐ A bicyclette

4. Pourquoi est-il en retard?

☐ Parce que l'école est loin. ☐ Parce qu'il fait froid.

☐ Parce qu'il ne trouve pas sa montre.

DOCUMENT 2 CD ▸ UNITÉ6 ▸ LEÇON4 ▸ Unité6 Leçon4 Activité Document2.mp3

1. Elle prend un manteau.

☐ Vrai ☐ Faux

2. Le mari met la veste :

☐ noire. ☐ verte. ☐ rouge.

3. Le mari trouve que la robe verte va bien à sa femme?

☐ Oui ☐ Non

4. Elle prend le sac rouge?

☐ Oui ☐ Non

DOCUMENT 3 CD ▸ UNITÉ6 ▸ LEÇON4 ▸ Unité6 Leçon4 Activité Document3.mp3

1. De quelles couleurs sont les cravates? (plusieurs réponses possibles)

☐ Verte ☐ Grise ☐ Noire

2. La cravate en soie coûte :

☐ 23 euros. ☐ 18 euros. ☐ 17 euros.

3. Qu'est-ce que la femme a acheté à son mari?

Elle a acheté ....

4. Combien de pyjamas le père a-t-il?

☐ 1 ☐ 2 ☐ 3

5. Combien pèse-t-il?

Il pèse ....

DOCUMENT 4 CD ▸ UNITÉ6 ▸ LEÇON4 ▸ Unité6 Leçon4 Activité Document4.mp3

1. L'anniversaire c'est le :

☐ 26 février. ☐ 15 février. ☐ 25 juillet.

2. Pour l'anniversaire de la soeur d'Andrea que vont-ils préparer?

Ils préparent ....

TRANSCRIPTIONS 녹음 텍스트

Doc. 1 CD ▸ UNITÉ6 ▸ LEÇON4 ▸ Unité6 Leçon4 Activité Document1.mp3

C'est le 16 décembre, un lundi. Il fait froid, il gèle depuis quelques jours. Il ne neige pas souvent à Montpellier, mais aujourd'hui, la neige tombe partout. Quel temps! J' habite avec mes parents. Je vais toujours à l'école à vélo. Ce n'est pas loin, mais aujourd'hui, je suis en retard. A neuf heures, je ne suis pas encore prêt. Ma mère me dit : "Vite, vite,! qu'est-ce que tu cherches? Tu n'as pas ta montre?" Je jui dis : "Non, maman, je ne trouve pas ma montre, je cherche mon dictionnaire, je cherche mon sac, je cherche mon porte-monnaie. Oh là là, je cherche toujours tout."

12월 16일, 월요일입니다. 날씨가 춥네요. 며칠 전부터 꽁꽁 얼었습니다. 몽펠리에에는 눈이 자주 오지 않습니다만, 오늘은 눈이 오네요. 눈이 도처에 내리고 있습니다. 놀라운 날씨로군요! 저는 부모님과 함께 삽니다. 저는 항상 자전거로 학교에 갑니다. 학교는 별로 멀지 않지만, 오늘은 지각을 했습니다. 9시에, 저는 아직 학교 갈 준비가 되지 않았었습니다. 엄마가 말씀하시길 "서둘러, 서둘러라! 뭘 찾고 있는 거니? 시계 안 가지고 있니?" 저는 말했습니다. "아니오, 엄마. 시계가 안 보여요. 사전과 가방, 지갑을 찾고 있어요. 이런 이런, 난 늘 이것저것 다 찾고 있네."

vocabulaires

geler : 얼리다
depuis : …부터
La neige tombe. : 눈이 내리다.
Quel temps! : 놀라운 날씨군요!
à vélo : 자전거로
être en retard : 지각하다
la montre : 손목시계
le porte-monnaie : 지갑
prêt(e) : 준비된

Doc. 2 CD ▸ UNITÉ6 ▸ LEÇON4 ▸ Unité6 Leçon4 Activité Document2.mp3

A Il fait beau aujourd'hui : on ne voit pas un nuage.
B Oui, le ciel est bleu.
A Je voudrais aller au Bois pour marcher un peu sous les arbres.
B Je veux bien. Est-ce que tu prends un manteau?
A Je n'en ai pas besoin, chéri.
B Qu'est-ce que je mets? Cette veste-là? ou celle-là?
A Celle-là, la noire.
B Et toi?
A Moi, ma jolie robe verte. Tu ne la trouves pas trop courte, n'est-ce pas?
B Non, elle est à la mode et elle te va bien. Et prends aussi ton sac rouge.
A Un sac rouge avec une robe verte! Ah! non, ça ne va pas : je ne veux pas ressembler à un tableau moderne.

A 오늘은 날씨가 좋네 : 구름이 한 점도 없어.
B 응, 하늘이 파랗네.
A 나무 아래서 좀 걸으러 숲에 가고 싶어.
B 나도 그래. 당신 외투 입을거야?
A 그건 필요 없어.
B 나 뭘 입지? 이 웃옷? 여기 이거?
A 여기 이거, 검은색 입어요.
B 그럼 당신은?
A 나는 예쁜 초록색 원피스를 입을거야. 너무 짧다고 생각하지는 않지? 그렇지?
B 아니, 유행이야 그리고 당신에게 잘 어울려. 그리고 빨간 가방도 메.
A 초록색 원피스에 빨간색 가방이라니! 아, 어울리지 않아 : 현대그림을 닮고 싶지 않아.

vocabulaires

un nuage : 구름
le Bois : 숲
prendre un manteau : 외투를 입다
mettre : 입다.
la veste : 조끼, 웃옷
celle-là : 여기 이것
trouver qch + (목적어 속사) 형용사 : …을 …이라고 생각하다
court(e) : 짧은
être à la mode : 유행하다
aller bien à qn : …에게 어울리다
ressembler à : …과 닮다
un tableau moderne : 근대 초상화(그림)

Doc. 3 CD ▸ UNITÉ6 ▸ LEÇON4 ▸ Unité6 Leçon4 Activité Document3.mp3

A Qu'est-ce que tu as acheté pour la fête de ton père?
B Deux cravates.
A Montre-les.
B Les voilà : une cravate verte pour son complet gris, et une grise pour son complet noir. Commet les trouves-tu?
A Elles sont belles. C'est de la soie, je crois?
B Celle-là est en soie. Mais la veste est en laine : elle est jolie aussi, n'est-ce pas?
A Est-ce qu'elles sont chères?
B J'ai payé la cravate en soie 23 euros, et celle en laine 18 euros. Et toi, maman, qu'est-ce que tu as acheté à papa?
A J'ai acheté un pyjama.
B Il en a déjà trois!
A Mais il ne peut plus les mettre. Il est si gros! Tu sais combien il pèse?
B A peu près cent kilos.
A Cent douze!
B Pour 1m 75, c'est beaucoup.
A Il mange trop de pain.

A 아빠 생일 파티를 위해 무얼 샀니?
B 넥타이 두 개요.
A 보여주렴.
B 여기 있어요. 아빠 회색 양복을 위해 초록색 넥타이 하나, 검은색 양복에 멜 회색 넥타이 하나. 어떻게 생각하세요?
A 예쁘구나. 내 생각엔, 비단으로 된 거 같은데?
B 거기 그건 비단으로 된 거예요. 그런데 웃옷은 양모예요 : 이것도 이쁘죠, 그렇죠?
A 이것들 비싸니?
B 비단으로 된 넥타이는 23유로이고, 양모로 된 건 18유로예요. 엄마는 아빠를 위해 뭘 사셨어요?
A 잠옷 한 벌을 샀단다.
B 아빠는 세 벌이나 벌써 있잖아요!
A 그렇지만 그건 더 이상 입을 수가 없단다. 아빠는 너무 살이 쪘어! 너도 아빠 몸무게를 알지?
B 100킬로 정도요.
A 120킬로란다!
B 1미터 75센티미터 치고는, 너무 많아요.
A 아빠는 빵을 너무 많이 먹어.

vocabulaires

la fête de ton père : 아빠 생일 파티
montrer : 보여주다.
le complet gris : 회색 정장
Commet les trouves-tu? : 어떻게 생각하니?
celle-là : 여기 이것
être en soie : 비단으로 만들어지다
en laine : 양모로 된
acheter qcn à qn : …에게 …을 사주다
ne … plus : 더 이상 … 않다
mettre : 입다.
gros(se) : 뚱뚱한
Comment il pèse? : 몸무게가 얼마인가?
à peu près : 약
trop de + 무관사 명사 : 너무 많은 …

Doc. 4 CD ▸ UNITÉ6 ▸ LEÇON4 ▸ Unité6 Leçon4 Activité Document4.mp3

A Dis-moi, Andrea. C'est quand l'anniversaire de ta soeur?
B Son anniversaire, c'est ce mois-ci, le 25.
A Je me souvenais que c'était en juillet. Dis-moi, ça te dirait qu'on lui prépare une petite fête en invitant plein de monde à la maison?
B Oh oui, chouette! Justement, je me disais que j'avais envie d'organiser une grosse fête bientôt.
A Eh bien, c'est l'occasion. Comme son anniversaire, c'est le 25, ça nous laisse 2 semaines pour organiser les festivités!

A 안드레아 말해봐. 너의 여동생 생일이 언제니?
B 그녀의 생일은 이번 달 25일이야.
A 나는 7월이었던 걸로 기억하는데. 우리가 집에 많은 사람들을 초대해서 작은 파티를 그녀에게 열어 주는게 어떻다고 생각하니?
B 아, 그래 멋지다! 그러게 말야, 멋진 파티를 준비하고 싶다는 생각을 하고 있었어.
A 좋아, 좋은 기회네. 그녀의 생일이 25일이니까, 축하행사를 준비하려면 2주가 남았다.

vocabulaires

dire : 말하다
ce mois-ci : 이번 달
se souvenir : 기억하다
en juillet : 7월에
ça te dirait que + ind : …하는 것을 너는 어떻게 생각하는가?
préparer : 준비하다
une fête : 축제, 파티
inviter : 초대하다
pleins de monde : 많은 사람들
chouette : 멋진, 근사한
justement : 바로 그러니까, 바로 그래서
se dire : 속으로 말하다, 생각하다
avoir envie de + inf : …하고 싶다
organiser : 준비하다, 기획하다
gros(se) : 대단한, 엄청난
l'occasion : 기회, 호기
comme + 명사 : …처럼, …와 같이
la festivité : 축하 행사

Unité VII

Demander à quelqu'un de faire quelque chose

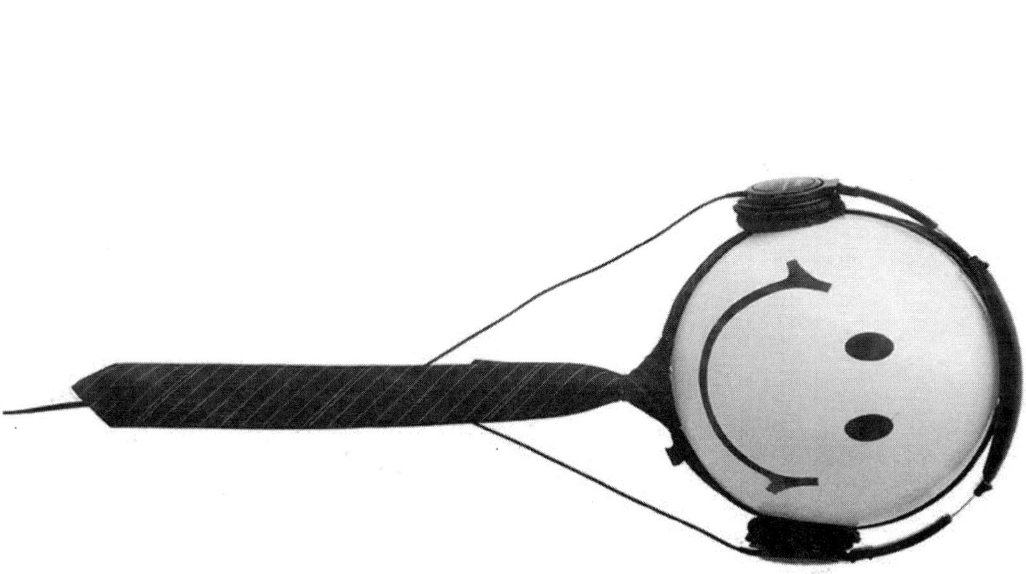

Leçon 1

A la banque et à la poste

✓ Activité

1

SAVOIR 알아두기

DOCUMENT 1

은행 관련 표현

① Pouvez-vous changer cet argent? 이 돈 좀 바꾸어 주시겠습니까?

② Quel est le cours du Won (Dollar, Euro)? 원화의(달러, 프랑) 시세가 어떻습니까?

③ Je voudrais ouvrir un compte. 구좌를 개설하고 싶습니다.

④ J'ai un compte au Crédit Lyonnais. 나는 크레디 리오네 은행에 한 개의 구좌를 갖고 있다.

⑤ Combien puis-je retirer? 얼마를 찾을 수 있습니까?

⑥ Combien dois-je déposer au minimum? 최소한 얼마를 예금해야 됩니까?

⑦ Je voudrais encaisser ce chèque. 이 수표를 현금으로 바꾸려고 합니다.

⑧ Combien ai-je sur mon compte? 나의 구좌에 얼마가 남았습니까?

⑨ Transférez …Wons, s'il vous plaît. …원을 이체해 주시기 바랍니다.

⑩ J'ai un compte au Crédit Lyonnais. 나는 크레디 리오네 은행에 한 개의 구좌를 갖고 있다.

은행 관련 표현

- un compte 구좌, 계좌
- ouvrir / fermer un compte 구좌를 개설하다/닫다

- un titulaire du compte 예금주
- un conseiller (은행)전담상담원
- la clientèle 고객
- un livret (de banque) 통장
- un chèque 수표
- un chèquier 수표책
- un relevé d'identité bancaire 구좌번호
- un relevé de compte 사용내역서(통장에 해당)
- un débit en Euros 유료화 출금금액
- un crédit en Euros 유료화 입금금액
- un paiement par carte / chèque 카드 / 수표 지불
- des cours de change 환율
- un versement d'espèces 현금 입금
- une remise de chèques 수표 입금
- un virement = un transfert 이체, 송금
- les intérêts acquis pour 2010 2010년도 결산이자
- l'agent de… …은행지점
- la carte d'identité 신분증
- le numéro de compte 구좌번호
- le solde 잔고
- le taux 이율
- les intérêts 이자
- l'encaissement 현금지급
- le cours 시세
- l'action 주식
- la bourse 증권거래소
- le capital 자본
- la commission 수수료
- le montant = la somme 총액, 합계
- la carte bancaire (la carte bleue) 은행카드
- un prélèvement automatique 자동납부
- une caisse d'épargne 저축예금
- la Banque Mondiale 세계은행
- ouvrir/fermer un compte 구좌를 개설하다/닫다
- toucher (수표를) 현금으로 바꾸다
- faire des économies 저금을(이) 하다(있다)
- payer en espèces = en liquide 현금으로 지불하다

화폐 관련 표현

un compte 구좌, 계좌	de l'argent (일반적) 돈
du pognon (비어) 돈	du fric 돈
le billet 화폐, 지폐	le comptant 현금
les espèces (f.) 현금	le liquide 현금
la monnaie 동전, 돈	la pièce 동전
l'euro 유로(EUR / €)	le centime 쌍띰(센트)

DOCUMENT 4

우편 관련 표현

① Est-ce suffisamment affranchi? 우표를 충분히 붙였습니까?

② Combien est-ce en classe économique (par avion, par bateau)? 할인가격으로(항공으로, 배편으로) 부치면 얼마입니까?

③ J'aimerais envoyer la lettre en recommandé (avec accusé de réception). 이 편지를 일반등기(배달증명 등기)로 보내고 싶습니다.

④ Je voudrais envoyer ce colis. 이 소포를 보내고 싶습니다.

⑤ Donnez-moi un timbre d'un euro, s'il vous plaît. 1 유로짜리 우표 한 장 주시겠어요.

⑥ Y a-t-il un colis à mon nom? 제 앞으로 온 소포 있습니까?

우편 관련 단어

la boîte aux lettres 우체통	la carte postale 우편엽서
du pognon (비어) 돈	du fric 돈
l'affranchissement 우편요금	le recommandé 등기
l'enveloppe 봉투	le code postal 우편번호
l'expéditeur 발신인	le(la) destinataire 수신인

Entraînez-vous!

Écoutez bien et répondez aux questions en cochant (☒) la bonne réponse ou en écrivant l'information demandée.

DOCUMENT 1 CD ▸ UNITÉ7 ▸ LEÇON1 ▸ Unité7 Leçon1 Activité Document1.mp3

1. La cliente veut :

☐ demander une carte bancaire. ☐ ouvrir un compte.

☐ fermer un compte.

2. Pourquoi la cliente ne peut-elle pas ouvrir un compte aujourd'hui?

☐ Parce qu'elle n'a pas pris de rendez-vous à l'avance.

☐ Parce qu'elle travaille aujourd'hui toute la journée.

☐ Parce qu'on ne peut pas ouvrir un compte tous les lundis.

3. Répondez aux questions.

① À quelle heure la cliente a-t-elle rendez-vous?

....

② Quel est le nom de la cliente?

....

DOCUMENT 2 CD ▸ UNITÉ7 ▸ LEÇON1 ▸ Unité7 Leçon1 Activité Document2.mp3

1. Que vient faire la personne à la banque?

☐ Ouvrir un compte en banque

☐ Retirer un chéquier

☐ Changer de l'argent

2. Quelle est la somme en dollar?

....

3. Combien d'euros reçoit-il?

....

DOCUMENT 3 CD ▸ UNITÉ7 ▸ LEÇON1 ▸ Unité7 Leçon1 Activité Document3.mp3

1. Choisissez "vrai" ou "faux".

	Vrai	Faux
① La personne qui téléphone veut ouvrir un compte en banque.	☐	☐
② Les documents nécessaires sont: un justificatif de domicile et une pièce d'identité.	☐	☐
③ Il faut verser un mimimum d'argent pour ouvrir un compte.	☐	☐
④ Il n'est pas nécessaire de prendre rendez-vous avec la banque.	☐	☐

2. Combien de temps faut-il attendre pour avoir un chéquier?

....

DOCUMENT 4 CD ▸ UNITÉ7 ▸ LEÇON1 ▸ Unité7 Leçon1 Activité Document4.mp3

Choisissez "vrai" ou "faux".

	Vrai	Faux
① L'envoi par bateau coûte 63 euros.	☐	☐
② La cliente envoie un colis par avion.	☐	☐
③ La cliente vient chercher un colis à la poste.	☐	☐
④ Le pays de destination est la Corée.	☐	☐

TRANSCRIPTIONS 녹음 텍스트

Doc. 1 CD ▸ UNITÉ7 ▸ LEÇON1 ▸ Unité7 Leçon1 Activité Document1.mp3

A Boujour, Madame, je peux vous aider?
B Bonjour, je souhaiterais ouvrir un compte aujourd'hui.
A Avez-vous déjà pris rendez-vous?
B Non, je ne l'ai pas pris.
A Je suis désolé, Madame. Il faudra prendre rendez-vous. Je peux vous proposer un rendez-vous mercredi avec M. Proust.
B D'accord, à quelle heure?
A J'ai deux possibilités : mercredi à 11h 30 ou à 15h.
B Hum…, je préférerais l'après-midi, à 15h.
A Bien. Votre nom s'il vous plaît?
B Mme Brun.

A 안녕하세요, 손님. 무엇을 도와드릴까요?
B 안녕하세요, 오늘 은행 구좌를 개설하고 싶습니다.
A 미리 약속을 정하셨나요?
B 아니요. 약속을 하지 않았습니다.
A 죄송합니다, 손님. 미리 예약을 하셔야만 합니다. 수요일 푸르스트 직원과 약속을 정해드릴 수 있습니다.
B 좋습니다. 몇 시인가요?
A 두 시간대를 제안해드리겠습니다. 수요일 오전 11시 30분 아니면 오후 3시입니다.
B 음… 오후 3시가 좋겠군요.
A 알겠습니다. 성함을 알려주세요.
B 브룅입니다.

vocabulaires

Je peux vous aider? : 무엇을 도와드릴까요?
souhaiter + inf : …하기를 희망하다, 바라다
ouvrir un compte : 계좌를 열다, 만들다
prendre rendez-vous : 약속을 하다, 예약을 하다
il faut + inf : …해야 한다
la possibilité : 가능성
préférer : …을 더 좋아하다, 선호하다
client(e) : 손님, 고객
demander : 요구하다, 요청하다
une carte bancaire : 은행 카드
fermer un compte : 구좌 폐쇄
à l'avance : 미리, 이전에
toute la journée : 온종일
tous les lundis : 매주 월요일
répondre aux questions : 질문에 대답하다

Doc. 2 CD ▸ UNITÉ7 ▸ LEÇON1 ▸ Unité7 Leçon1 Activité Document2.mp3

A Bonjour, Madame.
B Bonjour, Monsieur.
A Je voudrais changer de l'argent. Quel est le cours du dollar?
B Attendez, il vient juste de baisser : 1euro 75 à la vente et 1euro 50 à l'achat.
A Je voudrais changer 1000 dollars.
B Ça fait 850 euros.
A Seulement?

B Oui, nous prenons une commission. Voulez-vous des grandes ou petites coupures?
A Donnez-moi 400 euros en billets de 200.
B Et le reste?
A Quatre billets de 100 et 50 euros en pièces de 1 et de 2 euros, j'ai besoin de monnaie. Où est le distributeur de billets?

A 안녕하세요.
B 안녕하세요.
A 저는 환전을 하고 싶습니다. 달러의 시세가 어떤가요?
B 잠시만요. 겨우 내려갔네요. 팔 때는 1유로 75이고 살 때는 1유로 50입니다.
A 1000달러를 바꾸고 싶어요.
B 850유로 입니다.
A 그거 밖에 안되요?
B 네, 저희는 수수료를 떼요. 큰 단위지폐로 드릴까요 작은 단위지폐로 드릴까요?
A 400유로는 200유로짜리 지폐로 주세요.
B 나머지는요?
A 100유로 지폐4장과 50유로는 1, 2유로짜리 동전으로 주세요. 제가 동전이 필요해요. 지폐 공급기가 어디에 있나요?

vocabulaires

je voudrais + inf : 저는 …하고 싶습니다
changer de l'argent : 환전하다
le cours du dollar : 달러의 시세, 환율
juste : 겨우, 간신히,바로, 올바르게, 정확하게
venir de + inf : (근접과거) 막 …하다, 방금 …하다
baisser : 낮추다, 내리다, 약하게 하다
la vente : 판매
l'achat : 사기, 구입
seulement : 단지, 오직
une commission : 수수료
la coupure : 지폐
le reste : 나머지
en pièces : 동전으로
avoir besoin de : …가 필요하다
la monnaie : 동전
le distributeur de billets : 지폐 공급기
la personne : 사람
la banque ; 은행
ouvrir un compte en banque : 은행 계좌를 열다
retirer un chéquier : 수표책을 찾다
la somme : 총합
recevoir : 받다

Doc. 3 CD ▸ UNITÉ7 ▸ LEÇON1 ▸ Unité7 Leçon1 Activité Document3.mp3

A Bonjour monsieur. Je suis cliente de votre banque et je voudrais quelques renseignements pour un ami étranger. Il voudrait ouvrir un compte en France et aimerait savoir quelles démarches sont nécessaires.
B Il va habiter en France?
A Oui.
B Il lui faut un justificatif de domicile, une facture EDF ou de Téléphone.
A D'accord.
B Et une pièce d'identité: son passeport. Et c'est tout.
A Ça suffit? Il n'a pas besoin de verser une somme minimale?
B Non, chez nous ce n'est pas nécessaire. Vous pouvez ouvrir un compte sans verser d'argent.
A Bon bien, c'est parfait.
B Ah oui, s'il fait une demande de carte bancaire, il y a un délai de trois semaines environ et pour un chéquier, cela prend une semaine.

A Merci beaucoup, je vais lui transmettre ces informations
B Dites-lui de prendre rendez-vous avant, ça vaut mieux!
A D'accord, merci encore.
B Je vous en prie.

A 안녕하세요. 저는 당신의 은행의 고객이고, 외국인 친구를 위해 몇 가지 알아볼 것이 있습니다. 그는 프랑스에서 계좌를 열고자 하고, 어떤 과정이 필요한지 알고 싶어 합니다.
B 그가 프랑스에 사나요?
A 네,
B 그에게 거주증명, EDF 청구서나 전화 요금 청구서가 필요합니다.
A 알겠습니다.
B 그리고 신분증은 여권이 필요합니다. 그게 전부입니다.
A 이것이면 충분한가요? 최소 금액을 입금하지 않아도 되나요?
B 아니요, 저희 은행에서는 필요하지 않습니다. 돈을 입금하지 않고도 계좌를 열 수 있어요.
A 좋습니다. 완벽합니다.
B 그가 은행 카드를 쓰려면 대략 3주 정도 걸리고, 수표책은 일주일이 걸립니다.
A 대단히 감사합니다. 그에게 이 정보들을 전해주겠습니다.
B 그에게 먼저 약속을 잡으라고 전해주세요. 그편이 더 좋습니다!
A 네, 다시 한번 감사드립니다.
B 천만에요.

vocabulaires

client(e) : 손님, 고객
la banque : 은행
je voudrais : 저는 …하고 싶습니다
le renseignement : 정보, 자료
ouvrir un compte : 계좌를 열다
en France : 프랑스에(서)
la démarche : 과정, 전개, 방식
nécessaire : 필요한
Il faut + 간접목적어 : …가 필요하다
un justificatif de domicile : 주거 증명
une facture EDF : EDF 청구서
une pièce d'identité : 신분증
C'est tout : 이게 전부이다
suffire : 충분하다, 족하다
avoir besoin de + inf : …하는 것이 필요하다
verser : 입금하다, 붓다
une somme minimal(e) : 최소한의 금액
sans + inf : …하지 않고(서)
C'est parfait. : 아주 좋다, 완벽하다.
une demande : 요구, 요청
la carte bancaire : 은행 카드
un délai de trois semaines : 3주간의 기간, 기한
environs : 약, 대략
un chéquier : 수표책
Cela prend une semaine.: 이것은 일주일이 걸린다, 소요된다.
transmettre : 전달하다, 전하다
l'information : 정보
dire à qn de + inf : …에게 …할 것을 말해주다
prendre rendez-vous : 약속을 정하다, 잡다
Ça vaut mieux! : 이것이 더 낫다!
la personne : 사람
le document : 자료, 서류
un mimimum d'argent : 최소한의 돈, 금액

Doc. 4 CD ▸ UNITÉ7 ▸ LEÇON1 ▸ Unité7 Leçon1 Activité Document4.mp3

A Bonjour, que puis-je pour vous?
B Je voudrais envoyer ce colis en Corée?
A Vous voulez l'envoyer par avion, bateau ou colissimo?
B Par avion au tarif normal.
A Très bien, déposez votre colis ici, s'il vous plaît. Ça fait 63 euros.
B Quand arrivera t-il à destination?
A Pour la Corée, il faut compter une quinzaine de jours.

A 안녕하세요. 무엇을 도와드릴까요?
B 이 소포를 한국으로 보내고 싶은데요?
A 이것을 비행기로, 배편으로 혹은 (선불포장)소포로 보내시길 원하세요?
B 비행기로 일반가격으로요.
A 좋습니다. 여기에 당신의 소포를 올려놓으세요. 63유로 입니다.
B 목적지에 언제 도착하나요?
A 한국의 경우, 15일정도 걸립니다.

vocabulaires

Que puis-je pour vous? : 무엇을 도와드릴까요?
je voudrais + inf : 나는 …을 하고 싶다, 하기를 원하다
envoyer : 보내다
le colis : 소포, 꾸러미
en Corée : 한국에(서)
par avion : 비행기로
par bateau : 배로
colissimo : 선불포장 소포
le tarif normal : 보통 가격, 일반 가격
déposer : 내려놓다, 두다, 놓다
la destination : 도착지, 행선지
il faut + inf : …해야 한다
compter : 예상하다, 산정하다
une quinzaine de jours : 약 15일
l'envoi : 보내기, 발송, 부치기
la poste : 우체국
le pays de destination : 도착할 나라

Leçon 2

Au commissariat de police

✓ Activité

SAVOIR 알아두기

DOCUMENT 1

관계대명사 où

① 장소와 시간을 선행사로 취한다.

- Je la rencontre à l'école où mon oncle travaille. 나는 우리 삼촌이 일하는 학교에서 그녀를 만난다.
- C'est lundi où nous sommes libre. 우리가 시간이 있는 날은 월요일이다.
- Le jour où tu es parti, mes parents étaient malades. 네가 떠나던 날 내 부모님이 아팠다.

② 전치사 de, par, jusqu'à 와 함께 쓰이기도 한다. (전치사 + où)

- Je vais au pays d'où vous êtes venu. 당신이 온 고장으로 나는 간다.
- La porte par où je suis entré. 내가 들어간 문.

부정법

부정법이란 동사의 원형이 그대로 쓰이는 것을 말하며, 현재형과 과거형으로 나눈다.

현재형 : 동사원형
과거형 : avoir 또는 être의 원형 + 과거분사

① 명사처럼 주어 또는 속어로 쓸 수 있다.

- Vouloir est pouvoir. 원하면 할 수 있다.

② 부정법은 준조동사 또는 전치사의 뒤에서 많이 쓰인다.

- Je désire vous parler 나는 당신에게 말을 하고 싶다.

- Nous voulons partir en vancances. 우리는 여행을 떠나고자 한다.
- Vous devez conduire la voiture. 당신이 자동차를 운전해야 합니다.
- Il aide sa femme à faire le ménage. 그는 부인이 집안일 하는 것을 돕는다.
- Elle commence à travailler. 그녀는 공부하기를 시작한다.
- Je n'arrive pas à le comprendre. 나는 그것을 이해할 수가 없다.

③ **명사 + de (à) + 동사원형**의 형태로 명사를 수식하는 역할을 한다.

- J'ai envie de me promener. 나는 산책을 하고 싶다.
- Il a l'habitude de mentir. 그는 거짓말하는 습관이 있다.
- Nous avons l'intention de vous rencontrer. 우리는 당신을 만나고 싶다.
- J'ai une lettre à envoyer. 나는 보낼 편지가 있다.
- Tu as quelques choses à manger. 너는 먹을 것이 있니?
- Vous avez des questions à poser. 당신은 질문할 것들이 있다.

④ **형용사 + de + 동사원형**의 형태로 진주어의 역할을 한다.

- Il est difficile de lire le chinois. 중국어를 읽는 것은 어렵다.
- Il est possible de réserver des chambres. 방을 예약하는 것은 가능하다.
- Il est nécessaire d'apprendre une langue étrangère. 외국어를 배울 필요가 있다.
- Je suis heureuse de rencontrer cet homme. 나는 이 남자를 만난 것이 행복하다.
- Nous sommes contents d'être avec vous. 우리는 당신과 함께 있는 것이 기쁘다.

DOCUMENT 2

약한 찬성 표현

- Ah! ça oui. 아! 그거 그래요.
- C'est vrai ça! 그말, 맞는 말이요.
- Absolument! 분명히 그래요.
- Tout à fait! 전적으로 맞아요.
- C'est sûr! 확실히 그래요.
- C'est certain! 분명 그래요.

절대 찬성 표현

- Exactement! 정확하게 맞아요.
- C'est exact, 정확하게 맞아요.
- Effectivement. 분명히 맞아요.
- Je suis d'accord. 나도 그렇게 생각해요.
- Sans aucun doute. 조금도 의심의 여지가 없어요.
- Je suis de votre avis. 나도 당신 생각과 똑같아요.
- Vous avez bien raison. 당신 말이 참 맞아요.

약한 찬성 표현

- Je pense que c'est tout à fait de sa faute. 난, 전적으로 그의 잘못이라고 생각한다.
- Oui, c'est possible. 그래, 그럴 수 있지.
- Oui, peut-être. 그래, 그럴 수도 있지.
- Oui, ça se peut. 그래, 아마 그럴 수도 있지.
- Oui, si vous voulez. 예, 당신이 그러하시다면야.
- Bof! 글쎄.

약한 반대 표현

- Je pense que c'est tout à fait de sa faute. 난, 전적으로 그의 잘못이라고 생각한다.
- Non, pas vraiment. 아니, 정말로 그렇진 않아요.
- Non, pas tellement. 아니, 그렇게 까진 아닙니다.
- Je ne suis pas tout à fait d'accord. 난, 전적으로 찬성할 순 없네요.
- Je n'en suis pas sûr. 난, 확신이 안가요.
- Ce n'est pas certain. 확실하지 않아요.
- C'est à voir. 두고 봐야죠.

절대 반대 표현

- Je pense que c'est tout à fait de sa faute. 난, 전적으로 그의 잘못이라고 생각한다.
- Je ne suis pas d'accord. 난 동의할 수 없습니다.
- Ce n'est pas vrai. 사실이 아닙니다.
- Absolument pas. 절대 그렇지 않아요.

- Pas du tout. 전혀 그렇지 않아요.
- Tu plaisantes! 농담이겠지!
- Tu rigoles! 농담하지마!
- Je suis contre. 나는 반대야.
- Je dis non. 나는 아니라고 말한다.
- Bien sûr que non. 분명히 아니다.
- Je crois(pense) que non. 나는 아니라고 생각한다.
- Vous vous êtes trompé. 당신이 틀렸다.

DOCUMENT 3

알아둘 비인칭 동사

- Il faut + 부정법 (que + 접속법) : ~해야 한다
- Il (me, te, lui…) faut + 명사 : ~ 이 필요하다
- Il y a + 명사 : ~이 있다
- Il reste + 명사 : ~이 남아 있다
- Il s'agit de + 명사 : ~에 관한 일이다, ~과 연관 있다

Entraînez-vous!

Écoutez bien et répondez aux questions en cochant (☒) la bonne réponse ou en écrivant l'information demandée.

DOCUMENT 1 CD ▸ UNITÉ7 ▸ LEÇON2 ▸ Unité7 Leçon2 Activité Document1.mp3

1. Cochez "vrai" ou "faux".

	Vrai	Faux
① La personne fait une déclaration de vol.	☐	☐
② Elle a perdu ses papiers.	☐	☐
③ Elle se trouve à la préfecture.	☐	☐
④ On lui a volé son passeport et son permis.	☐	☐

2. Quel papier doit-elle remplir?

Elle doit remplir ....

3. Est-ce qu'elle a téléphoné partout?

☐ Oui ☐ Non

DOCUMENT 2 CD ▸ UNITÉ7 ▸ LEÇON2 ▸ Unité7 Leçon2 Activité Document2.mp3

1. Comment était l'agresseur?

☐ Grand, blond avec une moustache

☐ Grand, brun avec des lunettes de soleil

☐ Grand, brun avec une veste marron clair

2. A quel moment portait-il des lunettes de soleil?

....

DOCUMENT 3 CD ▸ UNITÉ7 ▸ LEÇON2 ▸ Unité7 Leçon2 Activité Document3.mp3

1. De quel vol s'agit-il?

☐ Un sac à main avec l'argent et les papiers

☐ Une voiture

☐ Des documents confidentiels

☐ Des biens privés

2. Que s'est-il passé quand elle est rentrée chez elle?

....

3. A quel étage se trouve le bureau F?

....

TRANSCRIPTIONS 녹음 텍스트

Doc. 1 CD ▸ UNITÉ7 ▸ LEÇON2 ▸ Unité7 Leçon2 Activité Document1.mp3

A Bonjour, je viens pour faire une déclaration de perte de papiers.
B Quels documents voulez-vous déclarer?
A Passeport, carte d'identité et permis de conduire.
B Etes-vous sûre d'avoir perdu tous ces papiers?
A Absolument. J'ai cherché partout, j'ai téléphoné dans tous les lieux où je me suis rendue ces deux derniers jours. Et rien.
B Bien, vous allez remplir cette déclaration de perte que vous irez porter à la préfecture pour demander de nouveaux papiers.

A 안녕하세요, 증명서 분실된 것을 신고하러 왔습니다.
B 어떤 내용을 신고하실 건가요?
A 여권, 신분증 그리고 운전 면허증이요.
B 이 모든 신분증명서를 잃어버린 것이 확실한가요?
A 네, 그렇습니다. 모든 곳을 찾아봤고, 지난 이틀 동안 제가 간 모든 곳에 전화를 했어요. 그런데 아무데도 없었어요.
B 좋습니다, 새로운 서류를 신고하기 위해 경시청에 가져가야 할 분실 신고서를 작성하세요.

vocabulaires

une déclaration : 신고
la perte de papiers : 증명서 분실
le document : 서류, 문서
déclarer : 신고하다
la carte d'identité : 신분증
la permis de conduire : 운전 면허증
être sûr(e) de + inf : …한 것을 확신하다
perdre : 잃어버리다
absolument : 네, (동의), 절대적으로, 꼭
partout : 도처에, 사방에, 어디든지
le lieu : 장소, 곳
se rendre : 가다
deux derniers jours : 지난 이틀
rien : 아무것도, 전혀
remplir : 작성하다, 채우다
porter : 가져가다, 가져오다
la préfecture : 경시청
demander : 부탁하다, 요구하다, 요청하다
la personne : 사람
faire une déclaration de vol : 절도 신고를 하다
se trouver : 있다, 존재하다, 발견되다
la préfecture. : 경시청
voler : 훔치다, 도둑질하다

Doc. 2 CD ▸ UNITÉ7 ▸ LEÇON2 ▸ Unité7 Leçon2 Activité Document2.mp3

A Bonjour, mademoiselle, pouvez-vous décrire l'agresseur?
B Grand, brun. Il portait une veste marron foncé.
A Portait-il des lunettes?
B Non pas, quand il est entré, mais en ressortant il portait des lunettes de soleil, c'est bizarre.
A Est-ce qu'il portait une moustache ou une barbe?
B Non, cela je ne l'ai pas remarqué.

A 안녕하세요, 당신은 침입자를 묘사할 수 있습니까?
B 키가 크고, 갈색머리에요. 그는 짙은 밤색 상의를 입고 있었어요.
A 그가 안경을 끼었나요?

B 아니요, 그가 들어왔을 때, 그런데 다시 나가면서 그는 썬글라스를 끼고 있었어요. 이상해요.
A 그가 콧수염이나 턱수염이 있었나요?
B 아니요, 그것은 보지 못했어요.

vocabulaires

décrire : 묘사하다, 기술하다
l'agresseur : 싸움을 건 사람, 공격자
grand(e) : 키가 큰
brun(e) : 갈색머리의
porter : 착용하다
une veste : 상의, 윗옷
marron foncé(e) : 짙은 밤색
des lunettes : 안경
entrer : 들어오다
ressortir : 다시 나가다
des lunettes de soleil : 썬글라스
bizarre : 이상한
une moustache : 콧수염
une barbe : 턱수염
remarquer : 알아차리다, 눈여겨보다
blond(e) : 금발의
marron clair : 옅은 밤색
le moment : 순간, 때

Doc. 3 CD ▸ UNITÉ7 ▸ LEÇON2 ▸ Unité7 Leçon2 Activité Document3.mp3

A Bonjour, Monsieur l'agent. Je viens pour déposer une plainte pour vol.
B Oui, de quoi s'agit-il?
A En rentrant chez moi, j'ai trouvé la porte forcée et tous les objets de valeur disparus.
B Bon et bien attendez devant le bureau F au 2ème étage, un agent vous recevra dans son bureau et enregistrera votre plainte.

A 안녕하세요. 저는 절도에 대한 소송을 제기 하고자 왔습니다.
B 네, 무엇에 대한 것이죠?
A 저희 집에 들어갈 때, 문이 부서져 있고, 모든 귀중품이 없어진 걸 발견했어요.
B 좋습니다. 2층의 F사무실 앞에서 기다리세요, 직원 한 명이 그의 사무실로 당신을 안내할 것이고 당신의 고소를 접수할 것입니다.

vocabulaires

l'agent : 직원, 순경
déposer : 고소하다
une plainte pour vol : 절도에 대한 고소
il s'agit de : …에 관련되다, …의 문제이다
rentrer : 돌아오다, 들어오다
forcé(e) : 부숴진
tous les objets de valeur : 모든 귀중품
disparu(e) : 없어진, 사라진
attendre : 기다리다
devant :…앞에서
le bureau : 사무실
l'étage : 층
recevoir : …을 받다, 맞이하다, 대접하다
enregistrer : 기록하다, 기입하다
un sac à main : 손가방, 핸드백
l'argent : 돈
les papiers : 신분 증명서들
une voiture : 자동차
des documents confidentiels : 비밀 문서, 비밀 서류
des biens privés : 사적 재산

Unité VIII

S'orienter

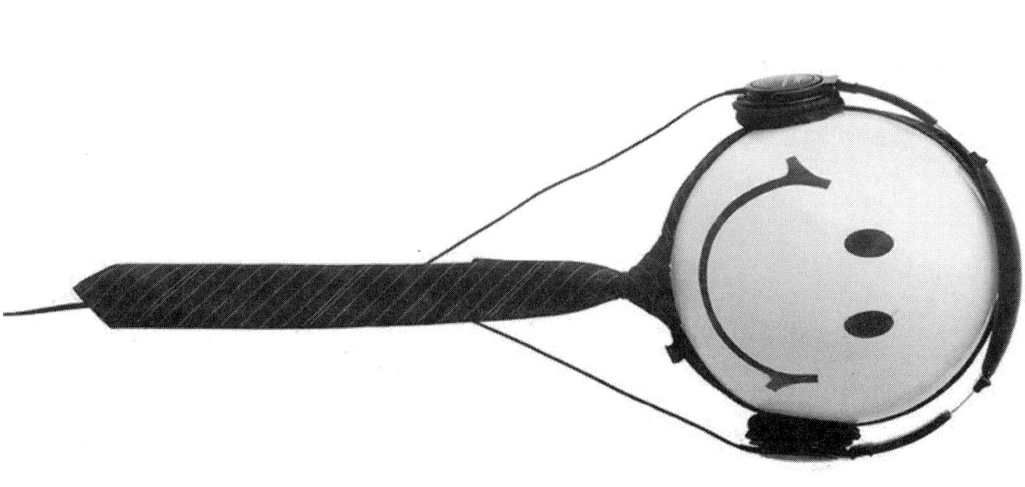

Leçon 1

Où est-ce?

✓Activité 1

SAVOIR 알아두기

DOCUMENT 1

길안내에 관한 기본표현

① continuer tout droit 직진하다

② aller tout droit! : 곧바로 가세요

③ prendre la direction de la place 광장 방향으로 가다

④ prendre la rue 길로 들어서다

⑤ tourner à droite / à gauche 우회전 / 좌회전 하다

⑥ tourner à la 1ère rue à gauche 왼쪽의 첫 번째 거리로 우회전하다

⑦ suivre la rue (가던 길을) 계속 쫓아가다

⑧ aller jusqu'au carrefour 사거리까지 가다

⑨ longer le boulevard 대로를 따라가다

⑩ passer la rue 길을 지나쳐가다

⑪ sortir de la gare 기차역을 나오다

⑫ traverser la place 광장을 가로질러 가다, 횡단하다

☝ 길 안내에 관한 응용표현

① Il faut prendre à gauche. 왼쪽으로 가세요.

② Vous devez prendre la deuxième rue à droite. 오른쪽 두 번째 길로 가셔야만합니다.

③ Prenez la rue à droite / à gauche. 오른쪽 / 왼쪽 길로 가세요.

④ Vous devez prendre l'avenue… …길로 가야만 합니다.

⑤ Prenez la rue en face. 맞은편 길로 가세요.

⑥ Il faut tourner à droite. 오른쪽으로 돌아가세요.

⑦ Vous devez tourner à gauche après le feu. 신호등을 지나 왼쪽으로 돌아가세요.

⑧ Tournez en face de… …의 맞은편에서 방향을 돌리세요.

⑨ Il faut traverser la place. 광장을 가로질러가세요.

⑩ Vous devez traverser le pont. 다리를 건너셔야만합니다.

☝ 위치 표현

① La poste est à gauche (de l'église) / à droite (du stade) / devant (le restaurant).
우체국은 (교회의) 왼쪽에 / (경기장의) 오른쪽에 / (레스토랑의) 앞에 있습니다.

② Le dictionnaire est derrière / sous / devant (la porte).
사전은 (문) 뒤에 / 아래에 / 앞에 있습니다.

③ Elle habite au-dessus (de chez nous) / au-dessous (de chez nous).
그녀는 (우리집) 위층에 / (우리집) 아래층에 삽니다.

☝ 간격 / 거리 표현

① La poste est (tout) près d'ici. 우체국은 여기서 (아주) 가까이 있습니다.

② **La poste est (juste) à côté d'ici.** 우체국은 (바로) 옆에 있습니다.

③ **La poste est (très) loin d'ici.** 우체국은 여기서 (아주) 먼 곳에 있습니다.

Entraînez-vous!

Écoutez bien et répondez aux questions en cochant (☒) la bonne réponse ou en écrivant l'information demandée.

DOCUMENT 1 CD ▸ UNITÉ8 ▸ LEÇON1 ▸ Unité8 Leçon1 Activité1 Document1.mp3

1. Choisissez "vrai" ou "faux".

	Vrai	Faux
① Mathieu vient d'emménager.	☐	☐
② Samuel organise une fête d'anniversaire.	☐	☐
③ Samedi c'est la crémaillère de Samuel.	☐	☐

2. A quel étage se trouve l'appartement?

....

3. Pour la fête que demande-t-il à chacun d'apporter?

....

DOCUMENT 2 CD ▸ UNITÉ8 ▸ LEÇON1 ▸ Unité8 Leçon1 Activité1 Document2.mp3

1. Choisissez "vrai" ou "faux".

	Vrai	Faux
① Pour aller à l'Opéra Bastille, on doit descendre à la station Bastille.	☐	☐
② Il n'y a pas de bus direct.	☐	☐
③ Pour aller à l'Opéra Bastille en bus, on peut prendre le 62.	☐	☐
④ On peut utiliser le même ticket pour le bus et pour le métro.	☐	☐

TRANSCRIPTIONS 녹음 텍스트

Doc. 1 CD ▸ UNITÉ8 ▸ LEÇON1 ▸ Unité8 Leçon1 Activité1 Document1.mp3

Allo, Mathieu? C'est Samuel. Samedi prochain, j'organise une petite fête chez moi pour la pendaison de crémaillère. Voici ma nouvelle adresse: 26 rue de l'Epeule, bâtiment C, appartement 407, au quatrième étage. Chacun apporte à boire ou à manger.

여보세요, 마티유? 나 사무엘이야. 다음 주 토요일에, 우리집에서 집들이로 작은 파티를 하려고 해. 이게 나의 새로운 주소야 : 에펠길 26번지고, 아파트 407에 건물C이고 5층이야. 각자 마실거나 먹을거를 가져와.

vocabulaires

allô : (전화상) 여보세요
prochain(e) : 다음의, 다음 번의
organiser : 구성하다, 준비하다, 기획하다
la fête : 축제, 파티
la pendaison de crémaillère : 집들이를 하다
l'adresse : 주소
le bâtiment : 건물
quatrième : 4번째의, 제4의
l'étage : 층
chacun : 각각, 각자
apporter à boire ou à manger : 마실 것이나 먹을 것을 가져오다
venir de + inf : (근접과거) 방금 …하다, 얼마 전에 …하다
emménager : 이사하다
la fête d'anniversaire : 생일 파티
se trouver : 있다, 위치하다
demander à qn de + inf : …에게 …을 부탁하다, 요구하다

Doc. 2 CD ▸ UNITÉ8 ▸ LEÇON1 ▸ Unité8 Leçon1 Activité1 Document2.mp3

A Excusez-moi, monsieur, pour aller à l'Opéra Bastille, à quelle station je dois descendre?
B Il faut que vous descendiez à la station Bastille.
A C'est direct?
B Non, vous devez changer à Palais-royal.
A Il n'y a pas de bus direct?
B Si, vous pouvez prendre le 72.
A Est-ce que je peux utiliser ce ticket?
B Oui, bien sûr. Ce sont les mêmes tickets pour le bus et pour le métro.

A 실례합니다, 오페라 바스띠유에 가려면, 제가 어느 정거장에서 내려야 하나요?
B 바스띠유 역에서 내려야 합니다.
A 바로 가는 건가요?
B 아니요, 빨레-호와얄에서 갈아타셔야 해요.
A 직접 가는 버스는 없나요?
B 있어요, 72번을 타실 수 있어요.
A 제가 이 표를 사용할 수 있나요?
B 네, 그럼요. 버스와 지하철에 같은 티켓을 사용합니다.

vocabulaires

la station : 역, 정류장
descendre : 내리다, 내려가다
Il faut que + sub : …해야 한다

direct(e) : 직접, 곧장, 바로
devoir + inf : …해야 한다
changer : 바꾸다, 변경하다, 갈아타다
prendre le 72 : 72번을 타다
utiliser : 사용하다, 이용하다, 활용하다
bien sûr : 물론이다
même : 같은
le métro : 지하철

✓ Activité 2

Entraînez-vous!

Écoutez bien et répondez aux questions en cochant (☒) la bonne réponse ou en écrivant l'information demandée.

DOCUMENT 1 CD ▸ UNITÉ8 ▸ LEÇON1 ▸ Unité8 Leçon1 Activité2 Document1.mp3

1. Le rendez-vous de Paul avec Marie est :

☐ avant 19h. ☐ avant 20h. ☐ après 20h.

2. Marie ne peut pas aller au cinéma. Pourquoi?

Parce que ....

3. Recomposez l'itinéraire que Paul doit suivre en mettant le numéro qui convient dans chaque parenthèse.

( ) Après, la deuxième rue à gauche.

( ) La pizzeria se trouve à l'angle de cette rue et de la rue Gambetta.

( ) Tu vas jusqu'au boulevard Etienne.

( ) Tu prends à droite.

DOCUMENT 2 CD ▸ UNITÉ8 ▸ LEÇON1 ▸ Unité8 Leçon1 Activité2 Document2.mp3

1. Qui va à l'exposition Féeriland samedi?

☐ Paul ☐ Lydie ☐ On ne sait pas.

2. Recomposez l'itinéraire que Lydie doit suivre en mettant le numéro qui convient dans chaque parenthèse.

( ) Tu prends la route nationale 147 en direction de Poitiers.

( ) Tu arriveras au rond-point.

( ) Tu prends la direction de Nieul.

( ) Tu verras un grand bâtiment à coté du restaurant French.

( ) Tu prendras la direction de Saint-Junien.

3. Le bâtiment de l'exposition se trouve à côté d' :

☐ un restaurant. ☐ une piscine. ☐ une école.

DOCUMENT 3 CD ▸ UNITÉ8 ▸ LEÇON1 ▸ Unité8 Leçon1 Activité2 Document3.mp3

1. Avec qui viendront Michel et Thérèse?

....

2. Choisissez "vrai" ou "faux".

Pour arriver à la maison de campagne:	Vrai	Faux
① Il doit prendre l'autoroute jusqu'à Cavaillon.	☐	☐
② Il doit sortir à Avignon.	☐	☐
③ Il prend la route nationale 7 en direction de Cavaillon.	☐	☐
④ Après le village il tourne à gauche.	☐	☐
⑤ La maison de Maria se trouve juste avant l'hôtel La lune.	☐	☐

TRANSCRIPTIONS 녹음 텍스트

Doc. 1 CD ▸ UNITÉ8 ▸ LEÇON1 ▸ Unité8 Leçon1 Activité2 Document1.mp3

A Allô, Paul? C'est Marie. Ce soir, je vais aller au cinéma Gaumont avec Claire que tu connais. Tu veux venir avec nous?

B Oui, je veux bien mais ce soir, je ne peux pas sortir avant 20h 30 parce que ma mère est malade et je dois préparer le dîner pour mon frère.

A Ah bon. Sinon, après le film, nous voulons manger une pizza à Pizza Hut. Si tu veux venir, pas de problème.

B D'accord. Mais tu dois m'expliquer comment arriver jusqu'à la pizzeria.

A Alors, du cinéma Gaumont, tu vas jusqu'au boulevard Etienne. Tu prends à droite et après, la deuxième rue à gauche. La pizzeria se trouve à l'angle de cette rue et de la rue Gambetta.

B Entendu! À ce soir!

A 여보세요, 뽈? 나 마리야. 오늘 저녁에 네가 알고 있는 끌레르와 함께 고몽 영화관에 가려고 하는데. 너도 갈래?

B 그래, 가고는 싶은데, 오늘 저녁 8시 이전에는 나갈 수가 없어. 왜냐하면 엄마가 아파서 내 동생 저녁 준비를 해야 해.

A 그래. 그러면 우리는 영화가 끝난 후 피자헛에서 피자를 먹을 예정이야. 거기에 오고 싶으면, 그렇게 하도록 해.

B 알겠어. 피자 가게를 어떻게 찾아 가야하는지 내게 설명해줘.

A 그러니까, 리도 영화관에서 에티엔느 거리까지 가. 거기서 우회전 한 다음, 두 번째 거리에서 왼쪽으로 꺾어져. 피자 가게는 그 거리와 강베타 거리가 만나는 모퉁이에 있어.

B 잘 알았어. 이따 저녁에 보자!

vocabulaires

ce soir : 오늘 저녁
sortir : 나가다. 외출하다
avant + 시간 : … (시간)전에
préparer le dîner : 저녁식사 준비하다
être malade : 아프다
sinon : 그렇지 않으면
pas de problème : 문제없다
expliquer à qn comment arriver : …에게 어떻게 가야하는지 설명하다
jusqu'à : …까지
la pizzeria : 피자가게
le boulevard : 대로, 큰길, 큰 거리
prendre à droite : 오른쪽으로 가다, 우회전 하다
la deuxième rue : 두 번째 길
à gauche : 왼쪽으로
se trouver : 있다, 발견되다
à l'angle de : …의 모퉁이에, 구석에
le rue : 길
Entendu! : 잘 알았다! 이해했다!
le rendez-vous : 약속
recomposer : 재구성하다, 다시 짜다
l'itinéraire : 여정, 여행코스, 경로
suivre : 따라가다
mettre le numéro : 번호를 적다, 기재하다
convenir : …에 맞다, 적절하다
la parenthèse : 괄호

Doc. 2 CD ▸ UNITÉ8 ▸ LEÇON1 ▸ Unité8 Leçon1 Activité2 Document2.mp3

A Paul, j'ai décidé de visiter l'exposition Féeriland samedi. Peux-tu m'expliquer comment arriver jusqu'à là-bas?

B Bon, de Limoges, tu prends la route nationale 147 en direction de Poitiers. Puis, tu prends la direction de Nieul. Tu arriveras au rond-point et tu prendras la direction de Saint-Junien. Tu verras un grand bâtiment à coté du restaurant French. C'est là.

A Ce n'est pas compliqué. Merci, Paul.

A 뽈, 토요일에 페릴랜드 전시장에 가기로 했어. 그곳에 어떻게 가는지 내게 설명해줄 수 있겠니?

B 그래. 리모쥬에서 뽀와티에 방향으로 147번 국도를 타고 가. 그 다음에 니욀 방향으로 길을 타고 가. 그러면 원형 로터리에 도착하게 될 거야. 그 다음 쎙-쥐니앙 방향의 도로를 타고 가. 프렌치 식당 옆에 대형 건물이 보일거야. 바로 그곳이야.

A 복잡하진 않군. 고마워 뽈.

vocabulaires

décider de + inf : …하기로 결정하다, 결심하다
visiter : 방문하다, 견학하다, 관람하다
l'exposition : 전시, 전시회
expliquer à qn comment arriver : …에게 어떻게 가는지를 설명하다
jusqu'à : …까지
là-bas : 거기에(서), 그곳에(서)
prendre la route nationale : 국도를 타다
la direction de Poitiers : 뽀아띠에 방향
le rond-point : 원형 교차로
voir : 보다
un bâtiment : 건물
à coté de : …의 옆에
C'est là. : 거기다, 바로 그 곳이다.
compliqué(e) : 복잡한, 어려운
entourer : 둘러싸다, 에워싸다
la ville : 도시
cité(e) : 인용된
le plan : 지도
suivant(e) : 다음의
une piscine : 수영장

Doc. 3 CD ▸ UNITÉ8 ▸ LEÇON1 ▸ Unité8 Leçon1 Activité2 Document3.mp3

A Allô, Maria? C'est Michel. Avec Thérèse on a décidé de venir vous voir ce week-end avec les enfants. Mais dis-moi, peux-tu m'expliquer comment arriver jusqu'à votre maison?

B Ah oui! C'est vrai, tu n'est jamais venu encore. Alors tu prends l'autoroute jusqu'à Cavaillon. Là, tu sors et tu prends la route nationale 7 en direction d'Avignon.

A Ce n'est pas plus simple de sortir à Avignon?

B Surtout pas! Avant Avignon tu prends la direction d'Apt sur la route départementale 22. Une trentaine de kilomètres après tu arrives à Gordes. Après le village tu tournes à droite. La maison est juste après l'hôtel "La lune".

A C'est assez compliqué.

B Mais non. Tu pourras la trouver facilement.

A J'espère que l'on trouvera du premier coup, sinon je t'appelle sur le portable. A samedi!

B Oui, à très bientôt, je suis ravie que vous puissiez venir avec les enfants!

A 여보세요, 마리아? 나 미셸이야. 이번 주말에 아이들과 함께 너를 보러 가려고 떼레즈랑 결정했어. 그런데, 너의 집까지 어떻게 가는지 나한테 설명해줄 수 있어?

B 아 그래! 정말로, 네가 아직 와보질 않았구나. 까발리옹까지 고속도로를 타. 거기서, 나와서 아비뇽 방향으로 7번 국도를 타면 돼.

A 아비뇽 방향으로 나가는 게 더 간단하지 않을까?

B 아니야! 아비뇽 전에 너는 22번 지방도로를 타서 Apt방향으로 가도록해. 30킬로미터 정도 가면 고르드에 도착할거야. 그 마을에서 우회전을 해. 집은 바로 "라륀느" 호텔 뒤에 있어.

A 좀 복잡한데.

B 전혀 안 복잡해. 쉽게 찾을 수 있을거야.

A 한 번에 찾을 수 있길바래, 그렇지 않으면 네 휴대전화로 전화할께. 토요일에 보자!

B 그래, 곧 보자, 네가 아이들과 함께 온다니 너무 좋다!

vocabulaires

décider de + inf : …하기로 결정하다, 결심하다
venir + inf : …하러 가다, 오다
dire : 말하다
expliquer à qn comment arriver : …에게 어떻게 오는지 설명하다
jusqu'à : …까지
la maison de campagne : 시골의 집
C'est vrai : 맞다.
prendre l'autoroute : 고속도로를 타다
prendre la route : 도로를 타다, 이용하다
ne… plus : 더 이상..않다
simple : 쉬운, 간단한
ce n'est pas plus simple de + inf : …하는 것이 더 간단하지 않다
la route départementale : 지방도로
une trentaine de kilomètres : 약 30킬로미터
le village : 마을
tourner à droite : 우회전하다
juste : 바로
j'espère que : 나는 …하기를 바라다
du premier coup : 한번에, 단번에
sinon : 그렇지 않으면
appeler qn sur le portable : …에게 휴대전화로 전화하다
être ravie que + sub : …하게 되서 기쁘다

Traductions et Corrigés

Unité 1 : Se rencontrer

Leçon 1 : Faire une rencontre

✓ ACTIVITÉ 1

Doc 1

1. 이반은 누구인가요?

   ☐ 집주인 ☐ 건물 관리인 ☒ 공동세입자

2. 집에 관해서 문제가 생기면 그는 누구에게 문의해야 하는가요?

   ☐ 공동세입자 ☒ 건물 관리인 ☐ 부동산 중개사

3. 이반의 직업은 무엇인가요?

   Il est **éducateur**.

Doc 2 참 또는 거짓을 고르세요.

	참	거짓
① 이들은 회사 동료들이다.	☐	☒
② 이들은 학생이다.	☒	☐
③ 그녀들은 공동으로 세들어 살고 있다.	☐	☒
④ 그녀들은 엑성 프로방스에 학생기숙사에 살고 있다.	☒	☐
⑤ 그녀들은 민박집에 방 하나를 갖고 있다.	☐	☒

Doc 3

1. 이들은 무엇에 관하여 이야기하는가요?

   ☐ 공부
   ☒ 건강 문제
   ☐ 겨울 휴가
   ☐ 비와 맑은 날씨

2. 날씨가 어떤가요?

   Il fait froid. (날씨가 춥다)

Doc 4

1. 마리옹과 피에르는 못 본지 얼마나 되었는가요?

   ☒ 5년 ☐ 7년 ☐ 1년

2. 그들은 현재 어디에 있는가요?

☐ 파리에 있다. ☒ 그들의 바캉스 장소에 있다.

☐ 스페인에 있다.

3. 정답에 체크하세요.

① ☐ 마리옹의 형은 마찬가지로 이곳에 있다.
☒ 마리옹의 형은 파리로 돌아갔다.
☐ 마리옹의 오빠는 곧 돌아올 것이다.

② ☐ 8월달에, 마리옹은 일하지 않았다.
☐ 8월달에, 마리옹은 일거리가 조금 있었다.
☒ 8월달에, 마리옹은 많은 일거리가 있었다.

③ ☐ 피에르는 학업을 모두 끝냈다.
☒ 피에르는 학업을 거의 끝냈다.
☐ 피에르는 학업을 그만 두었다.

✓ ACTIVITÉ 2

➾ Doc 1

1. 이 지원자는 몇 개의 언어를 할 수 있는가요?

☐ 4 ☒ 5 ☐ 6

2. 그녀가 유창하게 말하는 언어는 무엇인가요?

Elle parle français, anglais, portugais, suédois.

3. 그녀는 어떤 전공에서 석사를 하였는가요?

☐ 생물학 ☐ 정치학 ☐ 사회학 ☒ 경제학

4. 그르노블의 무역부서에서 일하기 전에, 그녀는 무엇을 하였는가요?

Elle a fait un satage. (그녀는 연수를 받았다.)

➾ Doc 2

1. 이 바는 몇 시에 문을 닫는가요?

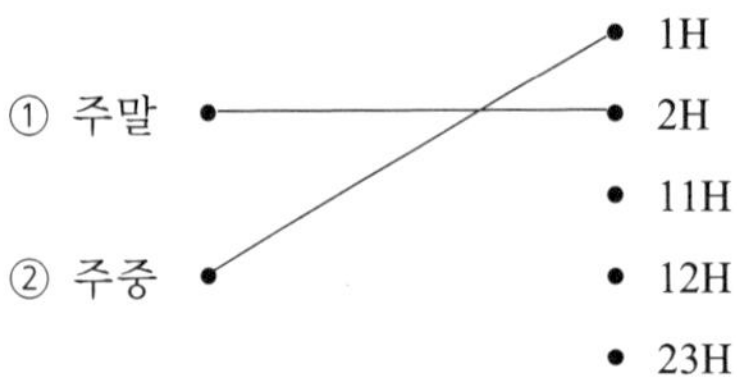

2. 이 종업원은 이 바에서 일하는 것을 좋아한다. 그 이유가 무엇인가요? (여러 정답 가능)

☐ 음악이 좋기 때문이다.
☒ 주변 환경이 좋기 때문이다.
☒ 손님들이 호의적이기 때문이다.
☐ 사장님이 관대하기 때문이다.
☒ 분위기가 좋기 때문이다.
☐ 관광객과 외국학생들이 많기 때문이다.

3. 이 종업원은 그 다음날 일을 하는가요?

Non, il ne travaille pas. C'est son jour de congé. (아니요, 그는 일을 하지 않습니다. 휴가입니다.)

➾ Doc 3

1. 줄리앙의 형은 그에게 자신의 자동차를 주었다.

☐ 사실 ☒ 거짓 ☐ 알 수 없다.

2. 줄리앙의 형은 :

☐ 자동차를 바꾸었다. ☒ 스키를 타다 사고를 당했다. ☐ 자동차 사고를 당했다.

3. 형의 부인은 왜 집에 있지 않은가요?

☐ 그녀는 아주 떠났다.
☐ 그녀는 몇 주간 바캉스를 떠났다.
☒ 그녀는 몇 주 동안 일을 위해 떠났다.

4. 형을 돕기 위해 줄리앙은 무엇을 해야 하는가요? (여러 정답 가능)

☒ 먹을 것을 산다.
☐ 요리를 한다.
☒ 조카들을 학교에 데려다 준다.
☐ 조카들에게 집에서 일하도록 시킨다.

Leçon 2 : Faire connaissance

✓ ACTIVITÉ

➾ Doc 1

1. 여학생의 이력서를 작성하세요.

① 성	Park (박)

② 이름	Mi-Jin (미진)
③ 국적	coréenne (한국)
④ 전공	Droit (법학)
⑤ 구사언어	Anglais, Coréen, Espagnol et Français (영어, 한국어, 스페인어, 프랑스어)

2. 부장이 박양에게 관심을 갖는 이유는 무엇인가요?

☐ 법과 학생이기 때문이다.
☒ 여러 외국어를 구사하기 때문이다.
☐ 엑스에 거주하기 때문이다.

Doc 2

1. 앙리는 누구인가요?

☒ 콧수염이 있는 사람
☐ 턱수염이 있는 더 뚱뚱한 사람
☐ 긴 머리의 더 마른 사람

2. 참 또는 거짓을 고르세요	참	거짓
① 삐에르와 앙리는 형제이다.	☒	☐
② 앙리는 삐에르보다 훨씬 뚱뚱하다.	☐	☒
③ 그들은 둘 다 같은 회사에서 일을 한다.	☒	☐

Doc 3

1. 블라디미르와 마르타는 어디에 사는가요?

☐ 이탈리아 ☐ 러시아 ☒ 스위스

2. 참 또는 거짓을 고르세요.	참	거짓
① 마르타는 첼리스트이다.	☐	☒
② 블라디미르는 러시아인이다.	☒	☐
③ 블라디미르는 지난주에 연주를 하였다.	☐	☒
④ 그들이 스위스에 산지 10년 미만이다.	☐	☒

Doc 4

1. 고객은 누구와 결혼하기를 원하는가요?

☒ 농부 ☐ 기자 ☐ 군인

2. 여인은 어디에서 살기를 원하는가요?

☒ 시골에서　　☐ 산에서　　☐ 도시에서

3. 정확한 답에 체크하세요.

① ☐ 고객은 이혼하였다.
☒ 여자는 남편감을 찾고 있다.
☐ 여자의 남편은 라디오에서 일한다.

② ☐ 여자는 라디오에서 기자 역할을 한다.
☐ 여자는 농장에서 일을 한다.
☒ 여자는 가정부이다.

③ ☐ 고객은 시골을 잘 모른다.
☒ 여자는 이미 농장에서 산 적이 있다.
☐ 그녀의 부모님은 농장주이시다.

④ ☐ 여자는 동물들, 특히 고양이를 싫어한다.
☐ 여자는 동물을 기르지 않는다.
☒ 여자는 고양이들을 좋아한다.

➾Doc 5

1. 소년의 이름은 무엇입니까?

Il s'applle Renaud. (그의 이름은 르노입니다.)

2. 그는 몇 살입니까?

☐ 12　　☐ 14　　☒ 15

3. 참 또는 거짓을 선택하세요.

	참	거짓
① 그는 르노의 노래를 부를 것이다.	☐	☒
② 어린 소년의 아버지는 수염을 가지고 있다.	☒	☐
③ 어린 소년의 아버지는 안무가이다.	☐	☒
④ 어린 소년의 어머니는 갈색머리이다.	☐	☒
⑤ 나중에, 소년은 정보처리기술자가 되고 싶다.	☒	☐

Unité 2 : Acheter

Leçon 1 : Au marché

✓ ACTIVITÉ I

➾ Doc 1

1. 참 또는 거짓을 고르세요.

	참	거짓
① 이 손님은 5개의 다른 품목을 산다.	☒	☐
② 그녀는 7개의 다른 품목을 산다.	☐	☒
③ 그녀는 10로 이상을 지불한다.	☐	☒
④ 그녀는 야채만 산다.	☒	☐

2. 상치는 얼마인가요?

Elle coûte 1,50 les deux et 80 centimes pièce. (두 개에 1.5유로, 하나에 80쌍팀)

➾ Doc 2

1. 젊은 여자 손님은 시장에서 무엇을 샀는가요?

un kilo de fraises et deux kilos de poires (딸기 1킬로와 배 2킬로)

2. 그 여자 손님이 토마토를 사지 않았던 이유는 무엇인가요?

☐ 토마토의 가격이 너무 비쌌기 때문이다.
☒ 토마토가 싱싱하지 않았기 때문이다.
☐ 토마토가 다 팔리고 남은 것이 없었기 때문이다.

3. 여자 손님은 얼마를 지불해야 하는가요?

☒ 7,30€ ☐ 8,60€ ☐ 9,60€

➾ Doc 3

1. 이 여자가 산 야채들은 무엇인가요?

☐ 당근 ☒ 호박 ☐ 고추 ☒ 토마토 ☐ 샐러드 ☒ 가지

2. 각 상품과 맞는 가격을 찾아보세요.

① 가지와 호박	6,30 euros
② 토마토	5,20 euros
③ 망고 2개와 파인애플 하나	2,50 euros
④ 체리	10 euros

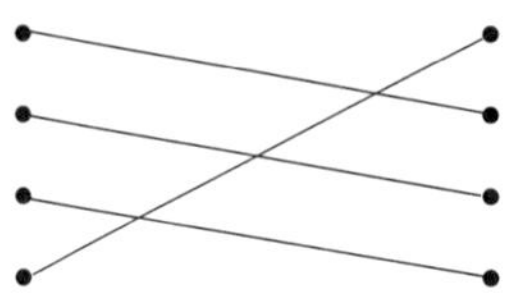

3. 그녀가 지불한 금액은 전부 얼마인가요?

Elle paie 24 euros. (24유로)

✓ ACTIVITÉ II

➾ Doc 1

1. 여자 손님은 처음에 무엇을 사려고 했나요?

☒ 참치　　☐ 정어리　　☐ 굴

2. 상인은 여자 손님에게 어떻게 행동했는가요?

☒ 손님에게 조언을 한다.　　☐ 손님을 속인다.　　☐ 손님에게 화를 낸다.

3. 각 상품과 가격을 연결하세요.

홍합	3,10 €
참치	2,50 €
연어	2,99 €
고등어	10,20 €

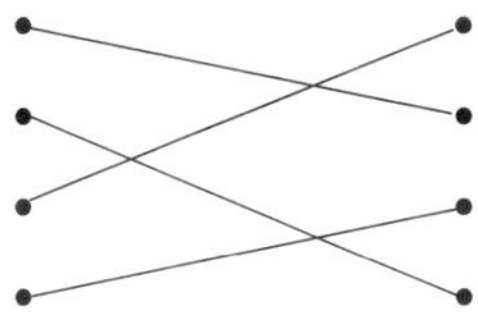

➾ Doc 2

1. 손님은 어느 곳의 진열대에 있는가요?

☐ 정육점　　☐ 채소가게　　☒ 생선가게

2. 그녀는 얼마만큼의 홍합을 사는가요?

☐ 500 그램　　☐ 3,5 킬로　　☒ 4 킬로

➾ Doc 3

1. 본 메시지는 무엇을 알리고 있는가요?

☒ 판매매장의 저녁 8시 30분 폐점.
☐ 판매매장의 저녁 8시까지 영업 연장.
☐ 판매매장의 저녁 6시까지 영업 단축.

2. 판매점은 성탄절 기간 동안 언제까지 개장하는가요?

☒ 저녁 9시까지.　　☐ 저녁 10시까지.　　☐ 월요일부터 토요일까지.

3. 지금 시각이 저녁 8시 20분이다. 안내 방송은 당신에게 어떻게 하도록 요구하는가요?

Nous sommes invités à nous diriger vers les caisses. (우리는 계산대로 향하도록 요청받는다)

Doc 4

1. 각 안내방송은 손님이 어디로 오도록 한 것인지 해당하는 장소에 연결하세요.

① 안내방송 1 •	• 치즈 매장
② 안내방송 2 •	• 주유소
③ 안내방송 3 •	• 돼지고기 매장
④ 안내방송 4 •	• 생선 매장

(① → 돼지고기 매장, ② → 생선 매장, ③ → 치즈 매장, ④ → 주유소)

2. 대형판매점 코라는 휘발유 가격을 올렸다.

☐ 참　　☒ 거짓　　☐ 알 수 없음

3. 대형판매점 코라에서 치즈를 두 개 사면, 세 번째 치즈는 무료로 증정된다.

☒ 참　　☐ 거짓　　☐ 알 수 없음

Leçon 2 : A la boulangerie

✓ ACTIVITÉ

Doc 1

1. 참 또는 거짓을 고르세요.

	참	거짓
① 손님은 빵 하나와 로렌 키슈 한 조각을 산다.	☐	☒
② 그는 염소치즈-토마토 샌드위치를 선택한다	☒	☐
③ 빵집주인은 그에게 키슈를 데워줄 것을 제안한다.	☒	☐

Doc 2

1. 참 또는 거짓을 선택하세요.

	참	거짓
① 남자 고객과 여자 고객은 함께 왔다.	☐	☒
② 여자 고객은 물건을 두 종류 샀다.	☒	☐
③ 남자 고객은 샌드위치를 하나 샀다.	☒	☐
④ 남자 고객은 케익도 하나 샀다.	☐	☒
⑤ 남자 고객은 여자 고객보가 돈을 더 많이 지불했다.	☐	☒

2. 남자 고객은 얼마를 지불했는가요?

☒ 3유로 15　　☐ 3유로 20　　☐ 3유로 25

3. 여자 고객은 얼마를 지불했는가요?

☐ 3유로 20　　☐ 3유로 25　　☒ 3유로 15

Leçon 3 : Aux magasins

✓ ACTIVITÉ I

➾ Doc 1

1. 참 또는 거짓을 고르세요.

	참	거짓
① 이 가게는 토요일만 제외하고 매일 연다.	☐	☒
② 이 가게는 토요일엔 좀 더 일찍 닫는다.	☐	☒
③ 이 가게는 월요일에 닫는다.	☐	☒
④ 토요일 7시 후에도 이 가게는 여전히 열려있다.	☒	☐

2. 화요일에 이 가게를 가는 것은 가능한가요?

Non, il n'est pas possible d'y aller. (아니요 그 가게에 가는 것은 불가능합니다.)

➾ Doc 2

1. 판매원은 어떤 색깔의 바지 모델을 가지고 있는가요? (여러 정답 가능)

☐ 회색 ☒ 파란색 ☐ 하얀색 ☒ 초록색

2. 바지 가격은 얼마인가요?

☐ 88,15 유로 ☒ 50,20 유로 ☐ 60,20 유로

3. 손님은 몇 싸이즈를 사는가요?

☐ 38 ☒ 38 반 ☐ 39 반

➾ Doc 3

1. 치마 가격은 얼마인가요?

☐ 89,50 유로 ☒ 99, 50 유로 ☐ 90, 50 유로

2. 손님은 몇 싸이즈를 사는가요?

☐ 36. ☒ 38. ☐ 39.

3. 손님은 어떻게 지불하는가요?

☒ 수표로 ☐ 신용카드로 ☐ 현금으로

4. 판매원은 신분증을 요구하는 가요?

☐ 예 ☒ 아니요 ☐ 알 수 없음

✓ ACTIVITÉ 2

➾ Doc 1

1. 참 또는 거짓을 고르세요.

	참	거짓
① 손님은 40치수를 신는다.	☐	☒
② 그는 회색 신발을 산다.	☐	☒
③ 그는 베이지색 광택제와 방수제를 산다.	☐	☒
④ 그는 39치수의 신발을 산다.	☒	☐

2. 손님은 한 켤레의 신발과 무엇을 사는가요?

☐ 검은색 광택제 ☒ 무색 광택제 ☒ 가죽 방수제 ☐ 모자 달린 자켓

➾ Doc 2

1. 고객은 무엇으로 계산했는가요?

☐ 수표 ☐ 현금 ☒ 여행자 수표

2. 오늘은 며칠인가요?

☒ 11월 15일 ☐ 11월 5일 ☐ 10월 31일

3. 여권은 언제까지 유효한가요?

2010년 10월 31일

Unité III : Réserver

Leçon 1 : Au restaurant

✓ ACTIVITÉ

➾ Doc 1

1. 식당의 이름은 무엇인가요?

Louis XIV (루이 14세)

2. 대화의 주제는 무엇인가요?

☐ 아침식사 ☐ 점심식사 ☒ 저녁식사

3. 참 또는 거짓을 고르세요.

	참	거짓
① 페이로 씨는 예약을 취소하기 원한다.	☐	☒

	참	거짓
② 저녁 식사는 토요일 저녁으로 예정되었다.	☒	☐
③ 실내 자리로 예약되었다.	☒	☐
④ 예약 자리는 흡연구역에 있다.	☐	☒

Doc 2

1. 이 대화는 언제 일어나는 것인가요?

☒ 식사 전에　　☐ 식사 중에　　☐ 식사 후에

2. 무엇을 선택하는가요? 일치하는 것을 고르세요.

전식	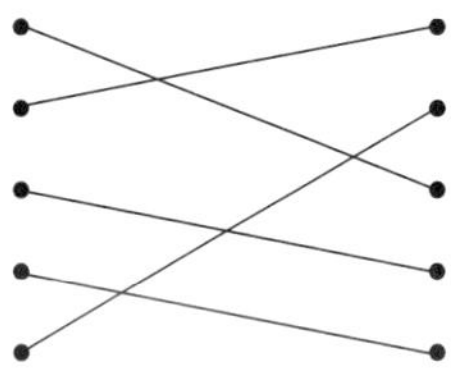	마늘에 튀긴 감자-등심
본 요리		따벨
치즈		니스풍 샐러드
디저트		까망베르
포도주		오늘의 파이

3. 따벨은 어떤 와인인가요?

☐ 적포도주　　☒ 로제 포도주　　☐ 백포도주

Doc 3

1. 이 식당은 무엇을 제안하는가요?

☐ 이탈리아 음식　　☐ 지역 음식 메뉴　　☒ 해산물 음식

2. 이 식당은 몇 가지의 메뉴를 제공하는가요?

trois menus (세 가지 메뉴)

3. 전화번호는 무엇인가요?

☒ 04.90.26.59.61.　　☐ 04.80.26.69.61.　　☐ 04.70.36.59.52

Leçon 2 : A l'hôtel

✓ ACTIVITÉ

Doc 1

1. 참 또는 거짓을 고르세요.	참	거짓
① 손님은 7시 30분에 일어난다.	☐	☒
② 그녀는 자신의 방에서 아침을 먹는다.	☒	☐

③ 그녀는 호텔에서 3일 묵었다.	☐	☒
④ 그녀는 체크아웃하면서 계산한다.	☒	☐

2. 이 손님은 언제 떠나는가요?

☐ 전날 ☐ 같은 날 ☒ 다음날

Doc 2

1. 참 또는 거짓을 고르세요.	참	거짓
① 방은 페랏의 이름으로 예약되었다.	☒	☐
② 그들은 방에서 아침식사를 할 것이다.	☐	☒
③ 그들은 아무 때나 들어올 수 있다.	☒	☐
④ 방 번호는 12이다.	☐	☒

2. 문제가 있으면 누구에게 전화해야 하는가요?

la réception (프론트)

Doc 3

1. 부인은 무엇을 요구했나요? 빈칸을 채워 보세요.

① 방의 수	une chambre (방 하나)
② 숙박 수	deux nuits (이틀 밤)
③ 사람 수	une personne (한 사람)
④ 날짜	les 14 et 15 avril (다음 4월 14일과 15일)

2. 부인의 이름을 적어보세요.

Madame Touratier

3. 주차장의 위치는 어디 인가요?

☐ 호텔 아래 ☒ 호텔 근처 ☐ 호텔에서 멀리

Doc 2

1. 어떤 사무소에 대한 것인가요?

☐ 결혼상담소 ☐ 개인 사회보장제도 사무소 ☒ 여행사

2. 선택된 행선지는 어디인가요?

☐ 아시아 ☒ 아프리카 ☐ 남아프리카

3. 3월 28일 전에 예약을 하면 어떤 혜택을 받을 수 있는가요?

On peut obtenir une réduction de 30% sur les séjours tout compris.

Leçon 3 : Chez le médecin

✓ ACTIVITÉ I

➾ Doc 1

1. 다음 아래 표현들 가운데, 대화에 사용된 문장에 X표를 하세요.

☒ 안녕하세요.

☐ 여보세요, 의사선생님 진료실인가요?

☒ 마르티네즈 의사 선생님과 진료 예약을 하고 싶습니다.

☐ 의사 선생님을 만나고 싶습니다.

☒ 저는 목이 몹시 아픈 상태입니다.

☒ 월요일까지 기다릴 수가 없어요.

☒ 다른 의사선생님과 진료 예약을 하겠습니다.

2. 참 또는 거짓을 고르세요.	참	거짓
① 리바씨는 주안느 의사와 약속이 되어있다.	☐	☒
② 주안느 의사는 질병으로 결근했다.	☐	☒
③ 리바씨는 브르통에 의사와 월요일 약속이 되어있다.	☐	☒
④ 리바씨는 오늘 오후 4시 50분에 브르통에 의사와 진료약속이 있다.	☒	☐

➾ Doc 2

1. 세르단은 하루 중 언제 진료예약이 되었는가요?

☐ 오전 ☒ 오후 ☐ 저녁

2. 이 환자는 무엇 때문에 전화하였는가요?

☐ 예약을 취소하기 위해서 ☒ 예약을 하기 위해서 ☐ 예약을 변경하기 위해서

3. 그는 몇 시에 진료를 받으러 오는가요?

Cet après-midi à 12h 30. (오늘 오후 3시 반)

➾ Doc 3

1. 참 또는 거짓을 표시하세요.	참	거짓
① 이 상황은 약국에서 일어나는 것이다.	☐	☒
② 이 손님(환자)은 열이 있고 감기에 걸렸다.	☐	☒

③ 이 손님(환자)은 감기에 걸렸고 목이 아프다. ☒ ☐
④ 목이 아픈 데는 시럽이 정제약보다 더 효과적이다. ☐ ☒

2. 환자는 회복하기 위해 무엇을 복용해야 하는가요?

☐ 비타민C와 시럽
☒ 감기에는 정제 캡슐약, 목 아픈 데에는 비타민 C와 정제약
☐ 감기에는 정제 캡슐약을, 기도를 뚫기 위해서는 비타민과 앰플주사약

✐ ACTIVITÉ 2

➾ Doc 1

1. 이 대화는 어디서 이루어지고 있는가요?

☐ 치과 ☐ 병원 ☒ 집

2. 예약시간은 몇 시인가요?

☐ 14시 40분 ☒ 15시 30분 ☐ 16시 30분

3. 로헝은 치과에 그의 엄마와 함께 가는가요?

☐ 네 ☒ 아니요

➾ Doc 2

1. 개인병원의 이름은 무엇인가요?

Cabinet Rocher (호쉐 병원)

2. 까발리에 의사는 몇 시에 진료를 시작하는가요?

☐ 15시 ☒ 16시 ☐ 17시 ☐ 18시

3. 위급 시에는 어떤 버튼을 눌러야 하는가요?

le bouton 2 (2번 버튼)

Unité IV : Se déplacer

Leçon 1 : A la gare et à l'aéroport

✓ ACTIVITÉ 1

➾ Doc 1

1. 참 또는 거짓을 고르세요.

	참	거짓
① 기차표는 반가격이다.	☒	☐
② 그들은 니스역에서 출발한다.	☐	☒
③ 기차는 16시 20분에 출발한다.	☒	☐
④ 그들은 22시 30분에 도착한다.	☐	☒

2. 그는 현재 직장에서 어떤 문제가 있는가요?

☐ 파업중인 근로자들이 있다.
☐ 기계가 작동하지 않는다.
☒ 사장이 직원과 갈등관계에 있다.

➾ Doc 2

1. 여자는 디종에 몇 시에 도착하나요?

☒ 8시 ☐ 12시 15분 ☐ 13시

2. 일등석의 가격은 얼마인가요?

☐ 65유로 ☐ 75유로 ☒ 78유로

3. 여자는 어떤 표를 샀나요?

☒ 편도 ☐ 왕복

4. 여자는 얼마를 가지고 있나요?

☒ 300유로 ☐ 100유로 ☐ 3,000유로

✓ ACTIVITÉ 2

➾ Doc 1

1. 루브르 박물관을 가려면 어떤 역에서 하차해야 하는가요?

☐ 쌩-미셸 역
☒ 빨레 후와이얄 역
☐ 오페라 역

2. 오페라에 가려면 몇 호선 지하철을 이용할 수 있는가요?

☐ 1호선 ☒ 3호선 ☐ 9호선

3. 오페라에 가기 위해 7번 지하철을 이용한다면 몇 번째 역에서 하차해야 하는가?

☐ 첫 번째 역 ☒ 두 번째 역 ☐ 세 번째 역

➾Doc 2

1. 무엇에 관한 방송인가요?

☐ 광고 ☒ 도로 교통 정보 ☐ 일기 예보

2. 본 정보의 주제는 무엇인가요?

☐ 자동차 사고 ☐ 여름휴가 안내 ☒ 예상되는 교통 정체

3. 이번 주말에는 프랑스의 모든 도로에 2천만 대의 차량이 몰릴 것으로 예상됩니다.

☒ 참 ☐ 거짓 ☐ 알 수 없음

➾Doc 3

1. 무엇에 관한 방송인가요?

☐ 날씨 예고 ☒ 버스 운행 중단 ☐ 정전

2. 무슨 라디오 방송을 청취하고 있는가요?

☐ 펀 라디오 ☐ 에르떼일 ☒ 프랑스 엥포

3. 버스 2번 노선은 그랑발과 디드로 정거장 구간에서 언제까지 운행이 중단되는가요?

☒ 9월 25일 월요일부터 9월 30일 토요일 오전 까지
☐ 9월 25일 월요일부터 9월 30일 토요일 저녁 까지
☐ 9월 25일 월요일과 9월 30일 토요일

➾Doc 4

정확한 주장을 고르세요.

① ☐ 전철역에서 대규모 시위가 있다.
☒ 도시의 길거리에서 대규모 시위가 있다.

② ☒ 시위가 도시의 교통순환을 막는다.
☐ 시위가 보행자들을 방해한다.

③ ☐ 버스는 운행하지 않는다.
☒ 몇 몇 버스는 운행한다.

④ ☐ 전철은 많이 있지만 플랫폼에 사람들이 거의 없다.
☒ 전철은 별로 없고 플랫폼에 사람들은 많다.

⑤ ☒ 오늘, 많은 사람들이 걸어서 이동한다.
☐ 오늘, 보행자들은 많지 않다.

✓ ACTIVITÉ 3

Doc 1

1. 어디에서 일어나고 있는 상황인가요?

☐ 여행사에서　☒ 공항에서　☐ 전화상에서

2. 무엇에 관한 내용인가요?

☐ 표 구입　☐ 예약 수정　☒ 짐 수속

3. 질문에서 비행기의 번호와 목적지를 찾아 쓰세요.

le vol KT 407 pour Lyon

4. 이 비행기 언제 출발하기로 되어있었나요?

☒ 7월 1일　☐ 7월 2일　☐ 알 수 없음

Doc 2

1. 상황이 일어나고 있는 장소는 어디인가요?

☐ 여행사 사무실 안에서　☒ 에어 프랑스 창구에서　☐ 비행기 안에서

2. 플라잉 블루 프로그램은 무엇을 제공하는가요?

☒ 공짜 비행기 표　☐ 선물　☐ 비행기 표 할인

3. 가입하기 위해서는 무엇을 해야하는가요?

☐ 플라잉 블루에 전화로 가입한다.　☐ 플라잉 블루에 서류 신청을 한다.
☒ 플라잉 블루에 설문지를 보낸다.

4. 적립 카드를 가지고 사람들은 환영 상여금으로 얼마를 받는가요?

☒ 2000마일리지　☐ 12000 마일리지　☐ 22000마일리지

Doc 3

1. 즉각 탑승하도록 안내방송 되었다.

☒ 네　☐ 아니요

2. 비행기의 도착지는 어디인가요?

Séoul

3. 무슨 이유로 30분이 지연되는가요?

En raison des chutes de neige (폭설로)

Leçon 2 : A l'office de tourisme ou à l'agence de voyage

✓ ACTIVITÉ 1

➾ Doc 1

1. 참 또는 거짓을 고르세요.	참	거짓
① 비행기는 5분후에 착륙한다.	☐	☒
② 그들은 북경에 간다.	☐	☒
③ 그들은 6개월 전에 떠났다.	☐	☒
④ 이 친구들은 그들의 친구를 마중하러 공항에 갔다.	☒	☐

2. 이 대화는 어디에서 일어나는가요?

☐ 비행기 안 ☒ 공항 ☐ 택시 안

➾ Doc 2

1. 추천된 여행지는 어느 곳인가요?

☐ 샌프란시스코 ☐ 튀니지
☒ 몬트리올 ☐ 이탈리아
☐ 알래스카 ☐ 그리스
☐ 알제리 ☐ 베니스
☐ 모로코 ☒ 퀘백

2. 멋진 숲을 보려면 어디를 가야하는가요?

au nord du pays 그 나라의 북쪽

3. 캐나다를 가기 위해서는 비자가 필요한가요?

☐ 네 ☒ 아니요

➾ Doc 3

1. 프랑스의 동쪽은 어느 나라와 접경해있는가요?

la Belgique, l'Allemagne, la Suisse, l'Italie (벨기에, 독일, 스위스, 이탈리아)

2. 남쪽은 어떤 바다에 의해 둘러 쌓여 있는가요?

par la mer Méditerranée (지중해)

3. 동쪽도 바다로 둘러 쌓여 있는가요?

☐ 네 ☒ 아니요

4. 프랑스의 기후는 어떠한가?

Elle a un climat tempéré. (온화한 기후)

✓ ACTIVITÉ 2

➾ Doc 1

참 또는 거짓을 표시하세요.	참	거짓
① 그녀는 친구 한명과 여행을 간다.	☐	☒
② 그들은 아시아에 간 적이 없다.	☒	☐
③ 그녀는 그녀의 남편과 함께 아시아를 한 번 갔었다.	☐	☒
④ 그들은 가을에 떠난다.	☒	☐

2. 이 손님은 그녀의 남편과 이미 아시아로 여행한 적이 있는가요?

Non, c'est la première fois qu'elle voyage avec son marie en Asie. (아니요, 그녀는 처음으로 그의 남편과 아시아를 여행한다.)

➾ Doc 2

1. 참 또는 거짓을 고르세요.	참	거짓
① 자동차 렌트사의 책임자는 자정까지 일한다.	☐	☒
② 그는 그의 체류기간 전체동안 머물 방 2개를 예약한다.	☐	☒
③ 올드 맨션 호텔은 더블린에서 2시간거리에 있다.	☐	☒

2. 몇 개의 방이 예약되었는가?

deux chambres (방 두개)

Leçon 3 : Vive les vacances

✓ ACTIVITÉ

➾ Doc 1

1. 그녀는 어디로 휴가를 갔었는가?

En Grèce (그리스)

2. 참 또는 거짓을 표시하세요.

	참	거짓
① 그녀는 혼자 떠났고 스페인에서 그녀의 친구를 만났다.	☐	☒
② 그녀들은 아테네의 사원들을 방문했다.	☒	☐
③ 그녀들은 친구들과 캠핑장에서 일주일 머물렀다.	☐	☒

Doc 2

1. 누가 전화했는가요?

Zoé.

2. 그들은 왜 Jaipur에 가지 않았는가요?

Parce qu'ils ont **décidé de rester fidèles au thème de leur reportage: la ruralité**.

3. 그들은 어디에서 잠을 잤는가요?

☐ 작은 호텔들에서 ☐ 유스호스텔에서 ☒ 민박집에서

Doc 3

1. 다니엘은 몇 나라를 방문했는가요?

5 pays (5개국)

2. 그곳의 날씨는 어떠하였는가요?

Il faisait très chaud. La tempétature était á plus de **30 C**. (날씨가 매우 더웠다. 기온이 30도 이상이었다.)

3. 이번 겨울에 그는 어디로 다시 떠나기를 원하는가요?

☐ 베네수엘라 ☐ 아르헨티나
☒ 칠레 ☐ 페루

Doc 4

1. 앨리스는 휴가동안에 어디서 일하는가요?

☐ 극장에서 ☒ 캠핑장에서 ☐ 축제에서

2. 그녀는 산의 혜택을 누리는가요?

☐ 네 ☒ 아니요

3. 그녀가 처음으로 아비뇽에 간 것은 몇 살 때이고 누구와 함께 였는가요?

A l'âge de 5 ans et avec ses parents (5살 때 부모님과 함께)

Leçon 4 : Le bulletin météo

✓ ACTIVITÉ

➔ Doc 1

1. 본 일기 예보가 적용되는 지역은 어디인가요?

   ☐ 지방에 국한됨 ☒ 전국 날씨임 ☐ 전 세계 날씨임

2. 내일은 기온이 어떠한가요?

   ☐ 상승한다 ☒ 하강한다 ☐ 알 수 없음

3. 일출 시간은 05시 43분이다.

   ☒ 참 ☐ 거짓 ☐ 알 수 없음

➔ Doc 2

1. 기상예보는 무엇을 예고하는가요?

   ☐ 맑은 날씨 ☐ 눈 ☒ 비

2. 참 또는 거짓을 고르세요.

	참	거짓
① 오후에 전국적으로 구름이 낄 것이다.	☒	☐
② 오전에는 남부지방의 날씨가 흐릴 것이다.	☐	☒
③ 구름은 동부지방에 끼게 될 것이다.	☐	☒

➔ Doc 3

참 또는 거짓을 고르세요.

	참	거짓
① 그는 프랑스 전역의 일기예보를 한다.	☒	☐
② 북쪽 지방은 날씨가 화창하지 않다.	☒	☐
③ 서쪽 지방에는 우산 가지고 나가는 것을 잊지 말아야 한다.	☒	☐
④ 오늘 밤에 동쪽 지방에 눈이 내릴 것이다.	☐	☒
⑤ 알프스 산맥에 눈이 내리지 않는다.	☐	☒
⑥ 남쪽 지방의 날씨가 좋지 않다.	☐	☒
⑦ 남쪽 지방은 오늘 아침 기온이 12도 이하이다.	☐	☒
⑧ 오늘 오후 기온은 7도이다.	☒	☐
⑨ 남쪽 지방은 하루종일 좋은 날씨를 보일 것이다.	☒	☐

Unité V : Se loger

Leçon 1 : A l'agence immobilière (A l'agence immobilière)

✐ ACTIVITÉ 1

➾Doc 1

1. 안나와 쟝은 어떤 사이인가요?

☒ 친구 ☐ 이웃 ☐ 회사동료

2. 쟝은 현재 누구와 살고 있는가요?

☒ 한 여자친구 ☐ 부모님 ☐ 혼자

3. 쟝의 아파트는 어떤 형태인가요?

☐ 한 개의 방과 거실 및 부엌 ☒ 세 개의 방과 거실 및 부엌
☐ 두 개의 방과 두 개의 거실 및 부엌

4. 쟝은 안나에게 무엇을 제안하는가요?

☐ 빠리에서 일할 것 ☐ 다른 아파트를 찾아 볼 것
☒ 집을 방문해 볼 것

➾Doc 2

1. 참 또는 거짓을 표시하세요.

	참	거짓
① 스튜디오는 37미터이다.	☐	☒
② 쥬시외 길에는 임대를 내 놓은 2개의 스튜디오가 있다.	☒	☐
③ 현재 스튜디오의 수요가 별로 없다.	☐	☒

2. 스튜디오 방문은 몇 시에 하는가요?

demain à 14 heures (내일 오후 2시)

3. 보증금은 얼마인가요?

☐ 600 유로 ☒ 800 유로 ☐ 900 유로

➾Doc 3

1. 젊은 청년은 무엇을 찾는가요?

☐ 호텔 ☒ 방 ☐ 병원 ☐ 도서관

2. 방 안에는 무엇이 없는가요?

☐ 의자 ☐ 테이블 ☐ 커튼 ☒ 벽장

3. 방은 어떠한가요?

☐ 크다. ☐ 어둡다. ☒ 깨끗하다. ☐ 조용하다.

4. 방세는 얼마인가요?

☒ 650 유로 ☐ 670 유로 ☐ 680 유로

✓ ACTIVITÉ 2

➾ Doc 1

1. 아파트는 몇 층에 있는가요?

Au 3ème étage (3층)

2. 참 또는 거짓을 표시 하세요.	참	거짓
① 엘리베이터가 없다.	☒	☐
② 1월 1일부터 입주 가능하다.	☐	☒
③ 그들은 다음날 아파트를 방문해볼 수 있다.	☐	☒

➾ Doc 2

1. 참 또는 거짓을 표시하세요.	참	거짓
① 그들은 테라스가 있는 아파트를 찾는다.	☒	☐
② 그들은 조용한 동네를 선호한다.	☐	☒
③ 임대할 수 있는 주차장이 있다	☒	☐

2. 몇 개의 방이 있는가요?

deux chambres (방 두 개)

3. 시장은 어느 날 열리는가요?

tous les mercredis (수요일마다)

Leçon 2 : S'installer

✓ ACTIVITÉ

➾ Doc 1

1. 레이몽의 작은 도시는 어디에 있는가?

☐ 시골에 ☒ 파리 근교에
☐ 마을에 ☐ 도심에

2. 마지막 가족 모임에 몇 명이 모였는가요?

☒ 30명 이상　　☐ 30명 이하　　☐ 40명 이상　　☐ 40명 이하

3. 참 또는 거짓을 고르세요.

	참	거짓
1. 집은 초록색이다.	☐	☒
2. 그의 아버지가 집을 짓게 하였다.	☐	☒
3. 부모님은 자식들과 함께 파리에 간다.	☒	☐
4. 삐에르는 여자고등학교에 간다.	☐	☒

➾Doc 2

1. 이 사람들은 무엇에 관하여 말하고 있는가요?

☐ 그들의 부모님의 집　　☐ 가족　　☒ 빠리에서의 그들의 집

2. 그들은 몇 구에 사는가요?

Dans le 15ème arrondissement. (15 구역)

3. 상수는 어디에 사는가요?

☐ 한국친구들과 함께
☐ 작은 스튜디오에서
☒ 정원이 있는 작은 집에서

Unité VI : Vivre au quotidien

Leçon 1 : La vie culturelle

✐ ACTIVITÉ 1

➾Doc 1

1. 그녀들은 수업 이후 무엇을 했는가요?

Elles sont d'abord allées (au cinéma) et ensuite (dans un restaurant coréen.) (그녀들은 우선 영화관에 갔고 그런 다음 한국식당에 갔다.)

2. 조엘과 마르고가 관람하러 간 영화의 제목은 무엇인가요?

(Bienvenue chez les Ch'tis) (비엥베뉴 쉐 레 티스(슈티의 집))

3. 조엘은 그 영화를 어떻게 생각하는가요?

☐ 지루하다　　☒ 훌륭하다　　☐ 흥미롭지 않다

➾Doc 2

1. 이들은 왜 극장에 갈 수 없는가요?

   ☒ 극장이 공사 중이기 때문이다.
   ☐ 영화가 더 이상 상영하지 않기 때문이다.
   ☐ 아이디어가 평범하다고 생각하기 때문이다.

2. 오늘 저녁 이들은 어디에 가는가요?

   ☐ 극장 ☒ 연극공연 ☐ 오페라 공연 ☐ 음악회.

3. 공연을 본 후에 이들은 무엇을 할 것인가요?

   Ils pourraient aller dîner en amoureux au bord de la Seine. (그들은 세느강가에서 연인으로 저녁 식사하러 갈 것이다.)

➾Doc 3

1. 참 또는 거짓을 표시하세요.

	참	거짓
① 영화는 13시 50분에 끝이 난다.	☐	☒
② 영화 좌석은 7유로이다.	☒	☐
③ 실업중인 경우 영화좌석은 가격이 덜 비싸다	☒	☐

2. 그는 어떤 영화를 볼 것인가요?

   ☐ 러시아 영화 ☒ 한국 영화 ☐ 아르헨티나 영화

3. 그는 두 좌석에 얼마를 지불하는가요?

   ☐ 7,50 유로 ☐ 12,20 유로 ☒ 13,20 유로

➾Doc 4

1. 당신은 영화관에서 현재 상영중인 영화를 알아보고자 한다. 어떤 버튼을 눌러야 하는가요?

   ☐ 1번 버튼 ☐ 2번 버튼 ☒ 3번 버튼

2. 당신은 두 좌석을 예매하려한다. 어떤 버튼을 눌러야 하는가요?

   ☐ 1번 버튼 ☒ 2번 버튼 ☐ 3번 버튼

➾Doc 5

1. 당신은 무슨 시간을 알기 위해 전화하는가요?

   ☐ 라디오 방송 시간 ☐ 콘서트 홀 시간
   ☐ 연극 공연 시간 ☒ 영화 상영시간

2. 토요일 15시에는 어떤 영화를 볼 수 있는가?

☐ 8과 1/2 ☐ 커피와 담배 ☒ 내 여동생

✓ ACTIVITÉ 2

Doc 1

1. 쥴리앙의 아파트는 어떻게 구성되어 있는가요?

☒ 2개의 방과 거실
☐ 방 하나, 거실 하나 그리고 사무실
☐ 방 하나, 작업실 하나 그리고 거실

2. 쥴리앙은 누구와 사는가요?

☐ 혼자 ☐ 친구들과 함께 ☒ 사토코와 함께

3. 쥴리앙은 언제부터 아파트에 사는가요?

☒ 3달 전부터 ☐ 4달 전 부터 ☐ 5달 전부터

4. 2주 후에 그는 무엇을 준비하는가요?

Il pense organiser une grande fête pour la pendaison de crémaillère. (집들이를 위해 큰 파티를 준비할 생각이다.)

Doc 2

1. 현재 열리고 있는 전시회의 주제는 무엇인가요?

☒ 목판화 ☐ 현대미술 ☐ 일본 판화

2. 언제까지 이 전시회를 볼 수 있는가?

jusqu'au 8 mai (5월 8일까지)

Doc 3

1. 다음의 표현들이 대화에 사용되었다면 정답에 X표를 하세요.

☒ 레스토랑에 너를 초대하고 싶다.
☒ 저는 음악 공연에 가는 것이 더 좋아요.
☐ 저는 그녀가 형편없다고 생각해요.
☒ 오붓한 시간을 보내다.
☒ 별로 좋아하지 않아요.
☐ 저는 뮤지컬을 무척 좋아해요.
☐ 저녁 식사하러 갈 수도 있겠지.

2. 어떤 영화 포스터가 두 사람의 대화 주제에 해당하는가요?

☐ 장밋빛 인생 ☒ 셀린 디옹 공연 ☐ 뮤지컬 노트르담 드 빠리

Leçon 2 : Au club de sport

✓ ACTIVITÉ

➾ Doc 1

1. 참 또는 거짓을 고르세요.	참	거짓	알 수 없음
① 메리나는 이미 강좌를 들었다.	☐	☒	☐
② 메리나는 스포츠를 아주 좋아한다.	☐	☐	☒
③ 그녀는 일을 한다.	☒	☐	☐
④ 그녀는 아이들이 있다.	☒	☐	☐
⑤그녀의 주소는 쌩 싸보르타 13번가이다.	☐	☒	☐
⑥ 그녀의 출생년월일은 1978년 1월 25일이다.	☒	☐	☐
⑦ 각 강좌는 5유로이다.	☐	☒	☐

2. 메리나는 어떤 강좌에 등록하는가요?

☐ 요가 ☐ 체조 ☒ 수영

3. 그녀는 저녁 몇 시에 한가한가요?

à partir de 18 heures (저녁 6시 이후부터)

4. 그녀의 전화번호를 써보세요.

06 73 23 77 87

➾ Doc 2

1. 이 사람은 어떤 강좌를 원하는가요?

☐ 유도 ☒ 요가 ☐ 수용

2. 인터넷 싸이트가 있는가요?

☒ 네 ☐ 아니요

3. 등록을 하기 위해 그녀는 언제 다시 올 수 있는가요?

à partir du premier juin (6월 1일부터)

➾ Doc 3

1. 들리는 표현에 표시하세요.

☐ 오른팔을 드세요. 내리세요.
☒ 팔을 펴세요.
☐ 깊게 호흡하세요.
☒ 숨을 내쉬는 것을 잊지 마세요.
☐ 바닥에 앉으시고, 목뒤로 손을 깍지 끼세요.

2. 누운 후 그들은 무엇을 하는가?

☐ 팔굽혀펴기 ☒ 복부 운동 ☐ 휴식

Leçon 3 : Au téléphone

✓ ACTIVITÉ

➾ Doc 1

1. 전화가 입력된 시간은 몇 시인가요?

☒ 9시 ☐ 19시 ☐ 21시

2. 그 전화는 01 30 □□ □□ 22에서 발신된 것이다.

01 30 (54) (60) 22

3. 수신된 전화들을 지우려면 어떤 버튼을 눌러야 하는가요?

☒ 1번 버튼 ☐ 2번 버튼 ☐ 3번 버튼

➾ Doc 2

1. 마리는 파리에 산다.

☐ 참 ☒ 거짓 ☐ 모른다.

2. 목요일에, 마리는 어떤 만남이 있는가요?

☒ 직업적인 만남 ☐ 친구와의 만남 ☐ 알 수 없음.

3. 마리는 피에르에게 어디로 전화할 것을 부탁했는가요?

☐ 단지 그녀의 집에 ☐ 단지 그녀의 휴대폰 ☒ 그녀의 집 혹은 그녀의 핸드폰에

4. 핸드폰 번호를 적어보세요.

06 78 35 29 47

➾Doc 3

1. 전화 상대방의 전화번호는 무엇인가요?

   06.75.50.50.29

2. 이 메시지는 언제 남겨졌는가요?

   ☐ 18시 20 ☒ 16시 20 ☐ 7시 20

3. 3번을 누르면 무엇을 할 수 있는가요?

   ☐ 메시지를 들을 수 있다. ☒ 안내를 바꿀 수 있다.

   ☐ 선택사양을 관리할 수 있다.

➾Doc 4

1. 누가 전화를 하는가요?

   C'est Marc. (마크)

2. 참 또는 거짓을 표시하세요.

	참	거짓
① 전화를 건 사람은 응답기에 메시지를 남긴다.	☒	☐
② 전화를 받은 사람은 약속이 있다.	☐	☒
③ 그녀는 가능한대로 다시 전화를 해야 한다.	☒	☐

Leçon 4 : La vie quotidienne

✓ ACTIVITÉ

➾Doc 1

1. 오늘은 무슨 요일인가요?

   ☒ 월요일 ☐ 화요일 ☐ 수요일 ☐ 목요일

2. 오늘 날씨가 어떤가요?

   ☐ 비가 내린다. ☐ 날씨가 맑다. ☒ 눈이 내린다.

3. 그는 학교에 어떻게 가는가요?

   ☐ 걸어서 ☐ 버스로 ☐ 자동차로 ☒ 자전거로

4. 왜 그는 지각을 했는가요?

   ☐ 학교가 멀기 때문에 ☐ 날이 추워서 ☒ 시계를 찾지 못해서

Doc 2

1. 여자는 외투를 챙긴다.

☐ 참 ☒ 거짓

2. 남편은 무슨 색 웃옷을 입는가요?

☒ 검정색 ☐ 초록색 ☐ 빨간색

3. 남편은 초록 원피스가 부인에게 잘 어울린다고 생각하는가요?

☒ 네 ☐ 아니요

4. 여자는 빨간색 가방을 메는가요?

☐ 네 ☒ 아니요

Doc 3

1. 넥타이들은 무슨 색들인가요? (여러 정답 가능)

☒ 초록색 ☒ 회색 ☐ 검정색

2. 비단으로 된 넥타이는 가격이 얼마인가요?

☒ 23 유로 ☐ 18 유로 ☐ 17유로

3. 부인은 남편을 위해 무엇을 샀는가요?

Elle a acheté un pyjama. (그녀는 파자마 한 벌을 샀다.)

4. 남자는 잠옷을 몇 벌 가지고 있나요?

☐ 1 ☐ 2 ☒ 3

5. 남자는 몸무게가 얼마인가요?

Il pèse cent douze kg. (그의 몸무게는 112kg이 나간다.)

Doc 4

1. 생일은 언제인가요?

☐ 3월 26일 ☐ 2월 15일 ☒ 7월 25일

2. 안드레아의 여동생의 생일을 위해서 그들은 무엇을 준비할 것인가?

Ils préparent une grosse fête. (그들은 큰 파티를 준비한다.)

Unité VII : Demander à quelqu'un de faire quelque chose

Leçon 1 : A la banque et à la poste

✓ ACTIVITÉ

➾ Doc 1

1. 고객은 무엇을 원하는가요?

   ☐ 은행카드 신청　　☒ 구좌 개설　　☐ 구좌 폐쇄

2. 고객은 왜 오늘 구좌를 개설할 수 없는가요?

   ☒ 미리 약속을 정하지 않았기 때문이다.
   ☐ 오늘 온종일 일을 하기 때문이다.
   ☐ 매주 월요일은 구좌 개설을 할 수 없기 때문이다.

3. 질문에 대답하시오.

   ① 고객은 몇 시에 약속을 했는가요?
   15 heures (오후 3시)
   ② 고객의 이름은 무엇인가?
   Mme Brun (브룅 부인)

➾ Doc 2

1. 이 사람은 은행에 무엇을 하러 왔는가요?

   ☐ 은행 계좌를 열기 위해서　　☐ 수표책을 찾기 위해서
   ☒ 환전하기 위해서

2. 달러의 총합은 얼마인가요?

   1,000 dollars

3. 그는 얼마의 유로를 받는가요?

   850 euros

➾ Doc 3

1. 참 또는 거짓을 고르세요.	참	거짓
① 전화를 건 사람이 은행에 계좌를 열고자 한다.	☐	☒
② 필요한 서류는 : 주거증명, 신분증이다.	☐	☒

	참	거짓
③ 계좌를 열기 위해서는 최소 금액을 입금해야 한다.	☐	☒
④ 은행과 약속을 잡을 필요가 없다.	☐	☒

2. 수표책을 갖기 위해서는 얼마의 시간을 기다려야 하는가요?

   environ trois semaines (약 3주)

➾ Doc 4

참 또는 거짓을 고르세요.	참	거짓
① 배편으로 보내는 것은 63유로이다.	☐	☒
② 손님은 비행기편으로 소포를 보낸다.	☒	☐
③ 손님은 우체국에서 막 소포를 찾았다.	☐	☒
④ 도착할 나라는 한국이다.	☒	☐

Leçon 2 : Au commissariat de police

✓ ACTIVITÉ

➾ Doc 1

1. 참 또는 거짓을 표시하세요.	참	거짓
① 이 사람은 도둑맞은 것을 신고한다.	☐	☒
② 그녀는 신분증명서들을 잃어버렸다.	☒	☐
③ 그녀는 경시청에 있다	☐	☒
④ 그녀는 여권과 면허증을 도둑맞았다.	☐	☒

2. 그녀는 어떤 서류를 작성해야 하는가요?

   Elle doit remplir la déclaration de perte. (그녀는 분실신고서를 작성해야 한다.)

3. 그녀는 모든 곳에 전화했는가요?

   ☒ 네 ☐ 아니요

➾ Doc 2

1. 싸움을 건 사람은 어떠했는가요?

   ☐ 콧수염이 있는 키가 크고 금발인 사람
   ☒ 썬글라스를 낀 키카 크고 갈색머리인 사람
   ☐ 옅은 밤색 상의를 입은 키가 크고 갈색머리인 사람

2. 언제 그는 썬글라스를 착용하고 있었는가요?

En ressortant il portait des lunettes de soleil. (다시 나가면서 그는 선글라스를 썼다.)

➾Doc 3

1. 어떤 물건의 절도에 관련된 것인가요?

☐ 돈과 신분증이 든 손가방 ☐ 자동차
☐ 비밀 문서 ☒ 사적 재산

2. 그녀가 자신의 집에 들어올 때 무슨 일이 일어났었는가요?

Elle a trouvé la porte forcée et tous les objets de valeur disparus. (문이 부서졌고 값어치가 나가는 모든 물건들이 사라진 것을 발견하였다.)

3. 사무실 F는 몇 층에 있는가요?

Au 2ème étage (3층에)

Unité VIII : S'orienter

Leçon : Où est-ce?

✐ ACTIVITÉ 1

➾Doc 1

1. 참 또는 거짓을 고르세요.

	참	거짓
① 마티유는 얼마전에 이사를 했다.	☐	☒
② 사무엘은 작은 생일파티를 준비한다.	☐	☒
③ 토요일은 사무엘의 집들이 날이다.	☒	☐

2. 아파트는 몇 층에 있는가요?

au quatrième étage (5층에)

3. 파티를 위해서 그는 각자 무엇을 가져오도록 요청하는가요?

Chacun apporte à boire ou à manger. (각자 마실 것과 먹을 것을 가져온다)

➾Doc 2

1. 참 또는 거짓을 고르세요.

	참	거짓
① 오페라 바스티르에 가기 위해서, 바스티르역에서 내려야만 한다.	☒	☐
② 바로 가는 버스가 없다.	☐	☒
③ 버스로 오페라 바스티르에 가기 위해 62번을 탈 수 있다.	☐	☒

④ 같은 표로 버스와 지하철을 이용할 수 있다. ☒ ☐

✓ ACTIVITÉ 2

Doc 1

1. 뮈리엘과 니꼴라는 몇 시에 약속을 했나요?

☐ 19시 이전 ☐ 20시 이전 ☒ 20시 이후

2. 마리가 영화관에 갈 수가 없습니다. 이유가 무엇인가요?

Parce que sa mère est malade et elle doit préparer le dîner pour son frère. (왜냐하면 그의 어머니가 아프고 그래서 그녀는 그의 남동생을 위해 저녁식사를 준비해야하기 때문이다.)

3. 각 괄호에 적당한 번호를 기재하면서, 니꼴라가 가야 하는 길을 재구성하시오.

(3) 다음 두 번째 거리에서 왼쪽으로 꺾어져.
(4) 피자 가게는 그 거리와 강베타 거리가 만나는 모퉁이에 있어.
(1) 에티엔느 거리까지 가.
(2) 오른쪽으로 꺾어져.

Doc 2

1. 누가 토요일에 페릴랜드에 가는가요?

☐ 뽈 ☐ 리디 ☒ 알 수 없음

2. 각 괄호에 적당한 번호를 기재하면서, 리디가 가야 하는 길을 재구성하시오.

(1) 뽀와띠에 방향으로 147번 국도를 타.
(3) 원형 로타리에 도착할 꺼야
(2) 니욀 방향으로 가.
(5) 프렌치 식당 옆에 대형 건물이 보일거야.
(4) 쎙-주니앙 방향의 도로를 타.

3. 전시장 건물은 어디 옆에 위치하는가요?

☒ 식당 ☐ 수영장 ☐ 학교

Doc 3

1. 미셸과 떼레즈는 누구와 함께 오는가요?

avec les enfants (아이들과 함께)

2. 참 또는 거짓을 고르세요.	참	거짓
시골집에 가기 위해서는 ;		
① 까발리옹까지 고속도로를 타야 한다.	☒	☐
② 아비뇽에서 나가야 한다.	☐	☒
③ 까발리옹방향으로 7번 국도를 타야한다.	☐	☒
④ 마을이 보이면 좌회전을 한다.	☐	☒
⑤ 마리아의 집은 라뤈느 호텔 바로 앞에 있다.	☐	☒

김선미

경기대학교 불어불문학과를 졸업하고 프랑스 엑스-마르세이유 I 대학에서 언어학 박사학위를 취득하였다. 현재는 경기대학교 프랑스어문학과 교수로 재직 중이다.

저서로는 『언어와 언어학 이론』, 『거리에서 배우는 프랑스어』(공저), 『DELF A1』(공저), 『DELF A2』(공저), 『쉽게 익히는 프랑스어 회화』, 『주제별 프랑스어 생활작문』, 『매일 프랑스어 일기쓰기』, 『매일 프랑스어 듣기』, 『매일 프랑스어 회화』(공저) 등이 있으며, 『토끼와 나』, 『몸의 시학』, 『거부할 수 없는 아름다움』(공역), 『그림형제 동화집』을 번역하였다.

생활 프랑스어 듣기 중급

1판 1쇄 찍음 - 2010년 6월 20일
1판 3쇄 펴냄 • 2015년 6월 30일

저 자 • 김 선 미
발 행 인 • 정 현 걸
발 행 • 신 아 사
인 쇄 • 예지인쇄

출판등록 • 1956년 1월 5일 (제9-52호)
주 소 • 서울특별시 은평구 녹번동 28-36
전 화 • (02)382-6411 / 팩스 (02)382-6401
홈페이지 • www.shinasa.co.kr
E - mail • shinasa@daum.net

ISBN 978-89-8396-703-9 (13730)

정가 19,000 원 (CD 포함)